奥秘世界

邝 波 编著

世界大猎奇

江西美术出版社
全国百佳出版单位

图书在版编目（CIP）数据

奥秘世界 . 世界大猎奇 / 邝波编著 . -- 南昌：江
西美术出版社，2022.8
　　ISBN 978-7-5480-8711-3

　　Ⅰ . ①奥… Ⅱ . ①邝… Ⅲ . ①科学知识－儿童读物
Ⅳ . ①Z228.1

　　中国版本图书馆 CIP 数据核字（2022）第 126332 号

出 品 人：刘　芳
企　　划：北京江美长风文化传播有限公司
责任编辑：楚天顺　朱鲁巍　　　策划编辑：朱鲁巍
责任印制：谭　勋　　　　　　　封面设计：韩　立

奥秘世界·世界大猎奇
AOMI SHIJIE · SHIJIE DA LIEQI

邝　波 编著

出　　版：江西美术出版社
地　　址：江西省南昌市子安路 66 号
网　　址：www.jxfinearts.com
电子信箱：jxms163@163.com
电　　话：010-82093785　　0791-86566274
发　　行：010-58815874
邮　　编：330025
经　　销：全国新华书店
印　　刷：河北松源印刷有限公司
版　　次：2022 年 8 月第 1 版
印　　次：2022 年 8 月第 1 次印刷
开　　本：880mm × 1230mm　1/32
总印张：16
ISBN 978-7-5480-8711-3
定　　价：88.00 元（全 4 册）

　　你是不是觉得，身边有一个淘气的小弟弟或者小妹妹在你的睡袋里挖鼻孔、放屁就已经是一件很可怕的事情了？但是不管你相信与否，此刻世界上正在发生的一些事情比这要恐怖得多。甚至连完全应该更加懂事的大人们，也在做一些确实很可怕的事。

　　比如，你知道吗？在有些地方，人们并不让死者入土为安，反而连续好几个小时（甚至好几年）保存他们的尸体，让这些尸体参加家庭庆典。还有一些地方的人们吃腐烂的食物——这并不是因为他们忘了去商店，而是因为他们确实喜欢吃。你听说过专门烹调蚯蚓的国际大赛以及获大奖的作品是什么吗？你知道除了你自己之外，你的体内还存活着哪些生物吗？想知道这些问题的答案吗？如果想，那么请好好看这本书，它就是专门为你准备的。

　　本书汇集了关于人体、食物、科学等方面一些可怕的事实，有些人在恐怖方面还创造了世界纪录。但这并

不意味着你一定要超越他们，比他们做得更可怕。有些事情确实非常危险，做这些事情的人都是经过好几年的训练之后，才成功地达到了目标。你能想象花上好几年的时间来训练自己吃蜗牛或者用耳垂悬挂重物吗？几乎不可想象吧？所以还是做一些更有意义的事情吧。最重要的是珍惜目前的生活。如果你凑巧不断地打饱嗝，一连打了 90 年，或者长了一条和战舰一样长的眉毛，那么请和吉尼斯世界纪录委员会联系。要不然，还是把这些可怕的事情留给专家去做吧。

现在，准备好被吓得一身冷汗了吗？那么请继续看下去吧……

Contents
目录

◎ 你的胃酸酸性非常强，强到能够把钢制剃刀片溶解掉——尽管如此，吃刀片可不是什么好主意。

在任何时刻，你的嘴巴里都生存着数量超过1亿的微生物。

◎ 安妮·博林，亨利八世6个妻子中的1个，两只手上各有6根手指，并且身上还多了一个乳头。这成了她会巫术的象征。在1536年，法庭在审判她时"借用"了这个证据。审判结束后，亨利八世将她处以极刑。

吃了含有牛囊尾蚴的牛肉后，人体会感染上牛带绦虫。牛带绦虫在人体肠道内可以长到12米长。

◎ 埃及已经死亡了3000多年的法老的指纹依然完好无损，和他刚刚死去时一样。

从前，为了把孩子训练成马戏团的杂技演员，训练员会把孩子的身体绑成奇怪而痛苦的姿势，以此来锻炼其身体的柔韧性。

◎ 1970 年，一个长期在逃的惯偷在瑞士的苏黎世被抓住了。作案时，他的指头被玻璃割断而留在了犯罪现场，割断的指头的指纹正好和他留在警察局里的指纹记录相符，警察通过指纹比对后，成功抓到了他。

在 19 世纪，做火柴的女工们经常会得一种叫"烂下巴"的病。因为当时的火柴是用磷做的，所以她们的下巴中了磷元素的毒后会整个烂掉。

◎ 平均每个人每天在排泄物中失去 200 毫升水分。

蛔虫在人体内能够长到 30 厘米长，长到这个长度之后，它会从人体体表的任何一个空隙或者孔洞（包括眼角）钻出来。

◎ 在极度害怕时，你之所以会变得脸色苍白是因为血液从你的脸上流到别处去了。人体的这项功能使得原始人在被野兽咬伤时，不会由于流血过多而死亡。

◎ 你的体内或体表任何时刻都生活着 200 种以上的生物。

所有生存在你体内的细菌合起来可以装满 6 茶匙。

◎ 1973 年，意大利的一群绑匪把绑架来的孩子的一只耳朵割下来，寄给他非常富有的祖父——约翰·保罗·格迪，然后他们得到了超过 300 万美元的赎金。

◎ 如果把你体表的所有细菌挤成一堆，那么它们大约能占据一个豌豆那么大的空间。

很久以前，富人在自己的烂牙被拔掉之后，会购买穷人（通常是年轻的穷人）嘴里拔下的好牙安在自己嘴里。

如果你的呕吐物看起来像你刚刚吃下去的食物，那么不必怀疑，它确实就是你刚刚吃下去的东西。如果它呈糊状，那是因为你吃下去的食物已经在你的胃里消化了。

每天都有100亿片皮屑从你身上掉落。

◎ 蛲虫会使你感到屁股痛，因为它们在夜间会溜到肛门周围产卵。

◎ 腹泻时排出的大便有时候是白色的，是因为粪便中含有少量的肠道上皮。

◎ 尿液中不含细菌，这是经过事实证明的：因无风而停航或者遭遇海难的船只上的水手曾经喝过尿液，但未产生任何不良反应。

◎ 在过去，远东的牙医仅凭双手就能把病人的牙齿拔出来。中国那时候的牙医通过用手从木头中拔出钉子来练习拔牙。

成人双脚上的25万个毛孔每天排出1/4杯的汗液——4天就可以泡一杯"脚汗茶"。

◎ 人体需要睡眠，人两周不睡就会死亡。

◎ 吃了会让你放屁的食物有：蚕豆、糠、椰菜、球子甘蓝、圆白菜、花椰菜和洋葱。

◎ 染了绦虫虫卵的猪肉被人吃了以后，虫卵会在人体内孵化成幼虫。幼虫在人体内到处游走，并可寄生在人的脑部、眼睛、心脏或者肌肉等处。

◎ 一种被称为蛇摩奴（摩奴：印度神话中的人类祖先，古印度《摩奴法典》的制定者）的印度人可以将小蛇，包括致命的眼镜蛇放进自己的嘴巴里，然后让它们从自己的鼻子里爬出来。

全球至少有 13 亿人体内长有一种能够固定在内脏壁上的小钩虫。这些小钩虫大量聚集的时候，外观看起来像皮毛或者厚地毯。人类每天被它们吸走的血液有 10 万升。

在古代墨西哥，人们把婴儿的头部绑得很紧，目的是让他们的头骨变得又长又细。

脓是死亡的血细胞、细菌和体内其他死亡细胞的混合物，伤口受感染后会流出黄色的脓水。

◎ 埃塞俄比亚的穆尔西有这么一种风俗：少女会在自己的下嘴唇里放入陶盘，以便将嘴唇往外撑。盘子的大小代表男子为了娶到她们而必须拿出的牛的数目，其中最大的盘子直径有 15 厘米。

◎ 和体表死亡皮肤细胞层粘在一起的汗液会让人长痱子。由于死亡的皮肤细胞无法脱离人体，被它所覆盖的汗液就无法蒸发，导致死亡皮肤细胞层下的活细胞肿胀，痱子就这样产生了。

◎ 螨虫是一种体形微小的动物，和蜘蛛同属蛛形纲。大多数人的睫毛、眉毛、耳朵和鼻子里都生有螨虫。

英国雕塑家马克·昆在 1991 年创作了一个名为"自我"的作品。这个作品是昆用自己深度冻结的血液制作出来的他本人头部的复制品。他用了 5 个多月的时间，从自己身上收集了大约 4 升的血液，然后把它们倒入自己头部的模型中冰冻起来。

◎ 心脏的每一次跳动都泵出大约 70 毫升的血液。

◎ 吴策线虫能够寄生在人体淋巴系统内，并长至 12 厘米。

你排出的粪便中大约有 1/3 不是食物新陈代谢后的产物，而是帮助你消化的细菌和少量肠道上皮的混合物。

◎ 在非洲的一些地区以及太平洋的一些岛屿上，人们故意在自己身上制造有突起花纹的伤疤。他们先用植物锋利的穗或者刺割出伤口，然后在伤口上涂以特殊的泥土或者叶子以产生彩色文身。他们用这些文身来显示自己的勇敢，或者把这些文身当作装饰。

◎ 在任何时刻，你体内的寄生虫的重量都占你体重的 1/100。

◎ 人类的头发每个月仅长长 1 厘米多。

在一些国家，胎儿出生后，人们会把剪下来的脐带——它的作用是把胎儿和母亲连接起来——晒干并保存起来作为符咒或者药物。

◎ 有些人在事故或者手术中失去一只胳膊或者一条腿之后，仍然能够感受到它们的痛痒，可是他们对这痛痒无能为力。

任何一个房间里都有尘螨，它们生长在床褥、地毯、垫子和其他任何一个温暖且有皮屑的地方，它们的食物就是我们一刻不停地在脱落的皮屑。

◎ 如果把人体内两个肾里面所有的肾小管都头尾连起来，它们将绵延 80 千米。然而，它们蜷曲起来却能够装在只有 10 厘米长的肾里面。

一种在温暖的水体里常见的阿米巴原虫会在人游泳的时候通过鼻子游到其脑部，并寄生在里面。它的繁殖速度非常快，3 ~ 7 天就能使人死亡。

◎ 你一生产生的尿液有 4.5 万升——它们足以装满一个小游泳池。

◎ 古老的中医针灸技术需要把许多非常细长的针刺入人体。它所依据的理论是：将针插入人体的"能量枢纽"——穴道——可以减轻痛楚，治愈疾病。

尿液对治疗水母蜇伤有很好的疗效。所以，如果你站在海里的时候被水母蜇到，请马上往自己的腿上尿尿。

◎ 头虱可以根据它藏身之所的头发的颜色来改变自己身体的颜色。

在欧美，抽脂手术在那些自认为太胖的人士中颇为流行。所谓的抽脂手术是这样的：外科医生把一根长而中空的针刺入脂肪多的部位——比如肚子、大腿，然后利用超声波把脂肪转化成黄色的糊状物，再用针把脂肪吸出来。

脚癣是由生长在温暖多汗的脚趾头之间的真菌引起的，它会导致脚痒，并使脚部的皮肤开裂。

◎ 人体最会出汗的部位是手掌，其次是脚掌。

古埃及人制作木乃伊时，会用一把特制的长柄勺通过死者的鼻子把他的脑髓挖出来，挖出来的脑髓通常都扔给动物吃掉。

◎ 耳屎的学名叫耵聍，它是由你耳朵里4000多个腺体产生的。

◎ 头皮屑不只长在你的头发上，也有可能长在你的眉毛上。

如果你刷牙时没有把齿菌斑刷掉，它会硬化成牙垢。牙垢像水泥一样硬，用牙刷无法把它刷掉。

◎ 嚼口香糖和咬麦秆都会让你比平时更能放屁，因为这两项"运动"会使你吸入更多的空气。

◎ 一种除去面部皱纹的整容手术是这样的：先切除脸上的部分皮肤，再把剩余部分皮肤拉紧，然后把它和另外一边的皮肤缝在一起。

剧烈的呕吐会使得人眼圈发黑，因为呕吐产生的压力使得眼睛周围的血管破裂。

◎ 有些人通过往脸上注射胶原质来消除皱纹，使面部变得丰满。用于注射的胶原质是一种皮肤纤维，通常是从猪或者牛身上提取的。

如果你一直都赤脚，那么脚底板的皮肤会变厚、变硬。在脚底板变厚变硬后，即使你走在尖硬的石头上面，也安然无恙。

◎ 居住在中东的贝多因人认为：在饭后打饱嗝是有礼貌的表现。

◎ 除了手掌、脚底板和嘴唇，你身体的其他任何部位都长有毛发。

◎ 仅仅一滴血液里面就有 2.5 亿个血细胞。

◎ 皮下出血会造成青肿。皮下出血后，由于没有伤口，血液无法流出，所以只能四下扩散，形成青肿。青肿处之所以是紫色的，是因为该处的血液中不含氧。

罗马人曾经用尿液清洁牙齿，直到19世纪，欧洲人还拿尿液来漱口。

◎ 一个秃头人士的头上也是有纤细的头发的，人们称之为"毫毛"。

◎ 如果你能将自己所有的血细胞——它们总共有2500亿之多——排列起来，它们能够绕地球4圈。

你肚脐上的油腻物是污垢、死亡的皮肤细胞和体表油脂的混合物。

从前，印度的一些部落会杀死并吃掉生病的老人，以取悦他们信奉的迦梨女神。

◎ 医学上称打嗝为"呃逆"。

◎ 脐带将胎儿和母体连接起来。剪断后的脐带留在婴儿肚子上的那一头逐渐萎缩后，就形成了肚脐。

绝大多数人一天放14个屁。

◎ 每年从伦敦的下水道清除出来的阴毛超过1吨，它们都被运至垃圾填埋场填埋了。

在飞机上，很胖的人在冲厕时如果仍然坐在马桶上面，他的直肠会被水流形成的拉力吸出来。

◎ 到印度提鲁帕提庙的朝圣者都会献出自己的部分头发作为祭品。为此，提鲁帕提庙雇用了600个理发匠昼夜不停地给这些朝圣者剪头发，这些理发匠一年可以剪下650万个人的头发，剪下来的头发部分卖给了做假发的人，部分作为肥料肥田。

喷射性呕吐的史上最远距离是 8 米。

◎ 你吞咽进去的空气，还有体内消化食物时产生的气体，是变成饱嗝打出来还是成为屁放出来，取决于它们在你的肠子里通过了多长的距离。

◎ 老练的马蝇捕捉者能在 3 米开外或者更远的距离击中一只马蝇。

在人死亡之后，内脏中的细菌会从内部开始分解尸体。

◎ 马蝇把卵产在蚊子身上，在蚊子叮咬人类的时候趁机孵化，孵化后的幼虫伺机爬到人身上，在人体皮肤下的肿块（学名牛皮瘤）中生长 6 个星期，长成成虫后才从里面出来。

◎ 一个艺名叫英格玛的男演员让医生给他做了一场手术，在自己的头上安上了两个角。他希望将来某一天能够再给自己装上一条尾巴。

◎ 世界某些地方的人通过戴上很重的耳环来拉长耳垂。有时候悬挂在长长的耳洞上的重物重达 500 克。

◎ 英语中挖鼻孔的专有名词是 Rhinotillexomania。

◎ 在你正常呼吸的情况下，气流以 6.5 千米每小时的速度穿过你的鼻孔；在你闻什么东西时，气流的速度是每小时 32 千米；在你打喷嚏时，气流的速度可达每小时 160 千米。

你每天大约吞入 1 升自己的鼻涕。

◎ 伤疤是这样形成的：血液中的血小板先形成一层很细的纤维组织，这层纤维组织能阻止血细胞流出，并把它们固定在一个层结上，层结干化后就凝结成了伤疤。

一种称为"行尸走肉"的精神疾病会导致
患者认为自己身体某个部位消失了，
或者以为自己已经死亡。

◎ 把人体内所有的铁元素提取出来可以做成一枚铁钉。

◎ 你的身体吸收了你摄入食物的 2/3，其余的 1/3 经过新陈代谢后变成了粪便。

赤脚行走的人容易感染钩虫。钩虫钻入脚底皮肤后，会通过血液到达肺部，再从肺部钻出来，爬到咽喉。然后它们会在人们进食的时候，趁机和食物一起进入消化道，在内脏开始自己的新生活。

◎ 尸体之所以迅速地变成灰色，是因为血液流向了人体最接近地面的那一侧。这种效果在肤色白皙的人身上尤其明显。

◎ 右撇子的人右胳膊容易出汗，左撇子的人左胳膊容易出汗。

◎ 生活在大城市的人比那些生活在空气清洁的乡村的人有更多的耳屎。

你房间里大约一半的灰尘——包括你打扫房间时吸入真空吸尘器的那些——是老化脱落的皮屑。

◎ 你肠子的长度是你身高的 4 倍。你的肚子能容纳它们是因为它们是蜷曲着挤在一起的。

◎ 一个成年人全身大约有 500 万根毛发。

感染鹅口疮后，你的舌头上会长出白色毛状的真菌。

把一个成年人的皮肤平铺在地面上，它的占地面积大约为 1.67 平方米。

◎ 鼻屎是干化的黏液和你呼吸的空气中被过滤出的异物的混合物。这些异物包括花粉、灰尘、烟尘、泥土、沙子，甚至还包括来自太空的微粒。

◎ 人体头部腺体会分泌油类物质，头皮屑就是由灰尘以及和这种油类物质粘在一起的死亡皮肤细胞共同构成的。如果头部分泌的油类物质过多，头皮屑就会很显眼。

◎ 婴儿的头部会长出棕色的、厚厚的、鳞屑状的斑，被称为"摇篮帽"。由于婴儿头发很少，这些斑看起来很明显。

◎ 一个人每天大约产生 1.5 升的唾液，并把它们中的大部分重新吞到肚子里。

◎ 所有美国人一天用掉的厕纸连接起来可以绕地球 9 圈。

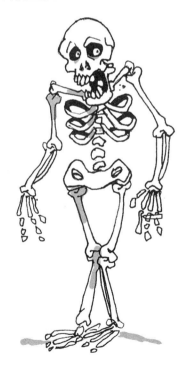

◎ 你每天都要掉 80 根左右的头发——但是别担心，你头上有 10 万多根头发，所以不会很快秃顶。而且在你年轻的时候，头发再生的速度很快。

在你的一生中，你的心脏大约泵出 1.82 亿升的血液。如果血液供应量无限的话，在一个月不到的时间里心脏泵出的血液就可以将一个普通室内游泳池充满。

◎ 胡须的生长速度比人体其他毛发的生长速度都要快。如果一个男人一辈子不剪胡须，它将长到 9.1 米长。

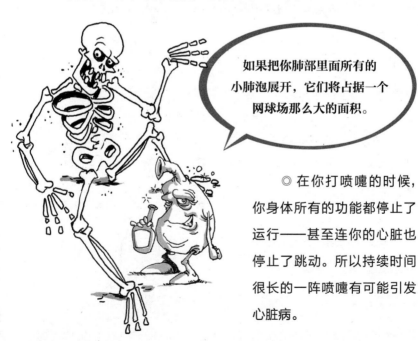

如果把你肺部里面所有的小肺泡展开，它们将占据一个网球场那么大的面积。

◎ 在你打喷嚏的时候，你身体所有的功能都停止了运行——甚至连你的心脏也停止了跳动。所以持续时间很长的一阵喷嚏有可能引发心脏病。

◎ 你脸红的时候，你的胃也会变红，因为脸红时大量的血液除了流向面部的微小血管外，还会流向胃部的微小血管。

◎ 在你呕吐时，会使食物进入消化道的一系列肌肉运动逆转运行，把食物推出消化道。

目前已发现的人体内最长的绦虫有33米长。

◎ 食物在你的身体"旅行"——从入口到排泄——需要两天的时间。

斑疹或者丘疹是由一种叫作皮脂的蜡质油类物质以及聚集在毛孔中的小片死亡皮肤引起的。在它们大到足以撑开你的毛孔，使空气可以流入的时候，它们会变成黑色。当细菌开始分解其中的黏性物质时，斑疹会变成红色，并产生黄色的脓汁。

◎ 平均 10 万个人当中有一个人两只手上都生有 6 个指头，不过多出的那一根指头通常只有一小截。

◎ 蛔虫是肠道内最常见的寄生虫，它看起来非常像蚯蚓。吃了受粪便污染的食物后，人体很有可能会感染蛔虫。

◎ 如果把你肺里所有的肺泡排成一条长队，它们将会延伸2400多千米。

臭屁和臭鸡蛋含有同一种发出臭味的气体——硫化氢。

如果你耳朵里的耳垢过多，医生会先将它软化，再用耳匙把它掏出来。

◎ 丹麦天文学家第谷·布拉赫戴着一个金属做的鼻子，因为他患了梅毒，鼻子已经烂掉了。

也许，你看这本书的时候，螨虫正成群结队地爬在你的眼睑、眉毛、耳朵、鼻子里。它们争先恐后地在你的毛孔里爬进爬出，大口大口吃着你脸上的油，吃完还要拉，然后把排泄物搞得到处都是。

◎ 人在睡觉的时候不会眨眼睛。在这种情况下，水、油类物质和其他一些清洗眼球的化学物质的混合物就无法被清除。于是，它们在眼角边上干化，形成易碎、黏糊糊的黄色眼屎。

汗液本身没有什么气味，所谓的汗臭味是由分解汗液的细菌产生的。

◎ 绝大多数人每天产生 1.7 升的尿液。

◎ 头发湿着的时候其长度是干的时候的 1.5 倍。

斑疹伤寒症引起的溃疡会导致肌肉腐烂，有时候甚至会使脚趾和手指整个烂掉。

◎ 如果你把一个成年人体内所有的神经细胞取出来并将它们首尾相连，它们将延伸 75 千米长。但是，显然别人不会乐意你这么做。

◎ 男人年纪大的时候会长耳毛，女人则不会。

◎ 你吃进去的食物会像衣服在洗衣机里那样在胃里翻滚 4 个小时。

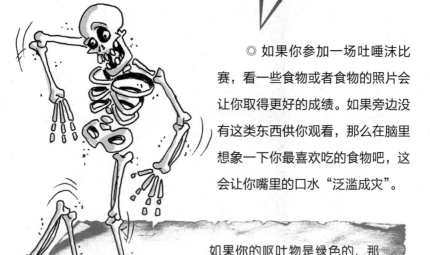

脚有时候闻起来很臭，是因为很多细菌和真菌喜欢生活在脚上。尤其是当脚处于潮湿、闷热的环境中和流汗的情况下，闻起来特别臭。因为在这个时候，以死亡皮肤和汗液为生的细菌会特别活跃，它们能够分解汗液，产生臭气。

◎ 如果你参加一场吐唾沫比赛，看一些食物或者食物的照片会让你取得更好的成绩。如果旁边没有这类东西供你观看，那么在脑里想象一下你最喜欢吃的食物吧，这会让你嘴里的口水"泛滥成灾"。

如果你的呕吐物是绿色的，那么说明除了胃里的东西外，它还含有肠道里的胆汁。胆汁和胃酸会使得呕吐物的气味非常难闻。

◎ 坏死性筋膜炎会引起肌肉从内部开始腐烂，并一块块地掉落。患者身上可能会因为腐烂形成直径达 15 厘米的洞。

◎ 你的眼睛每年产生 4.5 升眼泪——所以即使你没有哭，这些眼泪仍然能使你的眼睛保持湿润。

◎ 胃能够分泌一种黏液防止胃酸溶解胃壁，也阻止了胃酸从内部消化人体。

◎ 胃发出的咕噜咕噜声——科学家们称之为腹鸣——是半消化的食物、气体还有胃酸混合着搅动的声音。

在 1993 年，一种生活在水中的肠道寄生虫进入了威斯康星州的供水系统。它感染了 40 多万人，并夺取了 100 个人的生命。

◎ 在死亡之后，人体会脱水并收缩，这样就造成了尸体的头发和指甲仍然在生长的假象。

◎ 如果你离一个极大的声源很近，譬如说大规模爆发的火山，或者一场大爆炸的现场，你的耳膜就会由于受压过大而破裂。

◎ 为了节省空间，98％的日本人死后的遗体不实行土葬，而是被火化掉。

你指甲里的细菌比马桶坐垫上的细菌还要多。

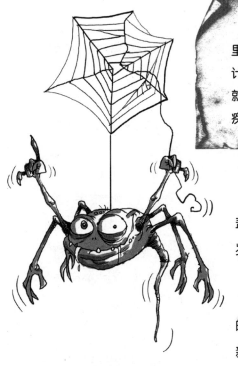

打喷嚏的时候，你的嘴里和鼻子里会喷出数以百万计的病毒，仅仅其中的一个就有可能使别人传染上某种疾病。

◎ 婴儿出生的时候没有膝盖骨。他们的膝盖骨在2～6岁的时候才长出来。

◎ 在巴勒斯坦，想生男孩的孕妇会服一味药剂。人们把新生婴儿剪下的脐带烧掉，研磨成粉做成这种药剂。

◎ 在接触空气之前，尿液并没有气味。接触空气后，尿液中一种叫尿素的化学物质开始分解成氨，于是就有了尿味。

◎ 患了孟希豪生综合征的人虽无真正的疾病，却很有看病的欲望。威廉·姆克洛由于得了这种病，想方设法地让医生给自己动了 400 多次手术。他甚至通过制造假名、经常搬家来满足自己看病的欲望。

人的耳屎颜色外观各异，这是一种遗传性特征，亚洲人或者亚裔的耳屎通常是干燥的。

◎ 粪便之所以闻起来很臭，是因为你肠道内的微生物在分解食物时产生了两种恶臭物质——吲哚和粪臭素。

◎ 耳朵里的 2000 多个腺体会分泌耳屎以阻挡灰尘、尘土和微生物深入你的耳朵。耳屎会逐渐硬化，慢慢移到耳朵边上并掉落出来。如果耳屎没有掉落出来，它会硬化结成 2.5 厘米长的耳屎块。

人工瓷制假牙在 19 世纪才被人们发明出来，在那之前，需要假牙的人戴的都是直接从尸体上拔下的牙齿。

◎ 法国国王路易四世的胃是常人的两倍。

在 19 世纪晚期，有一个法国演艺者通过控制放屁的节奏来演奏"音乐"。

◎ 一个绰号叫"蜥蜴人"的男艺人的舌头是分叉的，因为他把自己的舌头从舌尖到中部切开了。而且，他的身上还有绿色的鳞片文身。

新生婴儿大约每60个小时就会排出相当于他自身体重的大便。

◎ 大约每隔 27 天，你身上的皮肤会更新一次；在你的一生中，你的皮肤总共更新 1000 多次。一个活到 70 岁的人一生中脱落的皮屑有 47.6 千克重。

◎ 只需 3 千克的力量就可以把人的耳朵扯下来——千万不要试！

◎ 把人体内的脂肪全部提取出来可以做成 7 块肥皂。

◎ 腹泻的时候，肠道不会从食物中吸收水分，反而会向食物中注入更多的水分，帮助它变成汤状，通过消化系统排出体外。

法国国王路易十四的脚在他老的时候开始腐烂。有一次，他的一个贴身男仆在这位国王的袜子里发现了一只烂掉的脚趾头。

◎ 人体火化后，骨灰的平均重量是 4 千克。

西班牙的伊丽莎白女王夸耀说，在她的一生里，她只洗过两次澡：一次是在出生时，一次是在婚礼前。

◎ 你嘴巴里细菌的数量比世界人口总数还要多。

◎ 耳屎有各种各样的颜色，包括黄色、灰色、褐色和南瓜橙色等。

◎ 一个成年人体内含有的水分可以装满 3 个大水桶。

◎ 把地球上所有人在一天内产生的尿液倒入尼亚加拉大瀑布需要 20 分钟的时间。

◎ 如果你不幸被砍头，你的头在被砍掉后的大约 25 秒内仍然具有意识。

如果你处于非常严寒的环境中，你的手指或者脚趾会被冻伤。它们会慢慢地腐烂，变黑，到最后你不得不把它们切除以阻止腐烂进一步扩散。

在死亡之后，人体的脑电波仍能持续 37 个小时。

◎ 泰国克伦部落的女性有在脖子上戴金属圈的传统。该部落的女孩在 5 岁生日的时候戴上第一个金属圈，以后每隔一两个月就增加一个。如果把这些金属圈从她们的脖子上移走，由于她们的脖子长时间戴着金属圈而变得非常虚弱，所以将无法支撑头部。因此在克伦部落，移去金属圈成了一个非常有效的惩罚措施。

◎ 在说话的时候，我们每分钟喷出大约 300 个唾沫星儿。

◎ 从前在斯堪的纳维亚国家，人们会烧掉孩子换下的第一颗牙齿，以免巫婆找到这颗牙齿，利用它来对孩子施咒。

疥螨能够在人体皮肤里面挖出长长的孔道，让人奇痒无比。

◎ 只需把一个人体内的硫黄提取出来，就可以杀死一条狗身上所有的跳蚤。

◎ 你从食物中摄取的供你一天活动的能量，只够把 4 汤匙的水从 0℃加热到沸腾。

每一分钟内有 3 万～4 万个皮肤细胞从你身体上掉落。

英国一个名叫戈弗雷·希尔的男子除了拥有正常的 10 个手指外，还有两个大拇指。因此曾经有人认为他是外星人，也有人认为他是传说中的救世主。

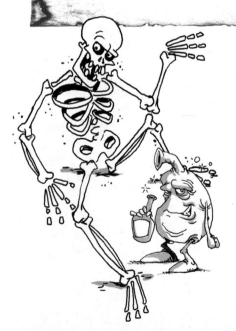

◎ 如果你想闭紧嘴巴来阻止自己呕吐，那么很抱歉，呕吐物会从你的鼻孔喷出来。

◎ 贝多因人在婚宴上有时候会吃烤骆驼，他们在骆驼里面塞上一只羊，在羊里面塞上几只鸡，在鸡里面又塞上鱼，而在鱼里面呢，则塞上几个鸡蛋。

◎ 在 19 世纪，用磨碎的骨头和面粉是很常见的做法，这样能使面的味道更好。

在一次英国国王亨利五世举办的圣诞节宴会上有如下几道菜：鲤鱼的舌头、烤海豚和插在果冻上的鲜花。

◎ 一个体型中等的人一生大约会吃掉 22 700 千克的食物。

蜂蜜其实是蜜蜂的呕吐物。蜜蜂采集花蜜后，将花蜜在体内转化成蜂蜜，然后再将蜂蜜吐出来，储存在蜂巢中。

在日本你可以吃到章鱼味的、牛舌头味的、仙人掌味的、鸡翅味的和螃蟹味的冰激凌。

◎ 罗马皇帝尼禄养着一个"贪食者"——一个埃及奴隶。这个奴隶会吃下别人给他吃的任何东西，包括人肉。

◎ 为了得到特别酥嫩的牛肉，日本人把牛养在暗处，给它们喂啤酒，并雇用专门的按摩师一天三次地用手给它们按摩。

臭鱼头是阿拉斯加的一道传统菜肴。人们把鱼头——通常是大马哈鱼的头——埋在长有苔藓的坑里几个星期或者几个月，直到它们腐烂。然后把鱼头揉碎，使各个部分混在一起，这样就可以吃了。

◎ 阿根廷的高卓人骑马时会在马鞍下面放一片牛肉，由于他们一整天都骑在马上，这片牛肉也就不停地被挤压，最后变得很软。据说来自蒙古的鞑靼人也有同样的习性，在牛肉变软之后，人们再把它生吃掉。

◎ 西班牙人故意等一种叫cabtales的奶酪上面长满了蛆后，才把它吃掉。

撒丁岛上的人们把奶酪放在阳光下，让苍蝇在上面产卵。当苍蝇幼虫孵化的时候，人们把它们撒在面包上，和面包一起吃掉。

◎ 印度人把很多只蚂蚁一起烤了之后，碾成一团做成调味品。

◎ 1971年，一名男子在一块巧克力里发现了一只老鼠的脑袋。

18世纪有一个做超级大鸡蛋的方法是这样的：在一个动物的膀胱里放入20个鸡蛋的蛋黄搅拌均匀，再把它们倒入另外一个装有20个鸡蛋的蛋白的动物膀胱中一起煮。

◎ 在1919年，一阵糖蜜潮席卷了美国的波士顿。由于一个糖蜜储存罐破裂，750万升的糖蜜冲入了街道，产生的两层楼高的"糖潮"还将一些房屋冲倒了。

◎ 世界上可以吃到的奇怪的油炸食品有：油炸章鱼、油炸海草、油炸香蕉、油炸酸奶油和油炸鱿鱼。

在第二次世界大战期间，英国政府鼓励人民尽可能地吃野生食物，给他们发放关于烤松鼠、秃鼻乌鸦砂锅、炖八哥、烤麻雀等食物的菜谱。

美国一家名为"昆虫俱乐部"的餐馆只供应昆虫做的菜肴。这家餐馆的菜单上有蟋蟀比萨饼、昆虫巧克力和"昆虫地毯"——一种用蟋蟀、大黄粉虫幼体和蓝纹奶酪做成的蓬松的馅饼。

◎ 作为一种传统，死刑犯的最后一餐非常丰盛可口。在美国的一些州，所谓的"最后一餐"并非真的是死刑犯在世上吃的最后一顿饭，而是在死刑执行前的 1 ~ 2 天提供的。人们称之为"特殊的一餐"。

◎ 榴梿是一种足球般大小的水果，外面都是刺。尽管它闻起来很臭，但是味道不错。

古罗马宴会上通常都有的两道特色菜，即烤睡鼠和包在胡桃壳里的蜂鸟。他们在睡鼠肚子里塞满东西，有时候还把睡鼠放在蜂蜜和罂粟籽里滚一下。由于许多人都很喜欢吃睡鼠，统治者甚至让农民专门饲养睡鼠。

◎ 在斯洛文尼亚，人们还保持着饲养睡鼠的习惯。他们把睡鼠养肥之后，炖了吃掉。

在第一次世界大战期间，德国极度缺乏食物，人们不得不把狗还有马杀了吃掉，甚至连动物园里的袋鼠也不放过。

◎ 在尼泊尔和中国的一些地方，人们就着牦牛奶做的黄油喝红茶。

生活在东欧的犹太人有一种食物，即将牛蹄炖成胶状。

◎ 挪威有一种食物是这样做的：人们把捕捉来的鳟鱼放进撒了一点盐的水里，然后把它放在阴凉的地方——譬如说车库里面——几个月，就算做成了。

◎ 在文莱，人们把西谷椰子的浆汁加水炖几小时后做成一种叫 Ambuyat 的食品。尽管 Ambuyat 是一种食物，但有时人们也用它来胶屋顶。

◎ 同样是在文莱，腐烂的西谷椰子里面的西谷虫经过烹饪后也是一道菜。

在澳大利亚北部，孩子们经常捉绿蚂蚁吃。他们捉住绿蚂蚁后，先捏碎它们的头使得它们无法咬人，然后将剩下的部分吃进肚里。

◎ 在马达加斯加，人们把西红柿和斑马肉放在一起做成炖肉。

◎"梅干"是美国囚犯发明的一种酒。犯人们把水果、方糖、水和番茄酱混在一起，放在箱子里发酵一个星期来制取"梅干"。在一些监狱，由于"梅干"引发了太多的纪律问题，监狱管理者干脆不准囚犯吃水果。

日本大阪的一家餐馆有一种冰激凌是用小须鲸的脂肪做成的。

◎ 在日本乡村，人们用木炭把蝾螈和小蜥蜴烤熟后，就着莴苣把它们吃掉。

尼加拉瓜人生吃乌龟蛋。他们在皮革一样的蛋壳上开一个孔，往蛋里撒点热的调味料，就直接吸食里面的汤汁。

◎ 哥伦比亚的电影院有卖包在圆锥形的纸包里的大蚂蚁，其中一种是煎蚂蚁，一种是烤蚂蚁。

◎ 在加拿大的纽芬兰岛，海豹鳍做的馅饼是人们庆祝海豹捕猎期结束时的一道传统菜肴。

◎ 在韩国，人们把圆白菜放入陶罐，用盐腌制数个月后才拿出来吃。这就是韩国人的泡菜，在各种类型的宴席上都可以吃到。

生活在美国路易斯安那州南部的人很喜欢吃短吻鳄烤肉串。

在斐济，有一道菜是这样做的：人们让一头猪饿上一个星期，在它饿得受不了的时候喂它小牛肉。几个小时后，人们把猪杀死，拿出被猪消化了一半的小牛肉，做成菜吃。

◎ 美国的得克萨斯州每年都举办一次围捕响尾蛇的活动。怎么处置捉到的响尾蛇呢？答案是先将响尾蛇剥皮，清除内脏，再切成一块一块，和着牛奶鸡蛋一起煎熟。

◎ 在美国的得克萨斯州，蛇的另外一种烹调方法是：把蛇的脑袋砍掉，剥掉蛇皮，去除内脏，然后穿在一根棍子上，放在篝火上面烤。

在中国，冻鸭血也是一道菜。

◎ 在中美洲，人们在后院就可以经常抓到鬣蜥，鬣蜥因此而成了一种大受中美洲人喜欢的免费食物。

龙虾或者淡水螯虾头部里那些绿色的黏状物据说比虾肉还好吃。一些美国人在吃完龙虾身体上的肉之后，会把这些黏糊糊的东西从头部吮吸出来吃掉。

◎ 早在9世纪，西班牙的巴斯克人就开始猎鲸了。那时候的人认为鲸鱼的舌头是一种美味。

◎ 丹麦有一种叫Oellebroed的汤，它的原料是面包。只要把陈黑麦做的面包浸入水中，加入啤酒和糖煮沸，就可以了。这种汤通常就着奶油一起喝。在丹麦你可以买到即食的Oellebroed粉，只要往里面加一些水就可以吃了。

◎ 斯帕姆是一种用来做三明治馅的午餐肉。在一次斯帕姆烹饪赛事上，一个参赛者用斯帕姆做出了饼干！

在加拿大，油炸的鳕鱼舌头很受人们欢迎。

◎ 印度尼西亚的食品商店里有出售整只的熏蝙蝠。

◎ 香港的麦当劳有卖一种用面包片包起来的甜玉米派，其外形类似于西方的苹果派。

◎ 在一场评选烹调蚯蚓的最佳方式的国际赛事中，人们想出了各式各样烹调蚯蚓的方法，如炖蚯蚓、色拉蚯蚓以及蚯蚓汤等。最后获胜的烹调方式是：惊喜苹果酱蛋糕。猜一下蛋糕里所谓的惊喜是什么吧？

◎ 杰克·富勒在 1811 年被埋在了英国苏塞克斯郡的一座金字塔里。据当地人说，金字塔里面的情形是这样的：杰克·富勒坐在一张桌子旁，桌子上放着一只烤鸡和一瓶波尔图葡萄酒。

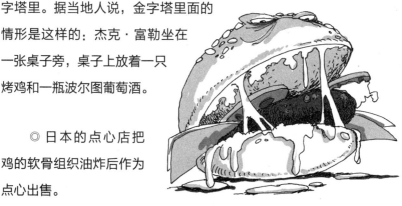

◎ 日本的点心店把鸡的软骨组织油炸后作为点心出售。

◎ 一些北极探险者曾经因为吃了北极熊的肝而中毒。这是因为北极熊吃了很多鱼，这使得它们肝里蓄积的维生素D达到了致命的浓度。

鱼鳔是鱼身上的一个器官，它相当柔软，能够使鱼稳稳当当地停留在某一水层。在中国，有一种汤就是用鱼鳔做的。

◎ 美国宾夕法尼亚州的一家饭店卖的一种汉堡重达4千克，至今仍无人能一次性吃完一整个。

◎ 中国有一道叫醉虾的菜是通过把活虾浸在米酒里做成的。在吃醉虾之前，你要用筷子夹住醉虾，然后先把它的头咬掉。

贝多因人把驼峰埋在地下，然后在地面烧一堆火烘烤驼峰。他们把驼峰挖出来吃时，虽然驼峰的上面部分已经熟了，可是它的底部绝大部分仍然是生的，而且还往下滴血。

◎ 在苏格兰的奈斯郡，塘鹅（一种海鸟）的幼鸟经常成为人们的盘中餐，其中鹅掌是最好吃的一部分。

你可能不知道因纽特人会做海鸥酒。做法是把一只海鸥放入一瓶酒里，等海鸥开始腐烂时，这酒就算做成了。

◎ 油炸鸡爪或者鸭爪是中国的一道美味。在美国，人们有时候把整只鸡爪腌制或者做成汤。

在菲律宾，人们认为鱼眼是清蒸鱼身上最好吃的部位，他们通常把鱼眼珠里面的东西都吸进肚子里，除了硬硬的角膜。

◎ 马麦脱的味道很好，英国人将它涂在吐司上作为佐料，它是用酿啤酒时剩下的酵母泥做成的。

中国的蛇酒里面放入了活蛇的胆汁，是一种劲很足的酒精饮料。

◎ 在威尔士，人们常用秃鼻乌鸦做的馅饼引诱吃庄稼的鸟类。如果没有这种馅饼，那些鸟就会去吃庄稼。

英国伦敦一道传统菜肴的做法是：先把鳗鱼煮熟，然后把它放在果冻里冷却。

◎ 海狸鼠是一种啮齿类动物，有时生活在水中。在路易斯安那州，它们是一种家养宠物。当地的专家鼓励居民吃海狸鼠，可是因为它们的味道不怎么样，所以没什么人接受专家的建议。

在美国南部，人们并不把松鼠的脑髓取出来，而是直接烹饪。在烧熟之后，人们撬开松鼠的脑袋，用手指和刀叉挖其中的脑髓吃。

◎ 有一些囚犯的食欲不是一般地好。1994 年被执行死刑的理查德·比文的最后一顿饭包括如下食物：6 份加黄油和糖的法国吐司、6 份烤排骨、6 份熏猪肉、4 个炒鸡蛋、5 个香肠馅饼、1 份加了番茄酱的炸薯条、3 份奶酪、2 份加了巧克力软糖的黄蛋糕和 4 盒牛奶。

◎ 干肉片是南非的橄榄球球迷喜欢的一种点心。它可以是任何动物——包括大象、大羚羊、羚羊——的肉风干而成。

◎ 在瑞典，人们用面粉、驯鹿的血还有盐来做汤团。

河豚体内有一种有毒的腺体，如果没有把这个腺体清除干净，食用河豚的人会中毒而死。尽管如此，河豚在日本仍然是大家喜欢吃的一种美味。

◎ 纽约一个饭店出售的一种煎蛋制作成本为 1000 美元，它的名字叫作"亿万美元龙虾煎蛋饼"。它里面有一整只龙虾、280 克鱼子酱，以及鸡蛋、奶油、土豆和威士忌。

◎ 在美国的佐治亚州，囚犯最后一顿饭花费的限额为 20 美元（此为 2004 年的价格限额）。

◎ 在匈牙利，人们用刚杀掉的猪流出来的血炒鸡蛋。

◎ 在意大利，人们非常喜欢吃小燕雀，这导致许多种类的燕雀由于人类的食用而彻底消失。

> 很多便宜的肉类制品，比如香肠和汉堡，是用所谓的"机械恢复肉"做的。"机械恢复肉"指的是那些清洗骨头时洗下的肉末，还有动物身上剁碎的肉，这些肉已经不具备其他用途。

◎ 在菲律宾，人们拿鸡头炖汤或者将整个鸡头烤熟吃。

世界上有些地方的人把水母晒干腌制了食用，而吉尔伯特群岛上的人把水母的卵巢油炸了吃。

◎ 阿兹特克人给那些做人祭的人吃很多顿"最后的一餐"——他们用一年的时间把作为人祭的人养胖。

◎ 把面粉、黄油和调味品用鸡皮包起来，整个放入鸡高汤中煮，就做成了俄国的一种犹太食品——灌肠。灌肠煮熟后，人们把它弄干，切成一片片作为点心。

◎ 在中国和日本，人们把干的海蜇片买回来后，会将它在水里浸泡一段时间，待其回软后再进行烹饪。

◎ 古代的希腊人、埃及人和罗马人都会在临刑前让死囚最后吃上一顿。

◎ 中国人吃的藤壶（一种蔓足亚纲的海洋甲壳类动物）有成年人的拳头那么大。

在世界上许多地方，包括日本、智利和法国，人们都生吃海胆的生殖器官。

◎ 在西班牙的布尼奥尔小镇每年都举行"番茄大战"，在大战中，约3万人往彼此身上扔的番茄大约有100吨，积聚在街道上的番茄汁则有30厘米高。

◎ 烤驯鹿是瑞典和挪威的一道国菜。

◎ 在萨摩亚群岛，人们把海参的内脏放在装有海水的罐子里出售，称为"海黄瓜"，其实它和黄瓜一点也搭不上边。

龙舌兰酒的酒瓶里装有仙人掌的球茎。

◎ 在英国，在田野中打猎得到的野生哺乳动物和鸟类经常会被挂起来，直到"恰到好处"的时候才取下来。"恰到好处"指的是它们开始腐烂。

非洲马赛马拉地区的人在活着的动物的脖子上割开一个小口，把流出来的血液和牛奶混合起来，然后用麦秆饮用这种"饮料"。

◎ 酵母是一种小型真菌，在制作面包、酿制啤酒和葡萄酒的过程中均有用到。它能够分解营养物质中的糖类，产生气体。这些气体形成了啤酒和葡萄酒中的气泡与面包中的小孔。

猩猩的嘴唇在维也纳曾经是一种美味。

◎ 在世界各地的菜市场都有卖活鳗鱼。人们买了鳗鱼后，通常都是要做菜之前才把它们杀掉。但是如果你不想提着一个一路扭动的鳗鱼袋子回家，你可以叫摊主当场把它杀掉。

◎ 英国的黑布丁实际上是用包有脂肪块的冻猪血做的香肠，人们经常把油炸黑布丁当作早餐。

◎ 冰激凌之所以有一种滑滑的口感，是因为里面含有一种海藻提取物。

欧洲部分地区，包括东欧的人们会吃幼鳗。幼鳗非常细，在烧熟之后，它们像意大利面条一样互相缠绕在一起。

◎ 法国人在煮小牛的眼睛之前，会先把它放在水里浸泡一段时间。煮熟后，他们往小牛眼睛里面塞佐料，再把它包在面团里油炸。

◎ 美国许多州不允许死囚在吃最后一顿饭时喝酒或者抽烟。

◎ 牛舌头一般有2.3千克重，经常和牛的唾液腺一起出售。

◎ 在欧洲，有一些人把猪血或者牛血和大米、牛奶还有糖混在一起烘焙，做成血布丁。

为了做出昂贵的鹅肝，人们强迫鹅吃进过量的谷物将它催肥。这样的话它的肝就会比正常养大的鹅的肝大好几倍。

英国有一种非常凶猛的鳗，叫七鳃鳗。人们在烹饪七鳃鳗时用的调料，正好是用它的血做的。

◎ 在墨西哥，人们喝龙舌兰酒的杯底经常放有一只虫子。这种酒的正确喝法是把酒和虫子一起吞到肚子里。

◎ 在过去，欧洲的吉卜赛人和贫穷的农民在肚子饿的时候会吃刺猬。他们把刺猬用泥巴裹起来，放在火堆下面烘烤。泥巴干了之后，刺猬身上的刺会和泥巴一起脱落。

◎ 维也纳街头有卖烤狗肉的，狗的后半身还带着一条完好无损的尾巴。

鱼子酱其实是鲟鱼的鱼卵。

鲟鱼非常珍贵，人们有时候不得不在鲟鱼身上做一场手术，以便得到鱼子酱的同时又不伤害鲟鱼，使它可以继续产生鱼卵。在取出鱼卵之前，需要把鲟鱼的内脏清除干净，只有这样，取出的鱼卵才会尽可能地新鲜。

◎ 鬣蜥肉在中南美洲非常昂贵。

◎ 法国一种叫 cervela 的香肠是用猪脑做的。

美国人养殖了一种以谷物为主食的金色幼虫，它的名字叫面包虫。美国人把它们放在装着米糠的罐里，作为一种食品出售。米糠是给面包虫吃的，如果没有米糠，面包虫会互相吞食。

◎ 北非一些阿拉伯国家的人们会吃羊的眼珠。

◎ 在中国，人们把熊掌包在黏土里烤。烤熟之后，熊掌上的皮毛会和黏土一起脱落下来。

◎ 法国人有时候会把在酒窖里捉到的老鼠做成菜。做的时候，他们用葡萄酒桶当柴火，而调味品则是红酒味的。

古阿兹特克部落有一种叫 tlacatalalli 的汤是用玉米和人肉混在一起做成的。

在 19 世纪，营养学家弗兰克·巴克兰德发明了诸如老鼠土司、烤鹦鹉和炖海蛤蝓之类的菜。他还试过用象鼻做汤，不过在煮了好几天之后，象鼻还是很坚韧。

◎ 在中国，燕窝是一道美味。燕窝是一种特殊的燕子——金丝燕用自己凝固的唾液结成的窝。在做燕窝汤之前，人们先把燕窝浸入水里泡软，然后把树枝、羽毛之类的杂物除去。

◎ 块菌是一种生长于欧洲森林地下的菌类。块菌中的极品具有非常高的营养价值。人们通常利用猪来嗅出块菌的位置。

◎ 在中世纪，人们烤孔雀的时候通常不把它们的羽毛拔掉。而且为了不让羽毛被烧着，他们会先往孔雀皮里充气，烤熟后再把皮刺破，使气体放出。这样上菜时孔雀身上还有羽毛，看起来栩栩如生。

过去亚马孙的一些部落把他们过世亲属的骨头碾碎了做汤喝。

◎ 在罗马帝国的一次宴会上，一个奴隶剖开了一头烤野猪的胃，结果一群画眉从里面飞了出来。

◎ 在美国得克萨斯州，人们有时候把犰狳连着它们的壳一起烤，同时在里面塞满胡萝卜、苹果和土豆。

◎ 在非洲的俾格米部落里，人们在吃象肉的时候会用活蛆做佐料。

在维也纳，眼镜蛇的心脏是一道很普通的小吃。即使它仍在跳动，人们也照样生吃。你可以就着眼镜蛇的蛇血把它吞下去，也可以把它放入一杯米酒中，和着酒一起喝下去。和蛇心一起吃的一般还有好吃的蛇肾。

◎ 在一些没有食品加工设备或者刀叉的国家，母亲把食物咀嚼后喂给婴儿。

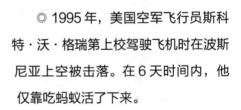

世界上保存到现在的最古老的"口香糖"有9000年的历史。

◎ 1995年，美国空军飞行员斯科特·沃·格瑞第上校驾驶飞机时在波斯尼亚上空被击落。在6天时间内，他仅靠吃蚂蚁活了下来。

◎ 七鳃鳗是鳗类的一种，它能够吸食猎物的血肉使其死亡。在1135年，英国国王亨利一世因为吃了太多的七鳃鳗而死亡。

◎ 鳗鱼皮非常难剥，有时甚至得动用钳子才能把它剥掉。

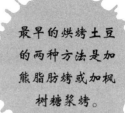

最早的烘烤土豆的两种方法是加熊脂肪烤或加枫树糖浆烤。

◎ 人们通常把骆驼脚放在清水里煮熟，然后蘸着酸酱油吃。只有小骆驼的脚才称得上是美味。

◎ 骆驼脚也可以放在骆驼奶中煮。

英国一家餐馆的菜单上最近新加了蜗牛粥这道菜。

◎ 苏格兰杂碎八宝菜，是将切碎的绵羊或牛的心、肺、肝与板油，洋葱、燕麦片和调味料混合在一起，放在羊胃或者牛胃里煮。

◎ 澳大利亚土著人喜欢生吃木蠹蛾幼虫，他们吃的时候，虫还在蠕动。另外一种方式稍微文明一些：他们在吃之前，先把幼虫穿起来，放在火上烤几分钟。

◎ 萨摩亚群岛上的人生吃腌制的水母。

◎ 有些犹太人会吃炖熟的牛乳房。

◎ 在法罗群岛，肚子里塞了大黄的角嘴海雀是一道很受欢迎的菜。

在中国黑龙江和吉林省交界处生长着一种木盐树，也有人把它叫作食盐树。每年夏季，木盐树的树干上就会分泌出一种雪白的霜，被称为盐霜，其质量可与上等精盐相媲美，当地人都用它来炒菜。

◎ 在中国，人们把鲨鱼的鳍用盐腌制，晒干后做成鱼翅，作为一种食物。它煮熟后看起来像一碗胶水，因为鲨鱼鳍里含有大量的胶质。

◎ 在墨西哥，人们将一种黑色的巨型光胸臭蚁的卵裹在玉米卷中，蘸着鳄梨调味酱享用。

◎ 古罗马的宴会上有时候会出现一道大家都喜欢吃的好菜——火烈鸟的舌头。

杀人犯维克托·费古尔在他的最后一餐只吃了一个橄榄。

◎ 尽管已经过去了几千年，古埃及墓里发现的蜂蜜经过考古学家品尝后，证实仍可食用。

有一些生活在亚马孙流域的人喜欢将狼蛛的虫卵和鸡蛋一块煎着吃。

◎ 如果吃的胡萝卜太多，你的皮肤会变成橘红色。

◎ 在中国，油炸蟋蟀是人们喜爱的一种食物。

日本纳豆的制作方法是：把大豆放在稻草里任其腐烂，直到它变得黏糊糊并且臭不可闻。

◎ 发放给美国空军士兵的空军生存手册里记载了在危急情况下，吃哪些虫子能品尝到最好的味道，并获得最多的营养。

◎ 美国俄克拉何马州爆炸案制造者蒂莫西·麦克维吃的最后一顿饭是将近2升的薄荷巧克力片冰激凌。

◎ 澳大利亚超市里有售用木蠹蛾幼虫做成的罐头。

◎ 法国人每年吃掉4万吨蜗牛。

◎ 据说，在面包虫还活着的时候就将它做菜吃味道更好。

中国人和西班牙人都吃海蛤蝓。它通常以干货形式出售，人们把它买回家后需要把它放入水中，使它重新变得又湿又软。

世界上很多地方的人都喜欢喝用血做成的汤。在波兰有一种叫 czarnina 的鸭血汤；在韩国，有一种用猪血凝结成的血块做成的汤叫 seonjiguk；而在菲律宾，人们吃一种用猪血炖成的叫 dinuguan 的汤。

◎ 美国爱荷华州立大学的昆虫学系出版过一本教人如何用昆虫烹饪的菜谱，包括香蕉虫面包、蘸着蟋蟀糖水汁吃的饼干和奶酪，以及油炸面包虫米饭。

◎ 北美洲有人吃晒干的蛆。

◎ 在中美洲的婚宴上经常有的一道菜是泡在蜂蜜里的蚂蚁。

在加纳出产的肉类有一半来自老鼠。

在古巴，人们烤全猪的时候会把猪的脑壳切开，这样可以用勺子挖猪的脑髓吃。

◎ 瑞典一个糖果推销员在 1973 年逝世之后，被装进了一个用巧克力做的棺材里。

休洛树盛产于非洲东部，它的树干能分泌一种特殊的白色液体，这种液体带有天然的酒的醇香，甚至能将人迷醉，当地人把它当作天然的美酒招待远方的客人。

◎ 韩国有一道叫 sannakji 的美味是用仍然在扭动的章鱼触须做成的。

在菲律宾，尽管鸡蛋或者鸭蛋里面有发育成形但是没有孵出来的小鸡或者小鸭，人们也照样把它们做成菜。如果你在菲律宾吃饭的时候不想点这道菜，请记住它的名字叫 balut。

◎ 在英国和美国，人们总是活吃生牡蛎。

◎ 在柬埔寨，铁板烤蜘蛛是一种很受欢迎的街头小吃。

和英国的腌野猪肉相似，美国的一种美味头肉冻是将猪或牛等动物的整个头煮至烂泥状，再使其冷却到类似果冻的一团。

◎ 在中国，人们报复毒蝎子的方式是：把它们烤了吃掉。据说它们吃起来像腰果的味道。

美国阿拉斯加州的土著印第安人把大马哈鱼的鱼卵埋在罐子里，90天后，等鱼卵彻底腐烂时才把它们取出来吃。

◎ 食米鸟是鸣禽的一种，体形很小，数量稀少。直到1999年，在法国食用食米鸟仍然是合法的。人们把它们养在黑暗的笼子里，催肥到正常体形的3倍大，再把它们放在白兰地里淹死，然后放在火上叉烤几分钟，烤熟后人们会连同内脏把整个食米鸟囫囵吞下去（不吃头和喙也是可以的）。

菲律宾一种叫kakambian的食物是将羊皮、羊毛、羊脂肪和羊肉之类的都切成小块后，混在一起做成的。

◎ 在冰岛，人们享受的美味佳肴有角嘴海雀和一种叫svie的菜，后者是先烤焦再煮熟的羊头。

◎ 猴脑在亚洲一些地方是一道美味，这并不奇怪。不可思议的是食客们是在猴子还活着的时候，直接从猴脑里舀脑髓吃。

在蒙古，人们把骆驼奶或者马奶放在一个洗净的马胃或者兽皮袋里，挂在帐篷上。每个经过大门的人都必须摇动或者敲击这个袋子，久而久之，里面的奶慢慢发酵变成了一种低酒精度的酸乳酪饮料。每个人，即使是孩子也可以饮用这种饮料。

◎ 冰岛人在过仲冬节的时候会吃腐烂的鲨鱼肉。他们先把鲨鱼肉埋在地下 6 ~ 8 周，再挖出来风干约两个月后才吃。

◎ 菲律宾的百公酱是一种气味非常难闻的发酵鱼酱，它是用捣碎的小虾做成的。

◎ 在帕劳群岛，你可以点到连皮都没有剥掉的整只食果蝙蝠作为开胃菜或者主菜。

在非洲南部，一种叫作 mopani 的毛毛虫被做成罐头放在商店里出售。

◎ 西班牙血肠是波多黎各的一种香肠。它是将米放在猪血里煮，然后把煮好的饭塞进猪大肠里，再加以油炸而制成的。

◎ 在厄瓜多尔，家庭烧烤野餐聚会上的食物包括烤蛇肉串和几内亚烤猪。

◎ 北非人会吃油炸白蚁。

◎ 在巴西，烤犰狳也是一种美味。

◎ 在芬兰，人们拿血来做薄烤饼。

◎ 美国俄勒冈州有一家名为"双座轩"的餐馆,每周营业5天,每天只招待两位客人,只供应一顿午餐。一般要在3个月前预订,才有可能享受到两位老板兼厨师的亲切款待,以及他们不断推出的新菜肴。

日本菜肴辛是把鱿鱼放在鱼内脏中发酵而做成的。

◎ 在香港,你可以像买到袋装的炸土豆片一样,买到袋装的酥炸螃蟹。

◎ 在韩国,你可以从街头小贩那里买到蚕蛹罐头或者袋装的蚕。吃蚕蛹的方法是把蚕蛹的尾部咬破,吸取蛹里面的汤汁。

◎ 柬埔寨的蜘蛛酒其实是米酒,蜘蛛是米酒做好了之后才放进去的。

◎ 在中国,人们把龙虱(水蟑螂)的翅膀和腿去掉,将它烤着吃。

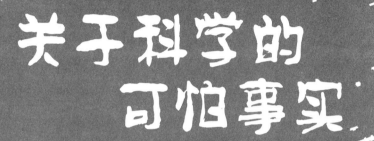

关于科学的可怕事实

◎ 进入石器时代后，世界各地的很多部落都出现了在头上穿孔的行为。他们都用石头在头盖骨上穿孔，其目的是把脑袋中邪恶的精灵释放出来以缓解头痛。穿孔后人们通常还能活下来，因为根据考古发现，在许多穿过孔的头盖骨中有愈合的迹象。

◎ 1962 年，一名荷兰医生决定进行穿孔试验，他用一个电钻在自己的头上钻了一个孔。

早期的印度医生用蚂蚁来缝合病人的伤口。他们把孟加拉国蚂蚁整齐地排列在病人伤口处，这些蚂蚁立即用它们强有力的颚把伤口两边咬合在一起，然后，医生就把蚂蚁的躯体剪掉，让蚁头留在缝合处起固定作用。

◎ 疟疾是通过蚊子传播的一种传染病，它是由人体血细胞内的一种小寄生虫引起的，每年要夺走 100 万～ 300 万人的生命。

◎ 19 世纪法国的铁路工人声称他们放飞了一只在岩石中发现的翼龙。据他们说，翼龙起初是活着的，它拍打着翅膀，并发出叫声，然后才死掉。关于岩石中藏着青蛙和其他动物的报道很常见，不过都没有得到科学上的证实。

如果你掉入了黑洞中，你的身体会被拉伸成一条细长得难以置信的线。这被称为拉面过程。

◎ 如果把蛇的毒液吞到肚子里，一般不会中毒。因为胃酸会改变毒液中化学物质的性质。

◎ 对于花生酱粘在上牙床的恐惧有一个专门的科学术语，叫花生酱恐惧症（Arachibutyrophobia）。

月桂和杜鹃花蜜中含有一种毒素，会使人中毒。公元前 66 年，罗马军队被敌人引诱至一片小树林，这片树林里正好有蜜蜂用月桂和杜鹃的花酿造的蜜。他们吃了这种蜂蜜后，因为毒性发作无力抵抗而惨遭屠杀。

◎ 科学家从婴儿掉落的牙齿里提取出干细胞，并把它们在实验室里加以培育，然后植入老鼠的嘴里。结果老鼠长出了柔软的牙齿，不过外面没有坚硬的釉质。

◎ 尿液和清洁剂含有相同的清洁成分。有一些民族过去用尿液来清洗物品。

当今世界上存在着一个新生婴儿脐带库，人类建造它的目的是在将来医学发展到更高水平的时候，可以利用这些脐带来制造新的器官和组织。

◎ 研究肿瘤增生的专家们把萤火虫体内的发光基因植入病体，使得肿瘤在黑暗中发光。科学家用这种方法观察到一个接受实验的动物的皮肤里的肿瘤，并且无须开刀就知道肿瘤是在增生还是在萎缩。

有些动物对少量的毒气也有反应，因此人类利用它们作为早期的预警器。譬如，在第一次世界大战期间，德国人在战壕里养猫，用它们来嗅出瓦斯；英国的矿工在矿井里养相思鹦鹉，因为只要有瓦斯泄漏，它们就会迅速死亡。

◎ 在澳大利亚，每年和袋鼠相关的道路交通事故超过 2 万起。所以澳大利亚的汽车工程师在碰撞测试中使用仿效袋鼠制造出来的机器袋鼠，来测试袋鼠可能给汽车造成的损害程度。

要具备足够挡住一颗子弹的脂肪，一个人的体重必须达到 650 千克左右。然而，即使身体可以挡住子弹，人仍然会被射向头部的子弹打死。

◎ 1999 年，美国芝加哥的一位艺术家宣布了他的一项计划：把水母的基因植入狗的体内，使狗能在黑暗中发光。

◎ 维多利亚时代的孩童通常会得到一个盐瓶作为自己已经长大的标志。事实上，瓶子中的盐是和溴化物混合在一起的，因为溴化物能使孩子们更安静，举止更得体。

验尸专家能够通过辨认尸体上蛆、蠕虫和昆虫的种类推算出当事人死亡的时间。

◎ 土豆、茄子、西红柿和胡椒都是茄属植物，大部分的茄属植物都能分泌致命的毒汁。

◎ 科学家们正在研制一种能够运输药物的微型机器蝌蚪，这种蝌蚪能够在病人的血管中游动，将药物运到人体需要的部位。

并非所有的死尸都会腐烂。在适合的条件下，尸体内的脂肪会转化成类似肥皂的物质，所以即使过去了好几年，尸体被挖出来时的样子看上去仍然和刚刚埋葬时差不多。

◎ 考古学家通过检验石器时代人类的粪便——粪化石，发现了他们当时吃的是什么食物。在检验之前，要先将粪化石在水里浸上三天，把它泡软。

意大利有很多世界闻名的食品。
但是在意大利，请勿将奶酪和海鲜混合在一起，
因为这样做会被认为是一场烹饪灾难。

◎ 猴子和鱼结合做出来的美人鱼愚弄了科学家很多年。最近一次这样的事件发生在 2004 年，当时据称在亚洲发现了一只被海啸冲到海岸上的美人鱼。而最远的一次发生在 1400 年前，据说当时在日本出现了所谓的美人鱼木乃伊。

◎ 澳大利亚的本杰明·德雷克·范·维森发明了一种机器，它能够挖掘太平洋岛国瑙鲁上的海鸟粪，并将之转化成肥料。

◎ 发芽的马铃薯中含有一种叫作龙葵碱的有毒物质，可以致人死亡。马铃薯长时间储存在亮处，就会产生这种物质。食用 2 千克这样的马铃薯就会使人死亡。

石油是由数百万年以前死亡的动植物尸体腐烂分解而成的，它们都被深埋在地底下。

◎ 如果你在一场雪崩中被困，想辨别出上下方向是不可能的，这样你就无法知道朝哪个方向挖洞才能脱身。在这个时候，你可以小便，然后看看尿迹延伸的方向——因为重力会使得"水往低处流"。

1822 年，威廉·博蒙特医生在研究人体消化系统的时候，碰巧遇到一个很好的研究对象：一位胃部中枪的病人。子弹在病人胃部造成的小孔没有愈合，正好可供博蒙特医生观察人体消化过程。但是如果不把那个孔治愈，病人吃进去的食物就会通过那个孔流出来。

◎ 为了消灭传播疟疾的蚊子，一位美国科学家建造了许多吸引蝙蝠的塔。他在塔里放上布满了蝙蝠粪便的布以吸引蝙蝠入住，同时在蝙蝠原来的窝附近播放音乐，把它们赶出来。几年之后，人群中疟疾的感染率从89%降低到零。

世界上毒性最强的非金属元素是砷。过去人们用它做成苍蝇纸杀死苍蝇，结果有一些人因为不小心接触苍蝇纸而死亡。

◎ 如果你用铁制的菜刀切菠菜，菜刀和菠菜都会变成黑色。因为菠菜中含有的一种物质会和铁元素发生反应。

在第一次世界大战期间，人们用金鱼来检查防毒面罩里的所有毒气是否都已清洗干净。面罩清洗之后，在里面装上水，然后将金鱼放进水中。如果金鱼死掉，说明面罩里仍然有毒气。

◎ 中国台湾云林县台西乡商代遗址出土的石质砭镰，是目前中国发现的最古老的医用手术器械——3100多年前的手术刀，也是目前发现的世界上最早的手术器械。

过去人们用白色的铅粉涂抹身体，使皮肤显得白皙美丽。但是铅粉会使人中毒并缓慢死亡。因为一旦铅的毒性发作，皮肤就会显得很难看，这时人们就会擦更多的铅粉来掩盖皮肤上受损的部位。

◎ 要让沉在海底的鲸鱼尸体完全消失大约需要100年的时间，在这段时间里，各种各样的动物、植物和微生物会慢慢地享用它的尸体。

早期的火柴是用有毒的化学物质做的，并且会在温暖干燥的环境下自燃。这使得制作火柴的童工因此中毒，而当时人们的口袋则经常会意外着火。

◎ 一些小动物，譬如老鼠，从 1000 米高的矿井掉落仍然能够安然无恙。因为在坠落过程中产生的最快速度还不足以挤碎它的身体。动物或者物体的体积越大，安全坠落的距离就越短。

把食物上发霉的部分刮掉，并不意味着已经彻底清除变质的部分。因为霉菌延伸到食物内部的深度是在食物外部可见部分的 9 倍。

◎ 我们的血液之所以是红色是因为它用铁元素来运输氧气，而一些蜘蛛的血液之所以是蓝色是因为它们用铜元素来运输氧气。

约翰·海埃在 20 世纪 40 年代于英国伦敦杀死了 6 个人，他把受害者的尸体放在装有酸液的桶里溶解，希望以此来消灭掉所有证据。然而，警察还是在一堆泥状物中发现了 3 块胆结石和其中一名受害人的假牙。这些证据已经足以让他罪名成立。

◎ 沉在海底的炮弹被打捞上来时会爆炸并炸死潜水员。因为海底的细菌会分解炮弹上的金属，这个过程所产生的气体在炮弹到达海面时迅速扩散并引起炮弹爆炸。

◎ 如果你用手指在凝结着水汽的窗户玻璃上涂鸦，你的作品会在下次窗户玻璃有水汽时重新出现。因为你手指上的油脂保留在玻璃上，它和水不相容。

中世纪治疗口吃的一种方法是用烧红的铁块烫舌头，但是这种方法其实并没有效果。

◎ 在面积为 1 平方千米的开阔土地上，蚯蚓每年带到土地表面的泥土有 400 万千克。

◎在 17 世纪，把蜘蛛裹在黄油里吃下去被认为是一种治疗疟疾的偏方。

在历史上有好几起有据可查的人体自燃事件。在有些事件中，整个人烧得只剩下一堆灰，或者一只脚，或者几件烧焦的衣服。

◎ 经过训练的用于寻找地雷的老鼠非常轻，即使它们踩在地雷上面，也不会将地雷引爆。当嗅出附近有地雷时，这些老鼠会在地面又抓又咬来通知工兵，后者就会上前拆除地雷。

在第一次世界大战中，战死的战马被回收用来制作炸药，它们的脂肪经熬炼后，可以做成 TNT 的一种成分。

◎ 如果你从悬崖或者高楼上掉落，你能达到的最快的坠落速度是 200 千米每小时。这个速度被称为"终极速度"，它足以让你摔到地面时发出大大的一声"啪"。

◎ 鸟粪是西太平洋岛国瑙鲁的主要出口商品。鸟粪中含有丰富的氮元素，人们利用它们做肥料。

有些科学家认为，所有的脊椎动物都是从 5.5 亿多年前的一种体长 6 厘米形似蝌蚪的物种进化而来的。

◎ 有一些富人要求在死后将自己的尸体低温储藏（深度冻结）起来，希望将来的医学能够找到治疗导致他们死亡的疾病的方法，将他们治好后使他们复活。

太空中的温度非常低，在太空船内往外小便，会在瞬间凝结成一串黄色的结晶体。

◎ 如果土豆是在今天被发现的，它们很有可能会被欧盟禁止食用。因为根据欧盟的规定，土豆作为食物实在太危险。

◎ 平均每张床上都有 600 万只尘螨。

有一个人做了一个和维纳斯捕蝇草（一种食肉植物）有关的试验。他把自己由于患了足癣而烂掉的脚趾喂给捕蝇草吃，结果发现捕蝇草很快就把它消化掉了。

1 万个细菌紧密地排列在一起，延伸的长度大概是你的指甲那么长。

◎ 地球上昆虫的数量是人类数量的 1 亿倍，而它们的总重量是人类总体重的 12 倍。

◎ 在紧急情况下输血时，椰奶可以代替血液中的水分。

日本科学家已经在实验室里成功地制造出了蝌蚪的眼睛。他们把制造出来的眼睛移植到蝌蚪身上，即使在蝌蚪变成了青蛙之后，这双眼睛仍在起作用。

◎ 化学物质磷是由德国的炼金术士亨宁·勃兰特在 1669 年发现的。他把变臭的尿液加热，在所有的水分都蒸发之后，就提取到了磷。

◎ 麦角菌是一种长在黑麦上的真菌。人们吃了麦角菌之后会表现得像发疯了一样。有一些历史学家认为历史上那些声称自己能飞，因而被指控会巫术的人，以及那些被指控行为怪异的人，都有可能是中了麦角菌的毒。

粪便中的细菌能够穿透 10 层厕纸——这就是为什么便后要洗手的原因。

世界上最大的生物体是位于美国华盛顿的一株巨型真菌。它几百年来一直在生长，目前的占地面积是 6.5 平方千米。

◎ 非洲的马赛人把牛尿作为镇静剂饮用。

◎ 蓖麻子是自然界中毒性最大的植物，仅仅 70 微克蓖麻毒素就能杀死一个成年人，这比响尾蛇毒液的毒性要强 1.2 万倍。

据说现在的美国人死后腐烂的速度比以前的美国人要慢很多——因为他们现在吃了很多含有防腐剂的食物。

◎ 有一些人——大部分都是美国人——声称自己在睡觉的时候被外星人绑架过，外星人在他们的身上做试验，有时甚至还改变了他们的思想，直到试验结束后他们才被放回地球。

◎ "鬼火"在夜间出现在多沼泽的地区，它其实是沼泽中的气体燃烧产生的火焰。以前许多旅行者把它误认为灯光，结果偏离了正确的道路向它走去，最后深陷沼泽而死。

◎ 美国得克萨斯州的普莱诺市有一家蟑螂博物馆。

细菌每20分钟分裂一次。因此，一个细菌（它不需要什么男朋友或者女朋友）经过9个小时之后，就能够繁殖出1.3亿个后代。

◎ 一些科学家认为太干净了反而会使人体生病——一些研究表明，人类需要进食少量的脏东西以激活自身的免疫系统。如果人体被感染而免疫系统却没有激活，就会得哮喘和一些过敏疾病。

如果你住在伦敦，那么平均每杯自来水在到达你家的水槽前，都已经经过了9个人的水槽。

◎ 美国正在研究一种消灭蟑螂的方法，即散播一种能够杀死蟑螂但不会伤害人类的寄生虫。

◎ 2004 年，英国科学期刊《物理世界》举行的一次最伟大公式选举活动中，"1+1=2"这个基本公式名列第 7，只比爱因斯坦提出的质能方程 $E=MC^2$ 落后两位。

研究器官移植技术的科学家们在一只老鼠的背上移植了一只人类的耳朵。这只耳朵是用人类的软骨组织制成的，在生长过程中所需的营养由老鼠的血液提供。

◎ 除臭剂并不是阻止你出汗,而是通过杀死使你的汗液变臭的细菌来消除臭味。

对脑部损害的最早研究和一名叫菲尼亚斯·盖奇的铁路工人有关。1848 年,在一次爆炸中,一根粗铁棒击穿了他的脑部。尽管经过治疗他的身体逐渐康复,但他的性格却完全改变了。他的头骨和那根铁棒目前仍在美国的哈佛大学展览。

罗马人治疗癫痫症的一种方法是用角斗士的鲜血洗浴。

◎ 19 世纪,在英国约克郡有一种治疗百日咳的方法是喝一碗用 9 只青蛙熬的汤。你不能自己做这碗汤,因为据说只有在不知情的情况下,喝这碗汤才有效(即使在这种情况下喝下去,也有可能还是不会奏效)。

◎ 罗马人用在醋里浸过的蜘蛛网装饰小伤疤。

◎ 解剖尸体在好几个世纪内都是违法的，所以外科医生和科学家为了了解解剖学知识，不得不付钱给盗贼，让他们去偷在绞刑架上被处死的死刑犯。

一种治疗肺结核的古老方法是：将一头刚刚杀死的牛开膛破肚，把它的肠子拉出来绕在患者的脖子上，患者通过深呼吸把肠子散发出来的气味都吸进去。

空调系统里寄生着许多细菌。由于空调系统使用的空气在大楼内反复循环，它反而成了在大楼内传播疾病的最好方式。

◎ 一种从水蛭中提取出来的化学物质被用作止痛剂。

◎ 用微波灭虫器杀过虫的房间里到处都是虫子的血，因为这种灭虫器会使虫子爆炸。

◎ 1991 年的澳大利亚年度发明奖颁给了一种蟑螂消灭器的发明者。这种蟑螂消灭器先用食物把蟑螂吸引过来，然后把它们电死。

中世纪一种治疗脑膜炎的方法是把一只鸽子剖成两半，然后把它们敷在病人的头上。

如果你在冲马桶的时候没有把马桶盖盖上，尿液和粪便组成的一些微粒会扩散到卫生间的空气中，并且其中有一些会落到你的牙刷上。

◎ 澳大利亚一种带刺的树能引起人体剧痛，甚至致人死亡。这种树的叶子上掉落的充满毒素的细毛刺进人的皮肤，然后把小伤口封住，将毒素封闭在里面。仅仅站在这种树下就会让人痛苦地流鼻血。

◎ 一种治疗头疼的古老方法是把绞死犯人的绳子绑在患者的额头上。

在过去，治疗所有疾病的一种通用方法是给病人放血。放血的方法有两种：一种是医生在病人的身上割一个小伤口，然后在伤口上面罩上一个烫的杯子，把血吸出来；另外一种方法是用吸血水蛭。

◎ 为了抓到水蛭用于医疗，抓水蛭的人故意站在河里，等待水蛭到他们的身上吸血。

在19世纪晚期，埃及火车上使用的燃料是古代的木乃伊，因为它们的数量比煤和木头要充足得多。

在土耳其，人们治疗牛皮癣的一种方法是让患者坐在装满了鱼儿的浴盆里，鱼会吃掉患者身上的鳞状皮肤。

有时候，飞机马桶里冲下来的大便会结成冰块落向地面。

◎ 维纳斯捕蝇草的两片叶子汁液丰富，外形像蛤，边缘有刺。如果有昆虫爬上维纳斯捕蝇草，它们的叶片会迅速合拢，捉住昆虫，然后分泌出一种消解液把昆虫消解掉，供自己吸收。

◎ 为了研究猫头鹰吃的是什么食物，科学家们把猫头鹰粪便里的东西分门别类地挑出来，然后把其中不同动物剩下的骨头和毛发重新拼凑起来。

对于在抗生素出现以前，以及即使有了抗生素也无法治疗的一些感染，最好的一种清理伤口的方法是把蛆放入伤口，让它把腐肉吃掉。

◎ 世界上最精密的天平能测量的物体轻达 0.5 微克，其精确度达 0.01 微克，其重量相当于书本中一个句号所用墨水重量的 1/60。

◎ 在 16 世纪的英国，人们把马尿擦在头皮上治疗脱发。

◎ 1952 年，位于英国威尔特郡波顿唐的一个化学防御性实验基地开发出世界上最强有力的神经性毒气。该物质的毒性 300 倍于第一次世界大战中所使用的光气毒气的强度，口服该物质最小量 0.3 毫克就能致人死命，在空气中密度达每立方米 10 毫克时亦可使人毙命。

科学家们正在研究一种可以利用宇航员的粪便作为部分燃料的宇宙飞船。

◎ 在中世纪，人们认为在口袋里放一只死尖鼠就能治疗风湿病。

按照传统，新几内亚的巴布亚岛上的人们会把过世亲属的遗体，包括脑子都吃掉。在 20 世纪 50—60 年代，岛上爆发了库鲁病，人们发现它的根源正好是这种吃尸体的行为。从那以后，岛上的人们才接受劝说，不再吃尸体。

◎ 有些婴儿出生时仍然包在羊水包中，在过去这被认为是一种吉兆。第二次世界大战中的英国领导人丘吉尔就是这样出生的。

在洗过尸体的水里洗澡在过去被认为能够治好癫痫症。

◎ 一种新的捕鼠器能在抓到老鼠的时候给安放捕鼠器的人发出信号，这样人们就可以在老鼠腐烂变臭之前把它移走。

在 19 世纪，人们用砷来制作绿色颜料。在一次生日宴会上，几个孩子由于吃了蛋糕后中毒而死，因为生日蛋糕上的绿色糖衣是用砷染成的。这促使化学家们要求政府立法规定哪些化学物质可以用在食物上。

有时候鱼和青蛙会像雨点一样从天上掉下来——甚至还下过"肉雨"（小块的肺和肌肉）和"蛆雨"。

◎ 利用基因工程技术，科学家们培育出了一只能在黑暗中发光的老鼠。

◎ 在 6.4 平方厘米的地面上大约生活着 4000 个微生物。

植物并不都像它们外表看起来那样无害——全球有 600 多种吃小动物或者昆虫的肉食性植物。

被装在铅条封住的棺材里的尸体有时候会爆炸，因为尸体腐烂时产生的气体被铅条给封住了，在棺材里积聚后造成很大的压力。如果这样的棺材被挖出来并打开，那么尸体的碎片会炸得到处都是。

◎ 20 世纪 70 年代从月球上回收回来的仪器上还有 1967 年留在那里的细菌，而且它们居然是活的。

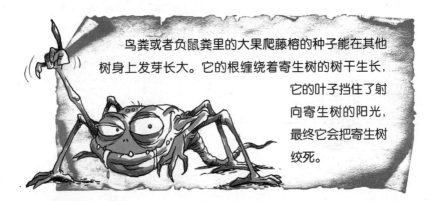

鸟粪或者负鼠粪里的大果爬藤榕的种子能在其他树身上发芽长大。它的根缠绕着寄生树的树干生长，它的叶子挡住了射向寄生树的阳光，最终它会把寄生树绞死。

◎ 猪笼草有一个很深的圆筒形的捕虫囊，里面装满了能够溶解昆虫和小动物的酸液。溶解后的动物就是猪笼草的食物。

德国一位动物园管理员本来想用轻泻剂和灌肠（将油从肛门注入直肠）的方法来治疗一头便秘的大象。他的治疗方法非常有效——大象拉出了 90 千克重的大便。但不幸的是，这些大便都落在了那位管理员的身上，把他活活闷死了。

◎ 风暴性大火通常指的是由爆炸引起的几乎无法控制的大火。它的火焰温度能够达到 800℃，而且它以飓风的速度往中心吸收空气。这种情况下，即使人们没有被风暴性大火烧死，也会由于窒息而死亡。

脂肪里含有很多的能量，因此极地探险者有时候会吃油腻的海豹脂肪，以获得保持体温所需的必要能量。

◎ 伤疤是由蛋白质和一种叫作血小板的特殊血细胞反应而形成的，血小板能够使血液变黏而凝结在一起。伤口处的血液一旦凝结，各种不同的化学物质和细胞就开始工作，使血液凝块变干形成伤疤。与此同时，伤疤下面的细胞也在自我修复。因此，如果抠掉一个伤疤，就代表着你使自己身体各部分辛勤工作的成果付诸东流。

一家法国水泥厂利用用过的尿布做燃料，来给水泥窑加热。

1890 年，人们在一个女孩身上涂满了磷，使她的身体能够在黑暗中发光，参加降神会上的表演。不过后来这个女孩因为磷中毒死掉了。

◎ 过去医生通过品尝患者的尿液来诊断糖尿病，这是因为糖尿病患者的尿中含有糖，尝起来是甜的。

2000 年，英国登山运动员梅杰·迈克尔把他的 5 根手指和 8 根脚趾捐给了一家博物馆。这些手指和脚趾都是他在 1976 年攀登珠穆朗玛峰的过程中冻掉的。

在泥浆里淹死是有可能的，但是要把淹没在泥浆中的人救出来可能性则微乎其微，因为要把人拉出来，需要克服的泥浆重量太大了。

◎ 海底深处的火山口生活着许多奇怪的植物和动物，它们在高温和有毒的酸性水体中仍然能够正常生活。

◎ 研究摩门蟋蟀的科学家们把它们的头切掉，以观察它们吃的是什么食物。科学家们发现很多摩门蟋蟀都是以其他摩门蟋蟀为食的。如果一只摩门蟋蟀停下来进食，经常会有另外一只摩门蟋蟀爬过来把它吃掉。

◎ 马粪堆在寒冷的天气里还能热气腾腾，这是因为其中的细菌在分解马粪的过程中产生了大量的热气。由于马粪中含有大量的水和水蒸气，所以它是很好的"散热器"，能够保持高温。

◎ 饥饿的爱斯基摩狗和北极熊会在探险者小便的时候发动攻击，显然它们是被尿液的气味吸引而来的。

◎ 20 世纪 90 年代，日本精工爱普生公司开发研制出一种机器人，研制人员把它叫作"机器人先生"。这种机器人总体积还不到 3 立方厘米，体重不到 1.5 克。

法国的包希欧医生在 1905 年的一次实验中发现，犯人的头被砍下来后，在 25 秒钟内仍然能够听到声音并做出反应。

◎ 金刚石的硬度非常高，因此牙医经常把它们装在电钻的顶端，用来钻透牙齿。

◎ 在美国的西海岸有一个专门研究尸体腐烂过程的实验室。科学家们把人体和动物的尸体放在室外任其腐烂，然后研究尸体腐烂的速度，以及尸体上的蛆和微生物。

◎ 第一只冻鸡是由英国著名学者弗朗西斯·培根发明的。他在 1626 年进行冷藏实验时，往一只拔了毛的鸡肚子里塞满了雪，做成了冻鸡。实验获得了成功，但是培根本人却由于在此次试验中感染了感冒病毒而死亡。

科学家们在蟑螂的体内装上电极，以此来控制它们的腿，从而把它们改装成活的机器人，利用它们带着摄像机或者炸药穿过狭小的空间。

◎ 用氢氧化钠之类的碱溶解动物脂肪可以制成肥皂，在过去，肥皂就是用羊或者猪的脂肪做出来的。

◎ 大多数细菌的直径都只有 0.00025 厘米。但是目前科学家已在非洲外海的海底发现了一种巨型细菌，无须显微镜就可以看到它们。

◎ 蜂蜜具有一定的灭菌效果，可以用来涂抹比较浅的伤口，但一定要选择优质的蜂蜜。

◎ 皮蠹能够把动物尸体上的腐肉吃得非常干净，因此有些自然博物馆就利用皮蠹的幼虫来清理打算展出的骨架上的腐肉。

非洲尼日尔河中，有一种用石头拼造起来的渔船，这种船永不沉底。用来造船的石头叫"洞三石"，这种石头 70% 以上是孔洞，孔洞之间都有薄薄的石层相隔，互不通气，具有很大的浮力。

◎ 科学家们经过研究后认为，在石油或汽油稀少的地方（或者说时期），鸡粪可以用作汽车和拖拉机的一种燃料。

◎ 初生的婴儿中偶尔会有几个已经长齐了牙齿。

◎ 在智利，从阿里卡到拉巴斯之间的火车曾有一段时期使用的燃料是骆驼粪。

可怕事实的世界纪录

◎ 一家英国航空公司从 1996 年起在它的飞机呕吐袋上用 11 种语言印上了使用指南——很显然，这创下了一项纪录。

◎ 来自美国艾奥瓦州的查尔斯·奥斯伯恩每隔 1.5 秒钟就要打嗝一次，就这样打了 69 年，然后突然停止不打了。

麝猫是苏门答腊岛上的一种野猫，世界上最昂贵的咖啡就是用从它的粪便中回收的咖啡豆做的。

◎ 纽约的肥胖人士沃尔特·哈德逊一顿饭的食物包括：12 个油炸圈饼、10 包炸土豆条、8 份中国外卖和半个蛋糕。

◎ 美国的蒙特·皮尔斯能用耳垂把一枚硬币拍出 3.3 米远。

◎ 1999 年，英国的彼得·多德斯韦尔用创纪录的 45 秒钟吃下了三道菜组成的一餐饭。这餐饭包括牛尾汤、土豆泥、烤豆、烤香肠以及洋李干。

◎ 美国的娜塔莎·维露什卡保持着吞剑方面的世界纪录，她在 2004 年的一次表演上吞下了 13 把剑。

◎ 牙买加的马鞭草蜂鸟所产的蛋一般长度不足 1 厘米，重量仅有 0.36 ~ 0.37 克。

马达加斯加发声蟑螂是世界上最大的蟑螂，它能够长到 9 厘米长。

◎ 黑头海蛇生活在澳大利亚北部的帝汶岛海域，它比陆地上最毒的毒蛇还要毒上100倍。

◎ 2005年，来自意大利的列奥纳多·丹德瑞在1分钟内用头敲碎了32个西瓜。

1998年，美国的凯文·科尔一个喷嚏把一根意大利细面条从鼻子里喷到了19厘米开外。

法国的马克·坤奎登11分钟内吃下了144只蜗牛，从而创下了一项世界纪录。这项纪录后来被他自己打破，他当时在3分钟内吃下了72只蜗牛。不过吃完之后，他马上死掉了。

◎ 栖息在中国西北部高山湖泊地区的斑头雁的最高飞行高度是1.7万多米。斑头雁冬季一般生活在印度地区，夏季它们会从印度跨越世界第一高峰——珠穆朗玛峰飞到在中国的栖息地西藏。

在 2005 年，来自澳大利亚的马太·汉修吞进一把长 40.5 厘米的剑，并将一袋重 20 千克的土豆在剑把上挂了 5 秒钟。

◎ 歌利亚甲虫以吃粪球为生，它和仓鼠差不多大，是世上体形最大的甲虫。

1998 年，来自美国迈阿密的 13 岁男孩丹尼尔·柯奈 3 周内接受了 12 个器官的移植手术。

◎ 世界上最响的尖叫纪录是 129 分贝，那一声尖叫是由吉尔·德雷克在 2000 年的一场万圣节庆祝会上发出的。

◎ 到 2005 年 3 月为止，美国人唐纳德·歌斯克已经吃了 20 500 个 BigMacs 汉堡。33 年来，他每天至少吃一个 BigMacs 汉堡。

一位在治疗脚臭实验室工作的女子 15 年来闻过了 5 600 只脚的味道。

◎ 美国人戈登·凯斯保持着亲吻毒蛇的世界纪录，在 1999 年一年里，他亲吻了 11 条眼镜蛇。

一个日本女人创下了胃里长的虫子最多的纪录，在 1990 年，医生总共从她胃里取出了 56 条虫子。

◎ 在 1980 年的一次"引诱虫子锦标赛"上，汤姆·沙弗伯特汉把 511 只虫子从地下引到了地面上。

◎ 在 1997 年，医生在一个 16 岁的埃及男孩的体内发现了他未出生的双胞胎兄弟。他的这个兄弟在 32 ~ 33 周大的时候就死掉了，只长到大约 45 厘米。

◎ 丹尼·卡普斯保持着吐死蟋蟀距离最远的世界纪录，他把一只死蟋蟀吐到了 9.17 米之外。

◎ 美国人迈克尔·劳埃德用脚踢自己头的速度是世界上最快的，他可以连续不停地踢 42 次。

1997 年 12 月 24 日，在英国伦敦广播电视公司的一个节目上，约翰·埃文斯当场头顶 101 块标准建筑用砖共计 188.7 千克达 10 秒钟之久。1999 年 5 月 24 日，他甚至用头顶起了一辆重 159.6 千克的迷你式汽车。

◎ 泰国人胡思劳 70 多年来都没有剪过头发。

◎ 美国政府正在研究是否可以将世界上最臭的两种物质制成武器，它们是两种臭气，可以在不伤害人体的情况下驱散人群。

在 2001 年的一次早餐电视秀上，英国人肯·爱德华在 1 分钟内吃下了 36 只活蟑螂。

英国人西罗·葛佑保持着"胸口碎大石"的世界纪录：他躺在钉床上，胸口放着 37 块总重量达 235.8 千克的石块，然后让人拿大锤把这些石块敲碎。

◎ 亚洲象是妊娠期最长的哺乳动物，平均为 609 天，最长的近两年之久。由于亚洲象怀孕周期太长，致使幼象出生率极低。

在 1999 年，美国人斯科特·杰克一个喷嚏把一条果浆软糖从鼻子里喷了出来，而他的朋友雷·彭瑞森正好用嘴巴接住了它。

◎ 1951 年在美国芝加哥进行的一场切除肿瘤手术是目前耗时最长的手术，总共持续了 96 个小时。

◎ 美国人达斯丁·菲利普能够用吸管在 33 秒内喝完一整瓶番茄酱。

雪德哈·奇拉尔的指甲养了 44 年从未剪过。它们的平均长度是 117 厘米，其中大拇指的指甲长 132 厘米。

◎ 有一种叫斑叶兰的植物，它的种子小如灰尘，5 万粒种子只有 0.025 克重。

◎ 美国伊利诺伊州的罗伯特·厄尔·休斯拥有有记载以来的最大胸围。在 32 岁那年去世的时候，他的胸围是 3.15 米，体重则是 484 千克。

乔恩·布劳尔·米农柯在 1976 年的体重是 635 千克。曾经在一周内，他的体重增加了 89 千克。他真的是太重了，在生病的时候，需要 12 名消防队员才能把他抬出房子，想翻一次身的话，得动用 13 名护士，把两张床拼在一起对他来说仍然不够。

◎ 世界上现在还在世的最矮的成年人是印度人古尔·穆罕默德，他在 33 岁的时候，身高只有 57 厘米，体重只有 17 千克。

◎ 雷蒙达花生长在南美洲海拔将近 4 000 米的安第斯高原上，100 年才开放一次，并且在开完花后立即枯萎而死。

◎ 把一口烟吐得最远的纪录是 16.23 米，这个纪录创于 1997 年。

有史以来最严重的传染病是黑死病——一种由老鼠身上的跳蚤引起的瘟疫。1347—1351 年间，它在欧洲和亚洲夺去了 7 500 万人的生命。

◎ 世界上有记载的最长的眉毛有 7.8 厘米长。

◎ 在南美洲生长着一种叫"可可依"的小虫，是地球上最毒的虫。其体重仅 1～2 克，从其体内提取出来的毒素，比眼镜蛇的毒性强 10 倍以上。当地人将它涂在箭头上制成的毒箭，10 年后仍能置人于死地。

◎ 在 1895 年，医生从一名 20 岁的英国女性胃里取出了重达 2.53 千克的毛团。

◎ 英国人迪安·古尔德能用别针在 1 分 22 秒内挑出 50 个蛾螺肉。

◎ 胆结石是积累在胃里的矿石形成的石块。有史以来最大的胆结石重 365 克，它是由一个医生在 2003 年从一个澳大利亚男患者体内取出的。

◎ 世界上最长的腿毛长在澳大利亚人提姆·史汀顿的腿上，它有 12.4 厘米长。

1912 年拍苍蝇大赛的冠军拍死了 543 360 只苍蝇，总重量达 96 千克。

◎ 金·古德曼能使自己的眼珠突出到眼眶外 11 毫米。

◎ 在美国加利福尼亚州生长着一棵名为"谢尔曼将军"的巨杉，已有 3500 年的树龄，其直径近 12 米。

一名保加利亚男子在 1942 年不小心开枪打中了自己，那颗子弹至今仍然留在他的脑袋里。

◎ 美国蒙大拿州的摩托车特技表演者伊万·柯尼万骨折的次数是最多的，在他的职业生涯中，他骨折了 435 次。

◎ 据说 18 世纪 70 年代生活在英国的托马斯·韦德斯脸上长着一个 19 厘米长的鼻子。

世界上拥有全套假牙的年龄最小的人仅有 4 岁，他之所以戴假牙是因为得了一种遗传疾病，这种疾病把他的全部牙齿都破坏掉了。

◎ 美国人罗伯特·瓦德洛的双脚是有记载以来最长的，它们有 47 厘米长。

英国人盖里·特纳
能够将自己的皮肤拉离身体 15.8 厘米，因为他得了一种病，使他的皮肤弹性非常好。

◎ 美国的蒙特·皮尔斯能够将左耳垂拉伸到 12.7 厘米长。

英国人斯蒂芬·泰勒能够将他的舌头伸到嘴外 9.4 厘米，这里的 9.4 厘米指的是从舌尖到嘴唇的距离。

◎ 挪威人汉斯·朗塞斯的胡须，总长是让人难以置信的 5.6 米。这个长度是汉斯过世时量出来的，他于 1927 年在美国艾奥瓦州的肯塞特郡逝世。在 1967 年，他的胡须被赠送给了华盛顿的史密斯学会。

意大利奥尔斯克市的市民乔瓦尼·巴蒂斯塔收藏了 200 多万颗人类的牙齿。

◎ 印度人沙姆希尔·辛格是目前还在世的人当中胡须最长的，他的胡须有 1.83 米长。

◎ 英国人托马斯·布莱克索尔能够用舌头拉起 11 千克的重物。

萨尔瓦多的雷内·奥华连卡吃过 3.5 万只蝎子，他每天吃 20 ~ 30 只蝎子，每只蝎子都是他自己赤手空拳抓来的。

◎ 目前发现的最小的哺乳动物是基茨猪鼻蝙蝠。这种动物长约 33 毫米，重约 2 克，在泰国西南部的石灰岩洞中被发现。

◎ 英国人盖里·特纳有一次在自己脸上夹了 159 个木制衣夹。

> **法国人米歇尔·罗蒂多**
> 被称为"什么都吃先生"，因为 1959 年以来他吃下了各种各样的玻璃和金属。他吃过一台计算机、18 辆自行车、1 架飞机、6 盏枝形吊灯、15 辆超市手推车、2 张床、7 台电视机和 1 双滑雪板。总的加起来，他吃了 9 吨多的金属。

◎ 马来西亚人莱彻曼那·拉玛萨米用头发把一辆双层公交拉了 30 米的距离。

◎ 荷兰人维姆·霍夫光着身子在冰天雪地里待了 1 小时 8 分钟，在这段时间里，他通过瑜伽和冥想来防止自己被冻住。

◎ 两个美国人共同创造了一项世界纪录：他们一起坐在装有 75 只活响尾蛇的浴盆里。

中国人孟旭创造了用舌头穿针引线的世界最高纪录：在 6 分 45 秒内，他成功地将 20 根针穿在一根线上。

◎ 非洲的巨型蜗牛是世界上有记载的最大蜗牛，它有 39.3 厘米长。

◎ 2004 年，日本国内最大的医疗器械制造公司泰尔茂开发出一种世界上最细的注射针头，这一针头直径只有 0.2 毫米，扎进皮肤的伤口很小，病人几乎没有痛感。

从活人身上摘除的一个最大的肿瘤重 137.6 千克，直径 1 米。身体内长着这个巨瘤的妇女的体重都比它轻。

英国人保罗·汉在 2004 年发出了世界上最响的饱嗝声，它达到了 105 分贝——和一列呼啸而过的地铁一样响。

◎ 生活在中非卢旺达和布隆迪两国的图西人是世界上平均身高最高的民族，该民族年轻人的平均身高是 1.83 米。

分布于刚果民主共和国（前扎伊尔）的姆布蒂人是世界上平均身高最矮的民族，男性的平均身高为 1.37 米，女性的平均身高为 1.33 米。

◎ 巴基斯坦的泽发·吉尔将 51.7 千克的重物夹在自己的右耳上，然后用右耳把它拉起来。

◎ 美国人加里·贝萧能够在嘴巴里把巧克力粉和牛奶调成奶昔，然后把它从鼻子里喷出来。在1999年，他破纪录地一次性调和了54毫升的奶昔。

在40多年的时间里，美国人查尔斯·延森接受了970场切除肿块的手术，其中大部分切除的是脸上的肿块。

◎ 1925年3月18日，美国出现了一次强龙卷风，它的运动时速为96.6千米，横穿过3个州，行程达354千米，造成689人死亡，是世界上迄今为止有记录的最大一次龙卷风。

◎ 新西兰人克林特·哈勒姆曾经3次失去他的右手。1984年，他的右手在事故中被切断，医生将它重新接回去；1989年，由于感染问题，医生又将它切除；2001年，他新移植的右手由于与身体产生排斥反应又被切除。

1982年，一位名叫拉维的印度教徒向人们展示了自己的绝技，他在没有任何支撑的情况下独脚站立一直持续了34个小时。

◎ 在 2003 年，印度一名被称为蛇摩奴（摩奴是印度神话中的人类祖先）的男子在 30 秒内吞下了 200 条蚯蚓，每条蚯蚓至少有 10 厘米长。

◎ 英国人汤姆·兰帕德在他的整个身体上刺满了美洲豹的花纹，花纹中间的空隙则被文成黄色。这使得他成为地球上文身最多的人。

美国人布拉德·拜尔斯
在 1999 年吞下了 10 把 68.5 厘米长的剑，并在喉咙里将它们旋转了 180°。

◎ 历史上最严重的流行性感冒发生在 1918 年，那一年正好是第一次世界大战结束的时候。它夺去了 2 100 万人的生命，比在"一战"中死亡的人数还要多。

◎ 非洲蝉是世界上发声最大的昆虫，在半米外测算它发出的鸣声，平均声压级为 106.7 分贝。

◎瑞士人马可·赫特的嘴巴可以装下258根吸管。

◎在2002年的某一天，英国人卡马·木可勇敢地在自己身上穿了600个孔。

印度尼西亚有一个叫作帮卡斯的人，1970年他爬到一棵高达17米的棕榈树上再也没有下来，从此他就在树上生活，直到1991年再次回到地上，他在树上整整生活了21年！

◎一名英国妇女的身上有2520个孔，甚至连她的舌头上也有一个指头般大的孔。

印度有一个叫作马诺科的男子，从1995年起没有吃过一口饭，每天仅仅喝一点水和咖啡来维持生命，除此之外他最多也就是每天傍晚面朝太阳一动不动地站立一个小时，据他自己说他这是在吸收太阳能。

奥秘世界

邝 波 编著

妙趣动植物

江西美术出版社
全国百佳出版单位

图书在版编目（CIP）数据

奥秘世界 . 妙趣动植物 / 邝波编著 . —— 南昌 : 江西美术出版社 , 2022.8

ISBN 978-7-5480-8711-3

Ⅰ . ①奥… Ⅱ . ①邝… Ⅲ . ①科学知识－儿童读物 Ⅳ . ①Z228.1

中国版本图书馆 CIP 数据核字（2022）第 125865 号

出 品 人：刘　芳
企　　划：北京江美长风文化传播有限公司
责任编辑：楚天顺　朱鲁巍　　策划编辑：朱鲁巍
责任印制：谭　勋　　　　　　封面设计：韩　立

奥秘世界·妙趣动植物
AOMI SHIJIE·MIAOQU DONGZHIWU

邝　波 编著

出　　版：江西美术出版社
地　　址：江西省南昌市子安路 66 号
网　　址：www.jxfinearts.com
电子信箱：jxms163@163.com
电　　话：010-82093785　　0791-86566274
发　　行：010-58815874
邮　　编：330025
经　　销：全国新华书店
印　　刷：河北松源印刷有限公司
版　　次：2022 年 8 月第 1 版
印　　次：2022 年 8 月第 1 次印刷
开　　本：880mm×1230mm　1/32
总 印 张：16
ISBN 978-7-5480-8711-3
定　　价：88.00 元（全 4 册）

本书介绍了一些自然界最迷人、最神奇、最不同寻常的生物，有会变性的鱼、会用嘴生育后代的青蛙，也有一天能长高 1 米的竹子等。

对于科幻小说家来说，要幻想出这本书里所介绍的古怪的生物及其离奇的行为并非易事。展开你的想象力吧：有一种得克萨斯州有角蜥蜴，当它遇到掠食者时会朝其喷出体内 1/4 的血液用来防御；有一种蛙类，它能经受得住 −270℃ 的酷寒；有一种蛾子，它有长达 35 厘米的舌头……

最能容纳这些稀奇古怪的生物的场所之一就是海洋。正是在海洋里，科学家首次发现了腔棘鱼 ——一种长得很古怪的鱼，科学家以为它们在 6500 万年前就已经灭绝了，但它们至今还存活着，而且活得很好，现在生活在西印度洋。大海是世界上最神秘的地方，有太多的东西等待人们去探索。如今，借助于高科技，如深潜器和可遥控的远程器械等，人们已逐渐能理解海洋中不

同生命的更多奥秘。

　　在陆地上也有许多更加离奇的生物有待我们去发现，虽然它们当中可能有不少的生物都极其微小，很难找到。然而，我们已经了解了会吃动物的植物、能在水面上行走的昆虫、皮肤非常松弛的蛙类等，这些事实激励科学家去探索新的生物和它们不可思议的行为方式，以及那些没有被揭开的秘密。也许这些秘密就藏在高高的树上、深深的地下、遥远的热带雨林中某个不为人知的角落，或者就在显微镜下。

　　任何有关自然之最的研究都不可避免地充满着好奇，当涉及最高级时，总会有另一个破纪录者突然出现。但本书所收录的纪录目前来说是不容置疑的，所有的动物和植物不是这个方面就是那个方面有种特别之处值得我们关注。

　　什么动物的色彩视觉系统最好？游隼俯冲的速度到底有多快？以及世界上最危险的蛇是哪种？诸如此类的问题都可以在这本书里找到答案。

Contents
目录

能力之最

运动之最

生长之最

繁殖之最

能力之最

最奇特的拳击手

在海洋里大家互相帮助是
很普遍的事，最有名的例子就
是寄居蟹和海葵，海葵带刺的
刺丝囊能保护寄居蟹，同时寄
居蟹多余的食物会给海葵吃。

名字：	拳击蟹
分布：	印度洋和太平洋
特点：	能用"海葵手套"打拳击

拳击蟹似乎比寄居蟹更得寸进尺，因为它们个头特别小——壳的
长度只有1.5厘米，所以是许多动物的猎物。它们遇到对手时就
会用双螯挥舞着微小的、带刺的海葵来击退对方。拳击蟹挥动着
海葵，就像拳击手戴着手套一样，每一次刺戳都会刺痛对手或者
令对手死亡。有人曾经看到一只拳击蟹击退过一只蓝环章鱼，可

手握"海葵手套"的拳击蟹绝对是一名出色的"拳击手"。

见它的防御是非常有效的。拳击蟹之间也是用海葵作为进攻的武器，但是它们之间的斗争只是出于好玩，几乎不会用海葵触及对方，而是用自己的腿来进行格斗。

当一只成熟的拳击蟹到了要蜕皮的时候，它就必须放下海葵，等到它的新外壳长硬之后，它又会去抓新的海葵。如果它只找到一只海葵，那它就会把这只海葵一分为二，海葵也很乐意被分成两只。令人奇怪的是，在面对要捕食拳击蟹的动物时，海葵似乎并不反对被拳击蟹抓起并挥舞着进攻，至少我们从没见海葵临阵脱逃过。我们很难理解，对于海葵来说，得到所需的食物难道会比能自由活动更好？不过，由于拳击蟹利用海葵来刺昏动物，因此海葵能得到足够的食物作为回报，也许正是这个原因才使得海葵宁愿生活在拳击蟹的双螯中吧。

最具爆炸性的防御

在昆虫界，蚂蚁几乎无所不能，但它们并不总是成功。投弹手甲壳虫对付蚂蚁的方法很奇特，那

名字：投弹手甲壳虫
分布：除南极洲以外的各大洲
特点：能混合化学物质引起爆炸

就是用爆炸的方式。也就是说，当一只蚂蚁、蜘蛛或者任何一种别的掠食者带有敌意地咬住这种甲壳虫的腿时，它们立刻就会发现自己被一股化学喷雾所轰炸，这股喷雾就像沸水一样热。

那么，如此微小、冷血的生物是如何产生爆炸的呢？这完全是由其体内的化学物质引起的：在这种甲壳虫的腹部末端有两个

完全一样的腺体，它们并列地分布在两边，在腹部的尖端有开口，这就是投弹手甲壳虫的天然微型燃烧室。每个燃烧室都有一个内室和一个外室，内室含有氢的过氧化物和对苯二酚，外室含有过氧化氢酶和过氧化物酶。当内室的化学物质被迫通过外室时，这些化学物质之间就产生了化学反应，于是投弹手甲壳虫就有效地制造了一次爆炸。

投弹手甲壳虫制造的爆炸所产生的液体含有现在被人类称为 p-苯醌的刺激物。这种高压沸腾的液体从投弹手甲壳虫腹部的末端喷出，同时伴随着一声巨响，声音之大连我们人类都能听见；液体的温度也足以烫伤企图攻击投弹手甲壳虫的掠食者。更令人惊讶的是，投弹手甲壳虫的腹部还能朝任何一个方向做 270° 的旋转，这样它就能准确射中它的对手；如果旋转 270° 还对不准的话，它就会越过背部射击，先击中一对反射镜，然后液体通过反射镜跳弹到所需的角度，最终射中对手。科学家认为投弹手甲壳虫的神奇之处就在于它们是自然界唯一一种能混合化学物质引起爆炸的昆虫。

毒性最强的动物

个体很小的箭毒蛙用它体内的有毒物质进行防御，因此被归类为有毒动物（有毒动物就是指那些利用身体的某一部位，如尾巴、螯、刺或者牙齿等，作为武器向其他动物投放有毒物质的动物）。只有当箭毒蛙受到攻击时，它的毒液才会令掠食者中毒，因为它并不希望受到伤害。箭毒蛙通体鲜亮，其中以黄色或者橙色最为耀眼，似乎在炫耀自己的美丽，其实是在警告掠食者靠近它有极大的危险。

事实上，这种金黄色的
箭毒蛙很可能是世界上最毒
的动物。它皮肤内的毒液毒
性非常强，任何动物只要沾

名字：金黄色箭毒蛙
分布：哥伦比亚的热带雨林
特点：能分泌使任何动物都毙
　　　命的毒液

上一点毒液，就会中毒，甚至死亡。一只箭毒蛙分泌的毒液可以
使 100 多人致命。虽然这种仅仅分布在哥伦比亚地区的毒蛙直
到 1978 年才被科学家发现，但是印第安人很早以前就发现了这
种毒蛙，并且用它们皮肤内分泌的毒液去涂抹他们的箭头和标枪，
然后用这样的毒箭去狩猎，可以使猎物立即死亡。

这种金黄色箭毒蛙是从其他动物那里摄取蟾毒素（也可称作
蛙毒）的，很可能是依靠食用一些小的甲壳虫获得的，而甲壳虫
又是通过植物获取的毒素。相比之下，我们人工繁殖的青蛙不会
有毒，大概是因为它们不食用有毒昆虫的缘故吧。箭毒蛙在白天
很活跃，除了某种蛇以外几乎没有别的敌人，因为那种蛇对它的
毒素有免疫力。令人惊奇的是，在新几内亚岛上也发现了某种鸟
的皮肤和羽毛里含有与箭毒蛙相同的毒素。两个距离较远的地方
发现同样机理的毒素，原因很可能要归结于某种小甲壳虫了。类
似于哥伦比亚的甲壳虫，它们也含有这种蟾毒素。

最聪明的工具制造者

除了人类以外，还有相当多的动物会利用工具，有时候还会
制作工具，例如海獭、啄木鸟等。一般来说，人们认为动物中最

名字：新苏格兰乌鸦
分布：太平洋沿岸某些岛
特点：能想办法取到很难够
得到的食物

擅长使用工具的是人类的近亲——大猩猩。大猩猩会用石头敲碎坚果，它们还会制作小木棍或者利用小草的草茎在土堆中捕捉白蚁。这些技术是带有"文化"的技术，只能由某些大猩猩所掌握，并且传授给下一代。其制作技术相当复杂：一位人类学家曾经和一群大猩猩在一起待了几个月，他尽力去了解大猩猩寻找白蚁的技术，最终发现了一只大约 4 岁的大猩猩能熟练掌握这门技术。

但是，说到这种与生俱来的智慧，新苏格兰乌鸦就要超过大猩猩了。在一次实验室所进行的实验中，科学家把一块肉放在一

新苏格兰乌鸦正利用树枝将肉从木盒子里取出来。

个小篮子里，篮子放在一个透明塑胶圆筒里，旁边还有一根直的铁丝。一只叫作贝蒂的雌乌鸦，用嘴叼着铁丝试图把小篮子吊出来，但是没有成功。于是，它把铁丝缠绕在圆筒的边缘上，用嘴啄铁丝，把铁丝的末端啄成钩状。然后，它回到篮子旁边，用铁丝把篮子钩出来取到了肉。该实验反复进行了几次，贝蒂几乎都取到了肉，但是它又使用了另外两种方法来制作工具。在野外，新苏格兰乌鸦会用小树枝制作工具，即去除其他部分，只留下一个突出的部分。但是把铁丝弄弯这一技术，它们是怎么知道的呢？

最灵敏的"电子感受器"

在某种程度上，所有的鲨鱼都能接收到水中猎物的微弱电讯，以利于捕食。对于大多数鲨鱼而言，它们的这种感觉一般只起到辅助的作用，真正

名字：锤头双髻鲨
分布：热带和温暖的海洋里
特点：能探测到极其微弱的电流

起决定性作用的通常是听觉、嗅觉和视觉。尤其在袭击前的那一瞬间，这些感觉系统能充分发挥作用。但是对于锤头双髻鲨来说，这种接收电讯的能力是至关重要的，这也许就是它们头部的形状（头骨呈铁锤状）如此古怪的原因之一吧。

鲨鱼有特殊的电子感受器，感受器由数百个微小的、黑色的小孔组成，称为"劳伦茨尼器"。劳伦茨尼器是一条很深的信道，富胶质，能把接收到的微弱电讯传导到每个感觉孔的神经末梢。普通鲨鱼的吻部和下颚处都遍布着这种感觉孔，那些黑色的小孔

看起来就像清晨刮脸的人傍晚已长出的短髭,感觉有些奇怪。

锤头双髻鲨也有许多感觉孔,它们分布在双髻鲨的长方形头部下侧,这些感觉孔就像金属探测器一样能扫描布满沙粒的海底。用其他方法无法找到的猎物,用这种方法却往往十分灵验,像黄貂鱼和比目鱼都喜欢躲藏在沙子里,静静地一动也不动,而且没有什么特别的气味,其他掠食者根本就发现不了,但锤头双髻鲨用感觉孔却能发现它们。

锤头双髻鲨不仅能探测到水中猎物的身体和海水交互作用产生的微弱的直流电,甚至连猎物心脏跳动引起的肌肉收缩而产生的极其微弱的交流电也能感觉到。8种类型的锤头双髻鲨比大多数其他种类的鲨鱼感觉更灵敏,其中最大型的锤头双髻鲨,大约有6米长,也许是感觉最灵敏的鲨鱼。

最黏的皮肤

澳大利亚有一些世界上最奇怪的生物,也许因为它位于一个奇怪的大洲的缘故吧。许多种类的两栖动物都不能生存在这个地方,这里内陆炎热、荒芜,一连数年持续干旱,而圣十字架蟾却能在如此严酷的气候环境中生存下来。它用强壮的后腿在土壤中挖洞,在洞中熬过炎热的白天。当旱季到来时,它就会在地底下挖一个1米多深的大洞,然后在洞中夏眠,一直睡到雨季来临。

和它的近亲蟾蜍一样,圣十字架蟾的皮肤里也有独特的腺体。当它遭到打扰或侵犯时,这些腺体就会分泌出一种奇特的体液，就像胶水一样。数秒钟之后这种胶状物就会变硬，黏性比其他的胶水强 5 倍。这种胶状的分泌物在对付蚂蚁的进攻时最为有效，甚至有些大的蚂蚁立即就被

名字：圣十字架蟾
分布：澳大利亚
特点：能分泌超级"强力胶水"

粘在了圣十字架蟾的皮肤上。对于蟾蜍来说，最大的快乐莫过于吃掉攻击它的蚂蚁了。此外，像所有的青蛙和蟾蜍一样，圣十字架蟾也每周蜕一次皮，并且把它吃掉。

　　澳大利亚的科学家正在尝试着制造出像圣十字架蟾的分泌物一样黏的胶水。这种胶水将用来粘塑料、玻璃、纸板，甚至金属。更重要的是，它还能用来修补软骨的裂缝以及其他的身体组织。

圣十字架蟾皮肤分泌的黏液不仅能保护自己免受攻击，有时还可以作为有效的捕食工具来使用。

因此，它也许会成为一种令人惊奇的黏合物，一种能帮助外科医生处理最难愈合的伤口的胶水。

最贪婪的吸血者

世界上最贪婪的吸血动物不是吸血蝙蝠。产自美洲热带地区的吸血蝙蝠，实际上并不是吸食而是舔食其他动物的血。如果吸血蝙蝠发现了大型

名字：	亚马孙水蛭
分布：	亚马孙流域
特点：	能吸食为自身体重4倍的血

的哺乳动物——尤其是牛、猪和马，就会在它们的皮肤上咬一个口子，然后喝流出来的血。吸血蝙蝠的体形并不大，平均体长约7厘米，每只蝙蝠一晚上只能舔食几汤匙血液。因为它的唾液里含有抗凝血剂，所以它飞走后被咬过的那只动物的伤口还会流一会儿血。

然而，世界上最大的吸血动物——水蛭，体长达46厘米，具有惊人的吸血能力。一只非常饥饿的水蛭需要吸食自身体重4倍的血液才能吃饱。一只较大的亚马孙水蛭平均重约50克，有记录表明还有重80克的水蛭，其重量比几汤匙血重多了。像吸血蝙蝠一样，亚马孙水蛭也以大型哺乳动物的血为食。当那些动物一进入水中，水蛭就开始攻击它们，并用抗凝血剂使它们血流不止。与此同时，水蛭还会向其猎物注入麻醉剂，致使被攻击的动物毫无知觉。

所有的水蛭都是环节动物，它们与蚯蚓属于同一纲，无论大

小，都由 32 节构成。亚马孙水蛭的尾部几节长着攻击猎物的吸血器，而它身体的每一节都有自己独立的神经中枢。因此，每只水蛭都有 32 个大脑。

最敏锐的嗅觉

　　许多动物依靠嗅觉寻找食物或者配偶，甚至以此来辨别周围的路径。有些动物居住的环境使得它们的某些感觉器官很少使用，如大部分在黑暗中活动的动物就很少利用它们的眼睛，而在嘈杂环境中生活的动物就很少利用它们的耳朵，因此它们更加依赖嗅觉。

　　有些动物，如鲨鱼可以有针对性地利用它们的嗅觉，它们对那些与进食或者繁殖有关的气味特别敏感。事实上，嗅觉对于鲨鱼是如此重要，以至于它们的嗅觉器官被称为"游动的鼻子"。它

名字：波吕斐摩斯蛾
分布：北美洲
特点：一只雄蛾仅仅凭借一个信息素的分子就能确定雌蛾的位置

们的嗅觉接收器可以进行微调，以便接收很小浓度的血液和其他化学物质的气味。还有许多动物也有类似的嗅觉接收器。有些我鲇鱼有超级敏锐的接收器，它们能嗅出水中一百亿分之一的化合物的气味。

　　但是，蛾子，尤其是雄性的蛾子，很可能是嗅觉最灵敏的纪录的保持者。它们利用触角导向目标追踪性别信息素（一种由动物，尤其是昆虫分泌的化学物质，会影响同族其他成员的

行为或成长），或者由雌性蛾子释放出的化学物质，就能判断出
这些雌蛾是否适合产卵。有些雌蛾会故意弯曲运动路线，释放出
少量的信息素，这样一来，只有那些嗅觉极其灵敏的雄蛾才能找
到它们的踪迹。嗅觉灵敏度的最高纪录保持者很可能就是波吕斐
摩斯蛾：它的触角只要接收到一个信息素的分子就能在大脑中产
生反应。

好奇心最强的鸟

　　鹦鹉素来极具好奇心，但是
在所有的鹦鹉当中，食肉鹦鹉的
好奇心是最强的。它们的栖息地
在新西兰南部的岛屿上，那里寒
冷、多雪，不适合鹦鹉居住，它

> **名字：** 食肉鹦鹉（即咏羊
> 鹦鹉）
> **分布：** 新西兰
> **特点：** 拥有超强的好奇心

们只得想方设法寻找食物。栖息在其他地方的鹦鹉在各种果树之
间飞来飞去，而食肉鹦鹉则在岩石下、树皮下、灌木丛中、松果中
以及壳状物中寻找食物。它们的食物包括树根、嫩芽、浆果或者
昆虫的幼体等。经历了 250 万年的进化，它们能在山地栖息，并且
没有掠食者的威胁，这种情况使得它们对任何事物都充满着好奇，
对那些从来没有见过的事物尤其感兴趣。因此当人类迁移到新西
兰时，它们也开始分散到有新鲜事物的富矿带以探寻新的食物。

　　现在食肉鹦鹉对露营地和滑雪胜地很感兴趣。它们个头很
大，有着强有力的鸟喙，能撕裂一个帆布的帐篷，而这一切仅仅
是出于好奇的缘故。它们还对汽车的橡胶轮胎，尤其是汽车前挡

食肉鹦鹉对处于它领地中的任何事物都充满着好奇。这只食肉鹦鹉出于好奇，正停留在汽车的后视镜上一探究竟。

风玻璃上的雨刮充满好奇。据说有一群食肉鹦鹉曾经把一辆游客租来的汽车挡风玻璃上的橡胶条撕掉，导致挡风玻璃掉到车内摔碎了。当游客们回来时，发现他们的衣服、食物以及汽车零件散落在雪地中，而那些鹦鹉却在用一只空的可乐罐子进行一场足球比赛。鹦鹉们看到了游客们就迅速撤退并躲在一边观看，满怀着好奇，似乎想看看他们的反应如何。

最可怕的"舌头"

　　木虱、蛙木水虱，它们可能是世界上最特别、最可怕的等足动物。大多数等足动物与很多动物的生活习性一样，可能为食草动物、食腐动物或食肉动物，但是有些等足动物却过着寄生生活，像蛙木水虱就喜欢选择红鳍笛鲷的舌头作为它的巢穴。

　　蛙木水虱用带钩的腿（即甲壳动物的胸部附器）紧紧抓住红鳍笛鲷的舌头，以鱼的黏液、血液和组织为食，逐渐吃光它的

名字：蛀木水虱
分布：长达 4 厘米
特点：先吃掉红鳍笛鲷的舌
　　　头，然后取而代之

舌头，然后紧抓住舌根，取而代之，成为红鳍笛鲷的舌头，并随着它一同成长，以它进食时漂浮的肉粒为食。据记载，最大的蛀木水虱长达 39 毫米，但是很可能还会长到鱼的舌头需要达到的长度。

　　也许这整个过程并不如它看起来那么可怕，因为这种红鳍笛鲷还能继续进食，但是谁知道哪一天这只蛀木水虱会决定离开这条鱼，去别的鱼嘴里另辟新巢呢？奇怪的是，尽管在太平洋东部，从墨西哥到秘鲁都有红鳍笛鲷，但是人们仅仅在加利福尼亚海湾和科迪兹海才发现红鳍笛鲷和蛀木水虱之间的这种关系。这是我们所知的唯一一例不仅代替了它所寄生的主体的器官，而且还代替其捕食的寄生虫，这一举动真让人难以接受啊！

最会使用药物的动物

　　众所周知，人类会使用药物，但是人类并不是唯一会使用药物的动物，我们不断发现其他的动物也有医药方面的知识。目前已知最会使用药物的动物是黑猩猩。像人类一样，由于吃得过量或者食物中毒，黑猩猩也会经常犯胃病。它们也会感染寄生虫或者身体不适，而长期处于压力状态也会使它们变得萎靡不振。

　　诸如黑猩猩之类的聪明的灵长类动物，能够使用药物自我治疗并不奇怪。它们通过不断尝试，逐步学会使用药物。在它们所栖息的森林里，药材随处可见。在坦桑尼亚，有人见到患了腹泻的黑猩猩吃苦叶树的叶子来止泻，当地的人用这种树叶来治疗疟疾、变形虫性痢疾和肠虫病。在非洲，人们发现黑猩猩到处寻找一种长着毛茸茸叶子的植物，它们拔去叶子上的毛，小心翼翼地折叠树叶，卷起来放进嘴里，然后吞下去。通过排泄，树叶会把诸如肠虫之类的寄生虫带出来。

还有许多动物也具有自我药物治疗的能力。僧帽猴会用有刺激性气味的植物擦它们的毛皮，因为这种植物能愈合伤口以及驱赶昆虫。黑狐猴把从

名字：黑猩猩
分布：东非、西非和中非的森林里
特点：能自我进行药物治疗

千足虫身上得到的能够杀死寄生虫的化学物质涂抹到毛皮上。大象在产子前也会寻找一种促产的树叶。如果人类对新的抗生素和其他药物的需求不断增加的话，那么这些动物使用的治疗药物就可以给人类提供可借鉴之处。

最令人疼痛的刺

有人说箱形水母是世界上最毒的动物，但这要取决于你的理解了。你是说它可能是你见过的最毒的生物？或者是说它能杀死的人比其他的生物多？还是说它所含有的化学物质是最毒的呢？当然，一只箱形水母所含有的毒液足够杀死60人，而且很多人一旦被刺中就会立即死亡。

虽然箱形水母无意去杀人，但它是个捕猎者。一只成熟的箱形水母有一个普通人的头那么大，有的触须长达4.6米，触须上

布满了毒刺细胞。箱形水母主要以鱼类为食。它非常活跃（不像其他种类的水母），在海水里喷气推进式的追寻着猎物。它周身都是透明的，使得鱼类以及人类都无法发现它那致命的触须。

名字：	箱形水母
分布：	澳大利亚和东南亚的近岸水域
特点：	能引起被刺者的极度疼痛，甚至死亡

箱形水母大约有 4 束触须，每束 10 根，大部分都超过 2 米长，每根触须大约有 300 万个毒刺细胞。这种毒素会影响心肌和神经，还会破坏其他组织。箱形水母攻击的目的只是为了快速地杀死鱼类，所以攻击后它并不逃走。但是如果一只箱形水母遭遇到了人类，它也许会出于自卫而攻击人类。一旦被它刺中，会引起极度的疼痛，由于没有解药，受害者在仅仅几分钟后就会死于心力衰竭。此外，箱形水母的毒刺细胞在攻击时并不受大脑控制，而是受身体和化学物质

在海中游弋的箱形水母

的刺激。奇怪的是，毒刺并不能刺透女性的紧身衣，于是在"防刺服"被使用之前，救生员在海滩巡航时穿的就是紧身衣。

最逼真的模仿者

如果你是一只中等体型的掠食者，那么章鱼就是在海里最适合食用的动物了。它结实多肉，没有外壳、骨头、刺、毒或者任何让你吃得不舒服的身体组织。事实上，大多数类型的章鱼最佳的防御手段就是白天尽可能地藏起来，晚上才出来觅食。

20 世纪 90 年代初期，两名澳大利亚的水下摄影师正沿着印度尼西亚的苏拉威西岛拍摄，竟然在大

名字：拟态章鱼
分布：印度尼西亚与马来西亚之间的海域
特点：能伪装成许多海洋生物

白天的一个阴暗处看到了一只章鱼，这令他们非常惊讶。实际上，他们第一眼看到的是一只比目鱼，仔细一看才发现其实是一只中等大小的章鱼，它 8 条腕足蜷起来，两只眼睛向上，制造似鱼的假象。章鱼的脑袋很大，视力极好，能变色和变形。拟态章鱼正是利用身体的这些特点把自己伪装成一种完全不同的生物。

后来水下摄影师还发现了更多这样的章鱼。现在人们已经拍摄到拟态章鱼变形后各式各样的照片。它们可以伪装成各类生物，如海蛇（拟态章鱼把 6 条腕足朝下藏到洞里，两条腕足威吓似的在水中随波起伏）、独居蟹、黄貂鱼、海百合、海参、蛇鳗、海星、魔鬼蟹、螳螂虾、鲇鱼、大鳄鱼、水母和沙葵等。

当拟态章鱼伪装成别的生物时，经常会发生这种场面，一只"比目鱼"突然伸出章鱼的腕足，把猎物缠到洞里，然后在那里享用猎物。

最高明的建筑师

有 200 多种蚂蚁——最著名的是南美切叶蚁——能在它们的巢穴里种植菌类作物作为它

名字：非洲白蚁
分布：非洲撒哈拉地区
特点：能建造出一种可调节空气的、多层的公共居住地

们的一种速食来源。大约有 3500 种甲壳虫和 330 种白蚁也会培育菌类作物。但是在所有的昆虫里面，只有非洲白蚁才能培育出更加复杂的菌类作物，而且具有非常高级的栽培技术。非洲白蚁培育的菌类作物只能在它们的排泄物上生长，而且需要特殊的温度——30℃，高于或低于这一温度不是太热就是太冷了。非洲白蚁所建的巢穴的方方面面都是为了能恰好保持这一温度。

非洲白蚁通常把泥浆建在一个潮湿的洞上面，它们至少会挖两个孔通到地下水位线以下。它们还会建一个直径为 3 米的地窖，大约深 1 米，中间撑着一根较粗的柱子。这里面居住着蚁后、保育蚁和它们培育的菌类作物。地窖的顶端是薄薄的聚合叶脉，洞穴的四周有通风的管道。洞穴的顶部有很多空心的塔，当作烟囱，高达 6 米，直通地面。洞穴的每一项精心设计都恰好有利于空气的流通以及保持湿润，不管外面温度如何，洞内菌类作物的温度

始终都保持在 30℃。更令人惊奇的是，工蚁只有 2 厘米大小，所以，按照同样的比例，它们建造的蚁穴比人类造的建筑物还要高，相当于 180 层楼。

最耐寒的动物

有一种非洲蚊子相当适应在干旱的条件下生存，顺带说明一下，它可以抵抗人为设置的 -270℃ 的酷寒。许多昆虫都能在低温环境中生存，但能够长期抵抗寒冷，恐怕只有南极的细菌了。

最耐寒的较高级动物是树蛙，它的耐寒本领使得它比其他两栖动物生存得离北极更近，更能在融雪期的池塘里栖息，大概这使它处于优势，能在池塘干涸之前就迅速繁殖。

当气温下降到 0℃ 以下，蛙的肝脏就把肝糖转变为葡萄糖，葡萄糖有抗冻的作用。在 -8℃ 以下，血液把葡萄糖输送给重要的组织以防止内脏被冻。此时，蛙内 65% 的流体被冻，没有血液的内脏实际上也停止了活动，甚至眼球和大脑也凝固了，像死了一样（有一种乌龟也可以做到，但只是暂时的）。当开始解冻时，蛙的心脏又开始跳动，并向全身输送含有凝固蛋白的血液，这有助于使被冰晶刺破的伤口的血凝固。此时蛙通过这种方式能很快恢复活力，而体内被冻僵的寄生虫居然也复活了，真令人惊奇！

名字：树蛙
分布：加拿大北部和美国的阿拉斯加州
特点：可以抵抗严寒数周

最敏锐的听力

在伸手不见五指的黑夜中捕猎并给自己定位需要极好的感官。蝙蝠利用回声定位法能"看清"外部世界，而做到这些也并非难事。它们从嘴或鼻子里发射出高频脉冲波（超声波），然后分析回音，判断出物体的大小、形状、结构、位置以及细微的运动。蝙蝠的鼻子结构有利于集中声音，复杂的耳朵褶痕能捕捉到回音，从上方来的回音与从下方来的回音分别撞击到耳朵褶痕上的不同点，并且通过转动耳朵，蝙蝠就能听到从不同角度弹回的声音。

外界的噪声如此强烈，为了避免声音混淆，大多数蝙蝠在发射信号时会将耳朵闭合。以在开阔地觅食的小棕色蝙蝠为例，它能发出 110 分贝的声波；而在北方生活的长耳蝙蝠捕食周围的昆虫，能发出 60 分贝的声波。发出低频波（波长较长）的蝙蝠，如大马蹄铁蝙蝠，能收集到远处的昆虫或体形较大的动物的信息；发出高频波（波长较短）的蝙蝠，一般能捕捉较近范围内的飞虫。

很难确定大马蹄铁蝙蝠的听觉是否优于其他类型的蝙蝠，但是

名字：大马蹄铁蝙蝠
分布：欧洲、摩洛哥以东直到阿富汗和日本
特点：能在伸手不见五指的黑夜快速追踪和捕获昆虫

科学家们详细研究过一些回声定位系统，大马蹄铁蝙蝠的定位系统无疑给科学家们留下了深刻的印象。然而许多其他的蝙蝠也有令人难以置信的敏锐听觉，谁是真正的纪录保持者还有待研究。

最耐热的动物

庞贝蠕虫生活在地球上最黑暗最深的地狱般的环境里——类似于烧水锅炉，它的热能可在 1 秒钟之内熔化蠕虫。它还要承受能把人压碎的压力，以及被浸泡在有毒硫黄和重金属的液体里。庞贝蠕虫生活在海底 2～3 千米的冒烟区周围，这些喷射的烟从火山带的热液喷口涌出，所产生的化学物质达 300℃高温，遇冰凉海水温度陡然下降。

庞贝蠕虫身上长长的丝状细菌成为它有效的隔热管子，使它能够抵御高温。

名字：庞贝蠕虫
分布：深海热水出口
特点：能在高温海水中生存

为了在这样的环境中生存，需要超级蠕虫战略。为了适宜居住，庞贝蠕虫制出纸样的化学隔热管子，它就像一块热毯子，通过从背面秘密喂养富糖的胶状物，生成由丝状细菌形成的羊毛物，这毯子还能化解管子出口处液体的毒。

与火山口处生活的管虫不一样，庞贝蠕虫有内脏和唇，唇向上延伸去捕获生长在该区的细菌。但是没人知道这种动物能在最高

多少摄氏度的环境下生存。除去细菌以外，它的器官组织经历温度的阶梯变化，尽管可以使头（主要是鳃）离开最热的水，但它的尾巴却要经受 80℃的高温。为了利用庞贝蠕虫的这种本领为人类造福，科学家们正努力揭开它生存的秘密。

最令人震惊的活"电池"

提起电鳗就让人想起活"电池"。电鳗能长到 2 米多长，但是它的器官都挤在头部后面，剩下80% 的身体都是产生电流的装置。在电鳗的尾部堆满多达 6000 个专

> **名字：**电鳗
> **分布：**南美洲的河流
> **特点：**能用电流击晕或 杀死猎物

门适合发电的肌肉细胞（或者称之为电路板），这些细胞并排地生长，就像电池的电极一样。每一个电路板都能发出低压脉冲，加起来可以达到 600 伏特，足以使人失去知觉。电鳗身体的尾端为正极，头部为负极，在游泳时它的身体一直保持笔直的状态。它用那长长的尾鳍做推动，从而可以保持身体周围有一致的电场。

电流几乎会影响电鳗的每一个举动。它不但会用高压电击晕或杀死猎物，还会用电流与其他电鳗进行交流，并且还会用电子定位器（一种电子反馈系统）探测水中的物体以及其他生物。鱼和青蛙是它最主要的猎物，电鳗能探测到这些动物或其他生物所产生的极其微弱的电流。电鳗的视觉不发达，但是这对它的影响不大，因为它主要在夜间活动，而且喜欢住在黑暗的水域里。

其他会放电的鱼类还有与之相关的刀鱼，它们周围会产生微

弱的电场，使之能感觉到物体和猎物，并与同类进行交流。电鳐和电鲶也会放电，但是它们都不如电鳗放的电流令人震惊。

最响亮的鸟鸣

鸟的叫声是否响亮要取决于它的听众是谁以及发出叫声的场所。夜莺的歌声能盖过交通的嘈杂声，它的叫声如此响亮（达90分贝），以至于从理论上来讲，听的时间过久会对你的听觉造成伤害。那么更响的叫声，如雄性无翼鸟发出的尖叫声或者中美洲的钟鸟发出刺耳的如钟鸣般的巨响声，则高达115分贝，可以穿透茂密的雨林。但是传得最远的很可能是那种低沉的声音。

在欧洲，所有鸟类中当属麻鸠发出的声音最低沉，但是在全世界，这项纪录的保持者很可能要归于新西兰的鸮鹦鹉了。尽管人类已经采取了重要的保护措施，但是目前鸮鹦鹉已经在两个主要的岛上都灭绝了，其总数也仅仅不到90只。每隔两三年，一般独居的雄性鸮鹦鹉便会聚集到它们传统的圆形露天场所——一块挖好的露天场地，展示才能。在这里，它们鼓起胸部和腹部的气囊，开始发出隆隆声，平均每小时1000次，每晚进行6~7小时（因为鸮鹦鹉在夜间活动，而且在寒冷的夜空中声音的传递效果最佳）。它们这样持续地叫3~4个月，招来漂亮的雌性鸮鹦鹉欣赏它们的舞姿，并且吸引它们与其交配。遗憾的是，由于

名字：鸮鹦鹉
分布：新西兰
特点：能发出一种低沉的声音，在5千米外都能听见

这种鸟的体形较大，不擅长飞行，现在仅仅在少数的近海岛屿上生活，所以很少有人能听见它们那奇怪的、像雾号（在雾中警告船只的号角）一样低沉的鸣叫声了。

有趣的是，澳大利亚的食火鸡的鸣叫声几乎和鸮鹦鹉的叫声一样响亮，但是它们的叫声之所以能传得很远，可能是因为我们听觉范围内的低频成分导致的。鸮鹦鹉的叫声中也许就含有超低频声波。可是现在很难听得到它们的叫声了，以至于人类只得对它们进行全面的分析之后才能得出结论。

最致命的口水

科莫多巨蜥以其体形巨大而闻名：雄性体长一般在 2.2 米以上，有些甚至达到 3.1 米。不过这种

名字：	科莫多巨蜥
分布：	印度尼西亚的科莫多岛
特点：	能产生带致命细菌的唾液

蜥蜴相对来说身材比较细长。一种来自新几内亚的巨蜥长 2.7 米，其中尾巴占了 2/3 的长度。

但是科莫多巨蜥是最重的蜥蜴，平均体重 60 千克，最大达80 千克。科莫多巨蜥是一种可怕的食肉动物。它那大而锋利、边缘呈锯齿状的牙齿利于切断与撕碎猎物，但它的秘密武器是带致命细菌的唾液。动物一旦被其咬伤，也许能够幸运逃脱，但几天之内就会因细菌感染而死。科莫多巨蜥则借助其敏锐的嗅觉找到该猎物，这也使其成为超级食腐动物。虽然按今天的标准来看，科莫多巨蜥是大型动物，但与它的祖先相比却像侏儒（弗洛里斯

岛过去还生存着其他的侏儒，包括现在已经灭绝的大象，据悉是被科莫多巨蜥捕食光的）。在澳大利亚曾经生存着一个真正的大怪物巨蜥，重达617千克，身长6.9米，但这个种类在大约4万年前已经灭绝。科莫多巨蜥对于人类没有太大

科莫多巨蜥，又被称为"科莫多龙"。

的威胁，除非受到攻击，否则其不会袭击人类。无论其有无致命的唾液，科莫多巨蜥都足以成为一种令人恐惧的巨蜥。

最奇异的防御

被当地人们敬畏了上千年的得克萨斯州有角蜥蜴有一系列能耐，它主要以蚂蚁为食。如果它一天吃200只蚂蚁就意味着要在外暴露很长的时间，而且吃太多把胃胀大了会使自己遇到敌人时很难逃脱。

这种蜥蜴可以依靠自身的"盔甲"防御。它有伪装色，如果危险来临，它会一动不动。它的角和背上的刺能刺穿蛇或鸟的咽喉，当它遇见一种产于北美大草原的小狼以及狐狸和狗时，它也可以通过发出嘶嘶声或把自己鼓大来恐吓对手。有角蜥蜴最称奇的防

名字：得克萨斯州有角蜥蜴
分布：美国南部和墨西哥
特点：能喷出自身 1/4 的血液以
防御攻击

御是从眼睛后的凹处喷出污秽的血液，很有效果。不过只有自己受到危险袭击时才喷出，毕竟喷出自身 1/4 的血液也会危及自身。

这些防御手段却无法对付当地人类的攻击，它那奇怪的外形和颜色已经吸引了许多爬行动物收藏者；而它那保持不动的习性又极易被东西碾过。人们引入的一种有角蜥蜴不能吃的奇异的火蚁正逐步替换有角蜥蜴赖以生存的当地蚂蚁，这对有角蜥蜴的生存有着致命的影响。

最具黏性的唾液

与喷液蜘蛛亲缘关系最近的同科蜘蛛是有毒的棕色隐遁蛛。像棕色隐遁蛛一样，喷液蜘蛛也只有 6 只眼睛（蜘蛛类本应有 8 只眼睛），而且视力相对较弱，但是它们的诱捕技术弥补了视力的不足。它们的主要感觉是触觉，两条前腿比其他 6 条腿稍长，行走时，两只前腿轻拍前面的地面，以感觉是否有可吃的食物。

与所有的蜘蛛一样，喷液蜘蛛也铺设通往地面的道路，它们定期用快速干燥的丝固定这些道路，以免从上面掉落——这就像登山运动员的绳索一样。许多蜘蛛能分辨是昆虫还是别的蜘蛛路过它们铺设的线路，有些蜘蛛还能用它们前腿上敏感的绒毛来侦察。那些并没有真正接触它的网的生物它都能感觉得到——就像听觉器官一样，但是它们只是感觉而已，并没办法采取行动。可是喷液蜘蛛呢，它们一旦确定了猎物的方位，就会把后腿立起，朝猎物喷射唾液。

喷液蜘蛛的唾液能喷射比身体长 5 倍多远的距离，而且分毫不差，极其准确。它们喷出的是一种丝和毒液的黏性混合物，这些混合

名字：喷液蜘蛛
分布：世界各地
特点：能用黏性的唾液诱捕和保存猎物

物能使猎物眩晕并被粘住而无法动弹，然后喷液蜘蛛急忙赶过去，咬住猎物，同时从口中注入更多的毒液，最后再享用它。这种蜘蛛需要远距离杀死猎物的原因之一很可能是它们的个头相当小，下巴不能张开得足够大，一口只能咬住猎物的一条腿或者一只触角。而且，这种黏性的唾液还能使它们捕捉到移动得比它们快的猎物。

最臭的动物

斑纹鼬发出的臭味能充斥到掠食者或猎物的整个鼻腔里，我们人类的感觉器官没有大多数动物的灵敏，但是如果风正朝我们这个方向吹的话，我们还是能闻到 3.2 千米远的斑纹鼬身上发出的臭味。也许我们可以尽量使大脑不去理睬某种最令人讨厌的气味，如呕吐物、粪便以及腐烂的物体，但是我们避不开斑纹鼬发出的臭味。其他的动物，包括非洲艾虎、袋獾、狼獾，以及不同种类的臭鼬，当它们遇到威胁或袭击时，也会释放出令人讨厌的气味，但是它们发出的气味的强度和持久度都比不上斑纹鼬射出

名字：	斑纹鼬
分布：	北美洲
特点：	遇到危险时能射出一种恶臭的液体进行防卫

的臭液。

斑纹鼬射出的那种黄色的油状液体是在它尾巴下面的两块肌肉腺体里产生的，能方位精确地喷射3.6米远。这种液体里面含有令人作呕的气味，就像很臭的烂鸡蛋味。它还能使人暂时失明，如果近距离遭遇到它的话，喷射到衣服上的液体根本无法洗去，最好是把它扔掉。

其他的哺乳动物对这种臭味也很反感，因此斑纹鼬唯一惧怕的掠食者就是大角鹰，因为大角鹰几乎没有嗅觉。斑纹鼬舍不得随便浪费它的臭液，因为腺体要花费两天的时间才能再次充满，于是它们通常会在喷射之前抬起它们黑白相间的尾巴作为警告。但是这样的警告在公路上不起作用，也许这就是汽车才是它们最大的敌人的缘故吧。

运动之最

最奇怪的搭便车旅行者

当你是自然界中的极小生物时，你就必须拥有独创性的能力才能到处活动。许多体形极小的节肢动物（节肢动物门无脊椎动物，包括昆虫、甲壳

名字：	多刺龙虾的幼虾
分布：	大西洋水域
特点：	能骑在别的生物背上旅行

纲动物、蛛形纲动物和多足纲节肢动物）选择免费搭乘在别的生物身上的方式到处活动。加利福尼亚的多刺龙虾的幼虾只有3.8厘米大小，需要在开阔的海洋里旅行数月，大约要经历11次蜕皮才能长大为成虾。那么在此期间，为了避免被掠食者捕获，它白天会躲在较深的海底。但是如果要到达数百或数千千米远的成虾觅食地的话，它就会搭乘在一种浮游的水母身上，利用这种水母的躯体作为航行的交通工具，这样一来，它就不需要借助于水流了。

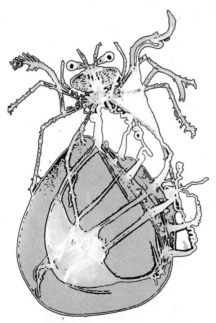

骑在水母背上旅行的多刺龙虾的幼虾

还有些其他的搭乘者更加无礼。例如有一种螨类生物（蜱螨目的任何一种小的乃至微小的蜘蛛纲动物），它喜欢悬挂在一种"保幼蚁"的头部下面，这种生物的体形和蚂蚁一般大。当它饥饿时，它就会敲打蚂蚁的头，蚂蚁便会反刍出一种含糖的食物，这样一来，它不仅得到了一个寄居地，而且还可以获得免费的食物。藤壶（一种蔓足亚纲的海洋甲壳类动物）比它还要厚颜无耻。它寄居在雌水母身上，却会把雌水母卵巢的所有东西全部吃光。但是作为一名寄居的揩油者，它们也有烦恼的事，那就是要完全依赖所选择的寄居生物，如果太贪婪，就会造成两者都死亡。

最迅捷的吞食速度

一条很小的鱼发现一条比它还小的鱼缓慢地、诱人地朝着一块珊瑚礁游去，当它冲向那条"小鱼"时，它感觉到一股强大的吸力，一切

名字： 鮟鱇鱼
分布： 世界各地的珊瑚礁
特点： 能立即从一块"石头"变成一根"真空吸嘴"

都变黑了，这也将是它意识到的最后一件事情，因为它成为郐鱼的猎物了。

鮟鱇鱼的种类有 25 种，有不同的颜色（具有会随着周围的环境而变色的功能），大小也不尽相同，还有各种各样的伪装手段：有的看起来像海绵，有的看起来像有一层外壳的石头，有的像一簇簇的海藻，还有的像在水面上漂浮的、柔软的块状物。但是它们都有一个共同点，那就是它们都有能力使自己看起来像无

生命的或者其他有生命的物体。它们还有一个背鳍已经演变成钓鱼竿，有一根线和假的钓饵，假钓饵还会像鱼儿、蠕虫或小虾一样地摆动。它们的嘴能像巨穴一样张开，吸起东西来就像喷气飞机引擎的前端，然后又闭起来，整个过程仅仅需要 1/6 秒。

鮟鱇鱼伪装自己的方法多种多样，富有独创性，看起来都极其丑陋，但是它们的演变并不是为了取悦人类的感官。它们只是演变成一种这样的动物：能张大嘴巴，一口吞掉它们的猎物，速度比任何其他的食肉动物都要快（吞食的速度以及具体动作甚至要等到发明了高速摄影技术时才能知道）。鮟鱇鱼能完整吞掉比它们自身体积还要大的动物，这在食肉动物中并不多见。当然，它们还是世界上最高明的伪装者。

最大的破坏群体

一大群落基山脉的蝗虫曾经覆盖的最小面积相当于英格兰、苏格兰、威尔士和爱尔兰的总面积，它们曾给北美洲西部的开拓者带来过

名字：沙漠蝗虫
分布：北非、东非和中东地区
特点：达数十亿只，能覆盖大片面积

巨大灾难。1875 年 8 月 15—25 日，当蝗群飞过内布拉斯加州时，估计总质量有 250 亿～500 亿千克。不可思议的是，这一种蝗虫于 1902 年就已经灭绝了。

现在，沙漠蝗虫成了最大、最广泛地具有破坏性的昆虫群体。1954 年，科研人员曾在肯尼亚用侦察机测量得知，一个蝗群

就能覆盖 200 平方千米的面积。那还只是在同一个地区的几个蝗群中的一个而已，而把所有蝗群合起来则会覆盖 1000 平方千米，厚达 1.5 千米，估计有 5000 亿只蝗虫，重量约 10 万吨。

　　这种动物最奇怪的一点是它基本上是独居的。大多数时候它是普通的、绿色的蚱蜢（蝗虫基本上就是迁移的蚱蜢）。但是当沙漠条件改变时，昆虫的行为也发生改变。有时当天气较往常湿润时，更多的蚱蜢就会孵化出它们的卵。小蚱蜢互相撞击，互相摩擦，这种撞击和摩擦会促使个体释放出一种"群聚的信息素"（一种由动物，尤其是昆虫分泌的化学物质，会影响同族其他成员的行为或成长），因此它们开始聚集在一起。大量的蚱蜢朝一个方向行进，这一阶段会持续大约一周，然后它们长成成虫开始飞行，于是蝗灾就产生了。蝗群会在哪里出现并不很明确，但是如果它们在阿拉伯半岛繁殖的话，就会飞过非洲，沿途经过的农作物将遭到严重破坏。

飞行时间最长的鸟类

　　哪种鸟类的飞行时间最长，这要取决于你怎么看待这个问题了，因为有好几种鸟类有资格胜任这个称号。例如，北极燕鸥是迁徙距离最远的鸟类，一年之内在南极和北极之间往返飞行至少 3 万千米，而且这段距离是我们在假设它飞行的路线是直线的情况下计算

名字：欧亚褐雨燕
分布：欧洲、亚洲、中东、西北非、撒哈拉沙漠
特点：能持续飞行 50 万千米

33

的，可是事实上它飞行的路线并不是直线。还有漂泊信天翁，根据无线电跟踪发现，它能连续飞行 1.5 万千米，持续 33 天。还有一种极小的红褐色的蜂雀，体长只有 10 厘米，相对于其体长而言其飞行距离可以算得上最远，即一年飞行 7000 千米，往返于阿拉斯加和墨西哥之间。

但是对于雨燕而言，它们除了在巢里不飞以外，其他时候基本都在飞行。其实理由很简单：因为它们的腿很粗短，所以在树上栖息很困难，它们通常也嫌麻烦不愿停下来。如果它们在地上停下来的话，就无法平衡身体再次起飞。因此雨燕能一边飞翔，一边吃饭、洗澡、喝水、交配甚至睡觉。每年 8 月起，它们离开欧洲或者亚洲的巢飞往南方，直到次年 4 月返回，一路都不会也没有必要停止飞行。

更重要的是，在雨燕 1 岁时，它并不飞回北方的巢里，这就意味着它在空中要实实在在地待上整整 2 年，飞行距离几乎相当于往返月球一次。雨燕还是非常繁忙的鸟类。当它们喂养小雨燕时，会在一天之内在觅食地与鸟巢间往返 40 次，有时候共计飞行 1000 千米。

跳得最高的动物

昆虫里面最适合跳高的是跳蚤，其中以猫蚤跳得最高，能跳 24 厘米高。这项技能使得它们能在走动的哺乳动物身上跳来跳去以觅食。但是，还有别的不太出名的跳跃者能轻易地超过它们，那就是沫蝉。沫蝉是一种吸食植物的小虫，当它需要新鲜树液时就能飞到或者跳到新的植物上。如果遇到威胁时，它们有一种爆发性的逃跑方式。极细微的振动或者触摸就会使这些小虫以极快的速度跳走，速度之快令人咋舌，以至于如果碰到你的脸的话，都会伤到脸。

大"股"肌肉控制着它们最长的后腿（它们藏在翅膀之下），肌肉极富弹性。它们腿上特殊的隆起使它们可以保持不变的竖起的姿势，而此时大"股"肌肉慢慢收缩，使得大腿能突然打开并快速弹起，整个身体向前射出。一只沫蝉能在千分之一秒之内加速到每秒4米的起跳初始速度，承受大于体重400倍的重力（而人类乘太空火箭进入轨道时最多只能承受其体重5倍的重力）。相比之下，一只普通的跳蚤也只能承受其体重135倍的重力。但是跳蚤也值得在这里记下一笔，即使它的生活方式也只是进行跳跃而已。

名字：沫蝉，又名吹沫虫
分布：北美洲和欧亚大陆
特点：能跳70厘米高

潜水最深的动物

　　抹香鲸的举止与其说像呼吸空气的哺乳动物，倒不如说像潜水艇。它们常潜于寒冷、黑暗的海底深处，去猎取深水鱿鱼、鲨鱼或者其他的大型鱼类。

　　1991 年，在加勒比海的多米尼加岛屿附近，科学家发现了一项令人难以置信的记录——抹香鲸可以潜到 2000 米深的海

名字：抹香鲸
分布：世界各大海洋
特点：能潜到其他任何一种哺乳动物都不能达到的深度

底。但是，还有间接证据表明抹香鲸还能潜得更深。例如，1969年 8 月 25 日，在南非德班市以南 160 千米处，捕鲸人捕猎了一头雄性抹香鲸。在这只抹香鲸的胃里，人们发现了两只小鲨鱼，据说这种鲨鱼只在海底生存。由于那一带水域在 48 ～ 64 千米的范围以内的水深超过 3193 米，所以从逻辑上可以设想这只抹香鲸在追捕猎物时曾到过类似的深度。

　　抹香鲸还创造了哺乳动物当中潜水时间最长的纪录。从它开始捕捉那两只小鲨鱼算起到它露出水面呼吸为止，它在水下大约待了 1 小时 52 分钟。

飞得最快的鸟

　　飞得最快的鸟类（并且事实上也是所有野生动物中运动得最快的）肯定是一种食肉鸟，很可能就是游隼。由于它要捕食空中

的鸟类，因此游隼的体重
超过了1千克。理论上，
从1254米的高空向下俯
冲时速度最大，即每小时
385千米。虽然，它能够

名字：游隼
分布：除南极洲以外的各大洲
特点：当俯冲入水时速度高达每
　　　小时300多千米

飞得多快与它实际上飞得多快这两者之间有差别，但是它在空中
俯冲的动作曾被拍摄下来，其速度超过了每小时322千米，这一
速度非常接近理论上的最快速度。

　　但是，游隼俯冲的时候有一种奇怪的现象，那就是当它离猎
物1.8千米远时，它的飞行路线是曲线而不是直线。现在生物
学家弄清楚了这其中的缘由。因为游隼的头偏向一边40度时，
它的视线是最佳的，但是在快速飞行时要使头调整到这个角度
就会影响速度，所以俯冲时为了飞得更快，它宁愿走曲线，这样
在飞行时它的头不必偏向一边而能使猎物一直处于它的视线范围
之内。

　　但是这种飞行并不是常规的振翼飞行。现在，漂泊信天翁持
有最快的连续飞行纪录：连续飞行800千米以上能达到每小时
56千米的速度。但是，信天翁是利用"动力翱翔"，控制风力进
行滑翔而不需不断地振翼。

最强的吸附能力

　　许多人都认为壁虎会悬挂在天花板上或者别的物体表面上，
主要是由于它的吸力或者依靠爪子和吸附能力的帮助。事实上，

它们的吸附能力之大令人
难以置信。

名字：壁虎
分布：除南极洲以外的各大洲
特点：能吸附在任何固体的表面

　　壁虎的每只脚上都覆
盖着数百万微小的脚毛，称
为刚毛，每根毛上都有上千根花椰菜状的纤维，称为腺毛。当这
些腺毛张开时，它们是如此靠近物体表面，以至于在它们的分子
和物体表面之间产生了微弱的电荷，使
得它们与物体表面紧紧地吸在一起，因
为正极与负极互相吸引。壁虎的脚趾不能
弯曲的构造使得这种吸附能力变得更强。
　　爬行时，这一构造使得它们能在 1 秒
钟之内 4 脚交替运动 15 次。它们
脚上的数百万的腺毛都能产
生分子力，分子的力量如此
强大，以至于它们一只立在
玻璃上的脚能负荷 40 千克的
重量。

　　壁虎脚上的构造还包括一
种自我清洁的成分：任何粘在
刚毛上的污垢在其走了几步
路之后就会自动掉下来，这

特殊构造的爪垫能让壁虎在各
种物体表面自由地爬上爬下。

是因为污垢和刚毛之间的吸力不如物体表面与污垢之间的吸力大。壁虎的吸附能力给技术专家带来了灵感，从而研究出一种用于太空的有脚微型机器人的胶带，这种胶带能自我清洁，易于分离。

游泳距离最长的动物

灰鲸每年的往返路程不但是一段令人印象深刻的长途，而且还可能是哺乳动物当中定期迁徙的最长距离。迁徙发生在它们夏季的捕食地点阿拉斯加的西部和北部与冬季的繁殖地点墨西哥的贝加—加利福尼亚的一片浅水湖之间。也就是说，每年灰鲸要沿着整条北美洲的海岸线南北洄游一次。

但是还有一种鲸鱼使得灰鲸的这一纪录受到了挑战——驼背鲸。驼背鲸也是强大的迁徙动物，但是迁徙规模不像灰

名字：灰鲸
分布：北太平洋
特点：一年能游 1.6 万千米

鲸那么大，驼背鲸在大西洋和太平洋寒流的捕食地点和暖流的繁殖地点之间洄游，但是它们确实保持着比其他哺乳动物要长的迁徙距离。在 1990 年，一只驼背鲸从南极半岛出发，5 个月后人们在哥伦比亚沿岸附近发现了它（这些鲸都被单独用黑色和白色的记号标在鲸尾的裂片下方），往返路程长达 8330 千米或者是 16660 千米。

从那以后，还有几只驼背鲸在大西洋和太平洋之间被做了记号，这样可以证明第一只驼背鲸不是迷了路的。但是驼背鲸与北太平洋东部的灰鲸相比在规模上并没有打破灰鲸的迁徙纪录。不

管怎么说，灰鲸还有一个更加令人骄傲的特性：它们在数量上恢复的情况是大型鲸鱼当中最好的。在 20 世纪 30 年代末，官方下令保护灰鲸，当时只有几百只，据估计现在已有 2.6 万只。

最强壮的动物

　　犀牛甲虫属于金龟子科，这个科的许多动物都特别强壮，有的能滚动巨大的粪球，有的可以杀死别的昆虫。但是犀牛甲虫应该是最强壮的：有人做过实验，一只犀牛甲虫能把自身体重 850 倍的重量举到背上，远远超过了一只大象的相对力量。

　　即使这个纪录有点夸张，但是我们对于犀牛甲虫的力量却不应怀疑。雄性犀牛甲虫以它们的叉形触角而出名：一只巨大的触角在头上拱起来，一只较小的触角朝上拱起与它相对应。当雌性犀牛甲虫准备交配时（它们长期待在地下，以植物为食，很可能见不到雄性犀牛甲虫），它们会散发出一阵迷人的信息素，吸引雄性犀牛甲虫飞进去，这时候它们就用触角互相碰撞。最大的、最重的以及最长的雄性犀牛甲虫——它们吃的食物是最好的，可能最有希望成为父亲，养育后代，然而它们必须向旁观的雌性犀牛甲虫证明自己。决斗中的雄性犀牛甲虫首先点头互相威胁，然后以头碰撞，举起对方并且投掷出去，胜利者最终会得到交配的权利。雄性犀牛甲虫身体越大，它的触角也就越大，肌肉和钳子也就越强壮，就很有可

名字：犀牛甲虫
分布：多分布于热带地区
特点：能举起自身体重 850
　　　倍的物体

能获胜。但是越大不一定越好。有种有触角的金龟子甲虫，雄性甲虫的触角很大却只有很小的生殖器。

最会钻洞的动物

蚓螈看起来就像蚯蚓的卡通画。不尖的头跟尾巴很相像，但是头部有下巴和尖利的牙齿，身体分成闪闪发光的体节。蚓螈确实与蚯蚓

> **名字：** 蚓螈
> **分布：** 热带和亚热带湿热地区
> **特点：** 能在坚硬的土壤中挖出一条路

有关系——大多数种类的蚓螈很少吃别的东西，只吃蚯蚓，它们是脊椎动物（有脊椎），其实它们与蝾螈和火蜥蜴有关。但是它们完全没有四肢，眼睛几乎看不见东西，而且与水没有任何关系。它们大小不一，从蠕虫大小的 7 厘米到不可思议的 1.5 米不等，因为它们大多数都生活在地下，所以实际上人们很少能看到它们。

蚓螈特别擅长在土壤里钻洞。许多细长的挖洞动物，比如蚯蚓、蛇，它们钻洞时就像风琴一般运动——从封闭的风琴一端到开着的那一端，由尾巴上的肌肉推动头部和身体的前部朝前走，而蚓螈钻洞时身体一直保持笔直的状态。

它钻洞时还像一个自己驱动的钢棍，用头把非常坚硬的土壤挤到旁边（你在地下看不到这一切，但是科学家在实验室把它放在干净的、装满土的透明塑料管里，才看到这些的）。事实上，它运用的是内部的风琴运动。它的脊椎能伸缩并延长，就像蛇一样，但是它的骨骼与外层的皮肤不相连。当骨骼移动时，外层的皮肤

还是保持笔直的状态，身体起伏，牵引身体前进，有点像坦克上的履带。

最佳冲浪手

宽吻海豚是喜好群居的哺乳动物，它们通常2～15只一起在水里游。生活在深水水域的宽吻海

名字：宽吻海豚
分布：温带和热带的各大海洋中
特点：能像箭一样在水里冲浪

豚群可以联合成一个数十只甚至数百只的大群。它们经常合作搜寻猎物，就像许多群居的食肉动物一样，它们也充满着好奇并且喜欢冒险。它们常常靠近潜水的人员，喜欢和各种漂浮物一块儿玩耍，还与海胆和海藻嬉戏（就像是出于好玩一样把这些"玩具"扔来扔去），有时它们还会离开它们的生活圈，在行驶的轮船前面戏水。

很难说它们与人类没有相似之处，因为它们似乎以那些嬉戏活动为乐，而且它们做出这些举动几乎没有什么实际原因，纯粹是为了玩耍而已。例如，它们在船头戏水，其实就是捕食前或者各奔东西时的娱乐活动。它们毫无疑问喜欢冲浪。在北太平洋西部和印度洋周围，人们看见宽吻海豚向岸边做身体冲浪。有时候它们还会和人类的冲浪者一起竞相冲向沙滩，然后再穿过海浪和水花游回去等待下一次大浪。至于它们的其他游戏和滑稽动作，除了说它们和人类一样纯粹是出于热爱航行之外，不可能再找出别的更好的解释了。

最早起床的歌唱家

　　鸟类观察者很早以前就知道黄鹂科的鸟类，尤其是歌鸲、黑鸟、画眉和美洲歌鸲，它们都是起得最早的歌唱家。英国早期对鸟类歌唱家的调查表明，歌鸲和黑鸟当仁不让地位于榜首，但歌鸲更胜一筹。有时候歌鸲受到街灯的刺激，在夜晚也可能会唱歌。但是在夜晚唱歌会很危险，因为如果猫头鹰或者别的食肉动物在四周的话就麻烦了。雄歌鸲更喜欢唱歌——雄歌鸲唱歌是为了保卫自己的领地以及吸引雌歌鸲。一旦雄歌鸲有了合适的伴侣，它就会减少唱歌的时间，但是为了留住它的伴侣，它还会继续歌唱一段时间，以便吸引雌歌鸲与它交配。

　　黎明时分的气候条件最适合唱歌，但是天气并不是鼓励它们唱歌的

名字：歌鸲
分布：欧洲、北非以南、西伯利亚以东
特点：在黎明前就开始唱歌，常常比其他的鸟类要早

喜欢唱歌的歌鸲

关键因素。在春季和早夏季节，随着白天变长，褪黑激素（夜晚在大脑里产生）慢慢减少，引起了大脑歌唱区域的扩大。

早起的歌唱家比晚起的歌唱家（按比例来说）的眼睛更大。这样它们在光线较弱的情况下能看得更清楚：它们通常很早就开始觅食，并能避开掠夺者。雄歌鸲在白天会花很多时间去觅食，如果精力充沛的话，它们在晚上还会唱一会儿。但是它们会尽量保持足够的精力，晚上稍微休息了一段时间后，黎明一到来，它们就又开始唱小曲了。

最快的挖掘者

土豚是世界上最奇怪的哺乳动物之一。如今它没有存活的近亲，但是它的远亲包括大象、海牛和金鼹鼠，而且没有别的动物行动和它一样。土豚在荷兰语中是"土猪"的意思，它体形肥硕，无体毛，进食时使用黏液粘食食物。它夜间活动，灵敏的嗅觉和雷达似的听觉帮助它躲避一些食肉动物的追捕。

土豚最主要的自卫方式是挖洞。在它那强有力的、肌肉发达的腿的尖端长着长长的、像凿子一样的利爪，这使它有可能成为世界上挖土速度最快的动物。据说，它在松软的土壤中挖掘一个洞的速度能超过两个使用铁锹挖土的人。它挖掘的洞不仅可以作为睡眠的洞穴，还可以作为避难所。洞穴很长——通常有 10 多米，这样

名字：土豚
分布：非洲大草原、牧草地和
　　　开阔的森林地带
特点：擅长挖洞

可以避免诸如鬣狗之类的掠食者挖出它或者它的孩子。

它的利爪还可以用来挖出坚硬土壤中藏匿的白蚁巢穴。事实上，土豚的整个身体结构都是很适合捕食蚁类的。在夜晚，它的嘴巴朝下贴着地面弯弯曲曲地在大草原中穿行，一旦它觉察到有蚁穴就立即开始挖掘。它的鼻毛长达45厘米，能过滤掉灰尘，舌细长，富黏液，可以快速吸食白蚁或蚂蚁。它的牙齿终生生长，但没有牙根和釉质。它们生活在非洲的大部分地区，因为那里的白蚁和蚂蚁都很多。

动作最快的植物

植物的运动也许有局限性，因为它们没有肌肉，但是它们有许多别的运动方式。维纳斯捕蝇草能利用弹力使它的两片有裂片的叶子猛地闭合，并将昆

名字：维纳斯捕蝇草
分布：美国的南卡罗来纳州和北卡罗来纳州的沼泽地
特点：能在不到1秒的时间内闭合叶片，抓住昆虫

虫困于其中。它所杀死的昆虫可以给它提供生存所需的氮和其他的基本矿物质，还可以使它得以在缺少营养的沼泽地生存。

维纳斯捕蝇草每一个裂片的上边都比下边拉得更紧（它的细胞在水的压力下会拉长），裂片由于张力会往回弯曲，就像弓箭一样。它用花蜜引诱昆虫，这些花蜜是它通过叶片边缘的腺体分泌出来的。当它那6个叶片当中的几片或者敏锐的感觉引发运动时，它就发出化学－电子信号使得细胞间的水转移，这时它才不会再

紧紧拉伸着，立即就关闭了陷阱。

维纳斯捕蝇草还有别的神奇之处。它能"判断"在它的陷阱里的生物是否已经死去。它是通过感觉是否有两根或者更多的毛发在刺激它而判断出来的，如果没有什么刺激了，它的陷阱就停止工作。当酶（里面有杀菌剂可以阻止细菌和真菌）释放出来时，它的叶片就紧紧地闭合起来，将猎物渐渐消化掉。大约1周后，陷阱又开始准备工作了。

只有狸藻属植物在速度上能与维纳斯捕蝇草抗衡。它们在水下用铲子样的陷阱捕捉微小的生物，能在极短的时间内迅速合拢叶片。

游得最快的鱼

要测出鱼类的游泳速度是一件相当难办的事情，因为没有人能举行一场公开的鱼类游泳比赛，我们只能依靠渔夫们的估计。旗鱼的掠食者的行为

名字：旗鱼
分布：世界各地的温暖水域
特点：游速可达109千米/小时

以及它的身体构造都表明它具备快速游泳的条件。它的鼻子像喷气机，吻部似长箭，这种流线型的结构使它前进时遇到的阻力很小。毫无疑问，它的游速很快，据记录一只旗鱼在3秒钟之内就把一名渔夫的线放出了91米远，比全速奔跑的猎豹的速度还要快（虽然在陆地上的跳跃速度与在水中的全速游泳速度并不完全一样）。

游泳速度紧排在旗鱼之后的其他鱼类按顺序排列有：箭鱼、枪鱼、黄鳍金枪鱼和蓝鳍金枪鱼。旗鱼以及其他游得快的食肉动物游速快的秘诀就在于它们的肌肉组织。旗鱼有大量的白色肌肉（有利于加速，而不是为了耐力），还有大块的红色肌肉（需要更多的氧，但是有利于保持较快的游速）沿着侧腹向前推进。由红色肌肉纤维产生的大量热量被血液动脉特殊的网状物保留住，使得血液比外面的水的温度要高。它还能把血液传到大脑和眼睛，这有利于它发现并追踪在又冷又深的水中的猎物。

人们发现旗鱼那大大的背鳍的实际功能就像船帆一样，在急速转弯时能帮助它控制方向，当它在围捕猎物时大大的背鳍使它的块头看起来更大。它在水面上时，背鳍起到船帆的作用，当它暴露在阳光下的时候，背鳍还能帮助它体内的血液变暖。

最长的脚趾

北方水雉体长 23 厘米，脚趾的跨度令人吃惊——11.5 厘米宽、14 厘米长。这就好像一个 1.8 米高的人却有宽 0.9 米、长 1.1 米的脚一样。

水雉有时被称为"耶稣基督鸟"，它能在水面上行走。当然，它不能走太长时间，但是它能在漂浮的植物上行走——通过脚趾把体重分散在较宽的区域。它能站立在风信子、睡莲、水莴

名字：北方水雉
分布：墨西哥和美国中部
特点：按与身体的比例来算，脚趾最长，长达 14 厘米

苣上。它大部分时间都待在那里，这样它就避开了与鸟类和哺乳动物的竞争，因为它们没有像它那样特殊的脚。

水雉还有一处与众不同的地方，那就是它性别上的"角色逆转"。一只雌水雉通常有 4 个交配对象，它们各自在不同的地方。当到了要繁殖的季节，它会与那 4 只雄水雉都进行交配，反复进行，快速地轮换，直到它产卵为止，这些卵一般是与它们当中一只交配的结果。然后雌水雉会和它们当中的一只一起离开，接着便开始孵卵。即使这些产出的卵只有 1/4 的概率是这只雄水雉的，雄水雉还是会尽心尽力地孵化它们。当小水雉孵化出来时，它还会好好地照顾它们。雄水雉保护着它们，一发现有威胁时就会来回挥动它那长长的脚趾。

最快的长跑运动员

叉角羚真的很独特，它既不属于羚羊科，也不属于鹿科，而是自成一科。它的奔跑速度很快，而且富有耐力。虽然猎豹是奔跑速度最快的动物，但是没有一种动物能在长距离奔跑中还能保持这么快的速度。例如，叉角羚在长达 1.6 千米的距离中能保持 67 千米 / 小时的速度，它绝对可以得到一枚长跑冠军的金牌。

它为什么可以跑得如此快呢？科学家们相信，很久以前，它很可能不但被草原上的狼追猎，而且还是现在已经灭绝的既

名字：叉角羚

分布：北美洲大草原西部和墨西哥北部

特点：在 800 米的距离之内速度可高达 88.5 千米 / 小时

北美洲大草原上的叉角羚

有耐力还奔跑迅速的其他食肉动物的猎物。而且，在一望无际的大草原上根本没有它的藏身之处。

最近的研究揭开了叉角羚在生理上的一些秘密。首先，它有强有力的肌肉，以及相当长的、重量很轻的腿。疾驰时，前腿往前推，后腿支持前腿，朝空中迈出一大步。与其他的哺乳动物相比，它的心脏、肺、气管都要大些，血液里的血红蛋白极其丰富，这就意味着在很短的时间内会有更多的氧气传输到肌肉。它的眼睛大大的，向外突出，有利于看到更广阔的区域，以便发现草原上的食肉动物，这在奔跑时相当关键。但是叉角羚跑得再快也

快不过欧洲殖民者的枪火。到 20 世纪初期，叉角羚的数量已由 4 000 万只锐减到 1 万～2 万只了。

最佳的水上漫步者

对于水黾而言，"水上溜冰者"这个名字比"水上漫步者"似乎更适合这类神奇的小昆虫，因为它会充分利用静止水体的表面张力，比如它在池塘的水面上站立时，就好像站在一层薄冰上。大型的、较重的动物并不会注意到表面张力，其实它是这样一回事：在水面以下，水的分子在各个方向——上面、下面、旁边都受到其他水分子的吸引力。但是，在水面上，水分子不能再往上了，所以它就朝着下面以及旁边延伸。这样就产生了一层自然的薄膜，这层膜足够结实，可以承受一些很轻的物体。

水黾的长腿有极其细微的纤毛，可以吸纳空气使腿和水面之间形成空气垫，这样就能使腿不易被水沾湿。一个物体的疏水性越大，就越容易被表面张力所支撑。水黾的腿根本不会浸湿，因为它在水面上移动的速度高达每秒 75 厘米，利用表面张力它既不会划破水面，也不会泛起涟漪。如果有涟漪的话，那么涟漪就是它的桨叶，它就像在水面上划桨一样。它仅仅用它的 6 条腿中的 4 条来奔跑（或划桨），它前面的两条腿很短但很敏感。当有物体划破了水面时，它能立即辨别出来，如果那个物体很小，而且还会不停地动，

名字：水黾
分布：热带和温带地区
特点：在水上行走就像在干燥的地面上一样

它就会立即冲过去抓住它，然后美餐一顿。

最有弹性的舌头

在仅仅 10 秒钟之内，变色龙的身体就会变成一种完全不同的颜色，这真是一件神奇的事。既然这么难的事它都能办到，那么它运用舌头的方式就不足为奇了。

X 光照片和高速录像向我们展示：当变色龙捕捉昆虫时，它的舌头刚伸出的速度相当缓慢，但是仅仅在 20 毫秒之内就能加速到每秒

> **名字：** 变色龙
> **分布：** 主要在非洲和马达加斯加岛，中东、欧洲南部和亚洲也有
> **特点：** 用弓弦似的、类似于吸盘的、可折叠的舌头捕捉猎物

6 米。这个加速度比纯粹的肌力所能达到的速度还要快。当它的舌尖够到了目标时，舌头伸出的长度比它的体长的 2 倍还要多。它的舌头能粘住它自身重量 15% 的猎物（个头较大的还能抓住小鸟或者蜥蜴），舌头上面什么也没有，却比富有黏性的唾液的黏性还要强，可以快速轻易地把猎物拖回来。

那么它是怎么做到这一切的呢？首先，发射的过程：人们发现它舌头的骨头和肌肉有一些弹性胶原质组织，在舌头弹出去之前肌肉伸展开来，和弓弦伸展开来射箭的方式一样。其次，抓取的过程：在舌尖还有一种肌肉，在猎物被袭击之前能立即收缩，舌尖从凸出的状态转变成凹进去的状态，形成一个强有力的吸盘。最后，收回的过程：更多舌头上的肌肉以及特殊的纤维形成"超

收缩"，就像一台手风琴砰地关上一样。这一切是在不到 1 秒钟之内发生的。

跑得最快的动物

猎豹大部分时间实际上是在休息、躲避炎热，或者隐藏起来不让别的猫科动物发现，或者坐在地势高的地

名字：猎豹
分布：非洲的草地和半沙漠地区，很可能在中东和亚洲也有一些
特点：最高速度为 103 千米 / 小时

方寻找着猎物。但是，当它出现时，它的行动是突如其来的，让其他动物猝不及防。它偷偷地潜近它的猎物，越靠越近。猎豹几乎能在瞬间就从站立达到疾驰的状态。有一段胶片拍到猎豹仅仅在 3 秒钟之内就达到 80 千米 / 小时的速度，但是有官方记录一只在肯尼亚的猎豹在 201 米的距离中时速达到平均 103 千米 / 小时。

猎豹能达到如此快的速度是由于它的脊柱相当灵活，它一步跨出的距离是赛马的 2 倍，距离这么长，以至于在它奔跑当中一半时间四脚都是离地的。它还有其他的特征，包括强壮、引人注目的脚，不能收回的脚爪就像跑鞋的长钉，又长又瘦、富有弹性肌腱的腿，可以在飞奔时突然改变方向，一条长长的尾巴帮助它在奔跑当中保持平衡。

然而猎豹并不总是飞速奔跑的，它通常跑了 60 秒后就会放弃，一般的追逐距离不会超过 200 ~ 300 米。不到 20 秒钟，它就会疯狂地喘气，不得不停下来休息至少 20 分钟让自己缓过气

来，使乳酸的合成从它的肌肉里消散。毫不奇怪，它的猎物如黑斑羚、瞪羚奔跑的速度也很快，据记载汤姆森瞪羚的速度为94.2千米/小时，速度之快连猎豹也要保持高度警觉的状态，追上它们并不容易！

最善滑翔的哺乳动物

　　飞鼠其实并不会飞。它们没有翅膀，不能展翅高飞。但是它们却能够滑翔，与其余5种哺乳动物以及某种蜥蜴和蛇类一样，它们能在树丛中滑翔，以便节约能量，避免在地面上奔跑所隐含的危险。

　　擅长滑翔的动物（除了会扬帆冲浪的鸟类以外）的滑翔距离长，动作灵活，接近于飞翔。一般会滑翔的动物能从它所停留的树上几乎笔直地滑

名字：日本大飞鼠
分布：日本、韩国和中国
特点：能滑翔长达110米的
　　　距离

向它想到达的另一棵树，它们用前腿和后腿之间的隔膜展开来飘浮在空中。但是大飞鼠比它们更灵活，它能通过改变腿的位置来改变方向，还能表演精彩的急速旋转和倾斜转弯。大飞鼠甚至能在它所栖息的山脉上升起的暖气流上滑翔，就像翱翔的飞鸟一样。

　　它的近亲——大红飞鼠也是相当出色的滑翔家，这两种动物的滑翔距离都超过别的滑翔动物——达110米远。要滑行这么远的距离，达到想要的速度，它们需把腿紧紧靠近身体，然后再降

落下来。它们以心跳的速度向地面疾飞，然后展开它们的隔膜开始滑翔。

迁徙距离最远的鸟类

　　北极燕鸥可以说是空气动力学的大师、一流的潜水者。它的身体纤细，呈流线型，尾巴和翅膀长长的，可以最大限度地减少空气阻力，鸟喙像矛一样尖利。当北半球是夏季的时候，北极燕鸥在北极圈内繁衍后代；当南半球的夏季来临时，它们就飞到南极去越冬。它们每年在两极之间往返一次，行程至少3万千米，飞行线路几乎为直线。还有些北极燕鸥飞行路程更长，这要取决于它们的出发地以及天气条件，它们喜欢沿着海岸线飞行。

　　有人在一只北极燕鸥脚上套了一个环，记下了其飞行的距离。这只燕鸥于1996年8月15日从芬兰出发，飞越了英吉利海峡，然后沿着欧洲和非洲西海岸飞行，在好望角很可能转向东了，接着穿过印度洋，于次年1月24日到达澳大利亚的维多利亚岛。这次行程达25760千米之多，也就是说它平均每天飞行约160千米。毫无疑问，它并不像那些陆地上的迁徙动物，它可以一路补充能量。因为它以海鱼为食，在整个飞行过程中，它都不需要携带额外的食物以补充能量和体内的脂肪，只需要飞到海面上就能解决了。

名字：北极燕鸥
分布：南极和北极
特点：往返路程达3万千米

　　为了到达繁殖和过冬的目的地，它们付出了如此大的努力是值得的。在北极，昆虫的

空中翱翔的北极燕鸥

数量极多，鱼类也很丰富，这些条件不但有利于捕食，也有利于幼鸟的生存；在南极，也有大量的鱼类和甲壳类动物。而且，两极夏天的太阳是不落的，提供了最长的日照时间，这样一来，这种高性能的鸟类就可以马不停蹄、一年到头地捕鱼了。

最庞大的团体捕食部队

许多食肉动物都团结起来共同捕猎，但是非洲和中南美洲的行军蚁，一般一个群体就有2000万只，它们应该是最大的集体行动群体。进攻时它们成千上万只统一行动，但由于它们数量实在太多，往往会把进攻路线模糊掉。当它们行军时，那种场面简直令人恐惧。

名字：行军蚁
分布：亚马孙河流域
特点：多达 50 万只行军蚁组成进攻团体

它们移动得相当慢，所以体形较大的动物——爬行动物或者哺乳动物，通常能逃脱。这种行军蚁有锋利的下颚，它们排成长长的纵队，能杀死小鸡和其他圈养的家禽和动物。还有一些昆虫和无脊椎动物，如蜘蛛和蝎子等，往往难逃它们之口。非洲和中南美洲的行军蚁都能感觉到猎物逃跑时发出的振动，而且它们的劳动分工也基本一样，它们都有许多工蚁，兵蚁在工蚁的外围，个头较大，兵蚁有强有力的武器。中南美洲的行军蚁有导致组织溶解的毒针，而非洲行军蚁的叮咬功夫则很强。

行军蚁的工蚁负责冲锋陷阵，大多数的杀戮由它们进行，而兵蚁的职责是保护工蚁以及保证被捕获的猎物不被侵犯，兵蚁们往往会守在后面，捕捉那些大型进攻中逃脱的猎物。所获战利品被它们肢解，然后由工蚁运回它们的蚁巢里，那里是蚁后的活动育幼室，由工蚁的身体围成，里面还有一群饥饿的小蚂蚁。

生长之最

最长的毒牙

据人们所知，最长的加蓬咝
蝰长达 2.2 米，是非洲三大毒蛇
中最大的蝰蛇，其他两种分别是
鼓腹毒蛇和犀咝蝰。加蓬咝蝰是

名字：加蓬咝蝰
分布：西非
特点：毒牙长达 5 厘米

世界十大毒蛇之一，若是被它咬上一口，伤口里含有的毒液量也
是最多的（事实上，它的毒性和世界上最大的毒蛇——亚洲南部
的眼镜王蛇一样大）。它一般含有 350 ~ 600 毫克的毒液，因
为 60 毫克毒液就能置人于死地，所以从理
论上说，一条加蓬咝蝰的毒液就能毒死
6 ~ 10 人。

它的毒牙的长度比眼镜蛇的毒牙
还要长 3.5 厘米，这也就是说，被加
蓬咝蝰咬伤的伤口要比其他任何一种毒蛇的
都要深。至于为什么它需要这么长的毒牙，
我们不得而知——虽然它能吞食比它大得
多的动物，但是它主要还是以蜥蜴和
青蛙为食。看来它的毒牙不是用

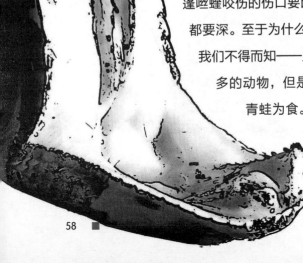

加蓬咝蝰张开大口，
其长而尖的毒牙让
人不寒而栗。

于防御的，因为它不是生性特别凶猛的蛇类，在防御中很少咬其他动物。也许答案很简单：它只是一种大蛇，因此按比例而言就有较长的毒牙了。那么眼镜王蛇的毒牙为什么如此短呢？研究发现，当闭拢嘴时加蓬咝蝰的毒牙会后坐，而眼镜王蛇的毒牙是固定的。很简单，如果眼镜王蛇的牙齿再长一点的话，就会刺破它的下颌了。

牙齿数量最多的动物

　　要说哪种动物的牙齿数量最多，还真是个难题。这要取决于你是如何定义牙齿的、牙齿替换的频率如何以及这种动物的寿命多长。我们认为哺乳动物有牙齿

名字：鲸鲨
分布：热带和温带海洋
特点：有300多排牙齿，每排达数百颗

（釉质的、嵌在下巴里的、一生只换一次），而且哺乳动物当中牙齿最多的可能是纺锤形的海豚了，有272颗。鳄鱼有约60颗牙齿，但是这些牙齿要换多达40次，因此它们一生当中就有2400颗牙了。但是，如果算上换牙的牙齿的话，蜗牛和鼻涕虫的就更多了。它们口腔里有一条齿舌，能自由伸缩，往复活动，像锉一样刮取、磨碎食物，并且有很多排，多达2.7万颗。这些牙齿在显微镜下才能看到，由壳质组成，磨损了就会换牙。

　　鲨鱼的牙齿有规律地松散地嵌在肌肉纤维里，也就是相当于牙床。新老更替的过程中，老的牙齿会不断流血被新的牙齿取代。牙齿数量最多的鲨鱼很可能是鲸鲨。令人惊讶的是，它的口腔就

像一个巨大的过滤器，里面有几千颗细小的、钩状的牙齿，每一颗长 2 ~ 3 毫米，排成 11 ~ 12 排，排列在上下颌。这些牙齿至少一年更换两次。那么倘若鲸鲨的寿命和人类一样长的话，它真的可以称得上是牙齿最多的动物了。但是，它是否确实使用了这么多的牙齿至今还是个谜。

长得最快的植物

竹子是一种奇怪的植物。它们是高大、茂盛的草，开始时，大约 1250 种不同类型的竹子中的大多数一直在长高。一旦它们成熟了，就停止生长，

名字：龟甲竹	
分布：中国和世界各地的栽培地	
特点：能每小时长 4 厘米	

不管它生存多久（有些竹子要存活 100 年以上）。它们会发出更多的嫩芽。这样一来，一片竹林，当它们停止长高时，就会变得密不透风了。

竹子的花期也很古怪。许多种类的竹子一生当中（7 ~ 120 岁）只开一次花，开完花就会死亡。也就是说，一种竹子的每一棵竹子播种和死亡几乎发生在同一时期（这对于大熊猫来说就是个特别严重的问题了，它们的主要食物就是竹子，那么每 30 ~ 80 年它们就会面临饥荒，因为这时当地的竹子都开花了）。

竹子对于人类而言也很重要（有 1500 多种文件是用它记录下来的），世界上有多达 40% 的人离不开它。至于龟甲竹，它具有巨大的能量，开完花后还能继续存活，并且被人类作为农作物

广泛种植。它是长得最高的大型竹子之一，而且很可能还是长得最快的竹子。据记录，一根龟甲竹嫩芽仅仅 1 天就能长 1 米，即每小时长 4 厘米，8 周后就又长了 20 米。它真的是你能亲眼看着长大的草木。

生长面积最大的植物

　　蜜环菌是地下的无性繁殖的物种当中极其巨大的真菌类。蜜环菌长得大的缘故在于它的"鞋带"，或者它的根状菌束——平行的菌丝（像树根一样延伸开来），被一层坚硬的、黑色的外壳所覆盖。这些鞋带状的菌类为了寻找食物——饱经风霜的古树或者已经枯死的树木，通常要伸展到很远的地方，然后传回营养物质给主要的菌丝群，被称为原植体（无根、茎、叶分化的植物体）。它们渗透到活的树的树皮里，通常是较年轻的树，它们吮吸树木边材（树木的树干形成层内的新生木质，通常色泽较浅，传导水分比树心部更为活跃）里面的水分和养分。如果这棵树不能采取适当的方式进行防卫的话，这些根状菌束就会蔓延到树根，并且有力地缠住这棵树，从这棵即将死去的树木上吸取营养物质。经过数年，新的群体又形成了，它们全是由那些生物体无性繁殖而成。

　　经过 DNA 鉴定，这群世界上最大的菌群——蜜环菌，是一种生长在俄勒冈州的蜜环类菌体，在有些地方

名字： 蜜环菌
分布： 北美洲北部和欧洲
特点： 能覆盖 8.9 平方千米以上的土地

能蔓延生长到5千米长，估计至少有2400年的历史（也可能比这一年龄还要大2倍）。在秋季，它会发出大量的子实体，但是这些单个的孢子与那些生存时间较长的菌类相比要小些。较大的蜜环菌一般生长在欧亚大陆的大片的松树林里（它们尤其喜欢某些松树）。但是菌类植物也很奇怪，它们是森林循环系统中的一部分，能为新生植物创造空间，也能增加土壤的有机物质，以便为树木提供营养物质。

最长寿的动物

人们知道管虫是一种群生动物，它们借助于可以转变为化学物质的细菌，生活在高度不稳定的海底热液喷口处，那里终年没有亮光，富含从海底喷涌出的大量热气体和液体，孕育着世界上别的地方没有的生物种类。有些喷口温度高达400℃，管虫在它们周围生长迅速，一年可以长1米多。

但是并不是所有的深海出口都是热的，事实上有些深海出口一点也不热。比如，有些深海出口还有些冰凉的碳氢化合物缓慢稳定地渗出，温度和深海的海水一样冰。这使得管虫生长比较缓慢，不过仍有一些管虫长达2米多，这是花了很长时间才长到这么长的。

有一年，在墨西哥湾的深处，科学家们给一些管虫覆盖了一层白色的外壳，上面标了蓝色的记号，第二年他们回去时发现这些管虫隐约只长了不到1厘米的白色嫩芽。从这一发现当中，考虑到较年轻的管虫有较快的生长率，估计它们甚至可能是人们所

名字：深海管虫
分布：墨西哥湾
特点：至少 250 岁

深海管虫的寿命在动物界中恐怕只有珊瑚虫可以与之比拟了。

知的最大最古老的动物——可能单个管虫的寿命至少有 250 年。而像巨龟和北极露脊鲸的寿命也只不过 150 ~ 200 岁。唯一一种可以与管虫竞争的动物也许就是单细胞有机体了，比如珊瑚虫，它们很难分出彼此。

最小的两栖动物

如果你是巴西人，你肯定会说巴西的金蛙是最小的两栖动物。如果你是古巴人，那你肯定会说伊比利亚山蛙是最小的了。两者的平均长度都约是 1 厘米。但是考虑到古巴还有几种别的动物来竞争这个称号——包括德塔斯·得·朱丽亚蛙，是以发现它的山脉而命名的；还有更适当的，叫作黄带小蛙，看来把这项纪

奥秘世界
妙趣动植物

名字：伊比利亚山蛙
分布：古巴
特点：只有 1 厘米长

录给古巴是很公平的，因为那里
确实盛产小型蛙类。事实上，古
巴的两栖动物占加勒比海的两栖
动物总数的 1/3，而且令人惊讶的
是，其中 94% 的两栖动物在世界上其他地方没有——但是，有许
多种类的两栖动物由于森林的砍伐、外来的入侵者如鼠和猫，或者
采矿业而面临着灭绝的威胁。

　　伊比利亚山蛙是 1993 年古巴生物学家阿尔伯特·爱斯特德
发现的，当时他正在进行一次考察，打算寻找那种非常罕见的有
着象牙鸟喙的啄木鸟（他很可能是最后一位于 1986 年在古巴
看到这种大鸟的人了，虽然后来有人在美国的阿肯色州再次发
现了这种鸟）。他是通过伊比利亚山蛙发出的鸣叫声来确定它们
的位置的。当他看到它的古铜色的带状纹和紫色的腹部，他就
确定这是一种有待于研究的新物种。大多数科学家现在都认为它
是世界上最小的四脚动物——这也意味着它是世界上最小的四脚
脊椎动物。

最大的鸟

　　非洲鸵鸟在鸟类当中保持着多项纪录。它不但是最高、最重
的鸟，而且是跑得最快的鸟，长着最大的眼睛，产的卵也最大。
作为食草动物（靠吃植物为生），体形越大就意味着它需要花大
部分时间用来吃东西，每天还要走许多路程才能吃饱。当它要从
掠食者那里逃离时，它那巨大的腿能使它达到 72 千米 / 小时的速

度，跑步时它那像羚羊一样的、两个脚趾的脚（其他的鸟有 4 个脚趾）也起到很大的辅助作用。

它的学名叫"骆驼鸟"，可能就是因为它只需极少的水分就能生存。它能利用多汁植物里的水分，而且它的气管很长，能冷却吸入的空气，这样它呼出的空气就几乎不含有什么水分。它那巨大的翅膀还可以起到遮阳伞和扇子的作用，几乎无毛的脖子和腿也能帮助它很快地散发掉热量。

虽然它能用强壮的腿来进行防卫，但是它其实是一种很温柔的动物，不像雷鸟。雷鸟曾经是最大的鸟类，这种澳大利亚巨鸟高 3 米多，重 500 千克。它的别名叫作"巨型死亡魔鬼鸭"，就是因为它的祖先像鸭子，喙很大，几乎能咬断猎物的骨头。史前的土著人画的画中的鸟头、像袋鼠一样的大身体的动物很可能指的就是这种魔鬼似的鸟，但是它很可能早在 2.6 万年前就已经灭绝了。

名字： 非洲鸵鸟
分布： 撒哈拉沙漠以南的非洲干旱地区
特点： 高 2.8 米，重 160 千克

最长的胡须

胡须也许只是死皮细胞的杆子，但是它可以起到复杂的天线的功能。它的底部是充满血液的毛囊，当它移动时，就会刺激神经细胞。根据动物的生活方式，胡须的长度和粗细程度各不相同，通常会长在脸上的几个部位：两颊上、鼻子上或者鼻子周围、眼

名字：南极髯海豹
分布：南极水域
特点：胡须长达 35 ~ 50
厘米

睛上面。

会长胡须的动物，通常是那些经常夜间出来活动的或者在弱光下生活的动物，包括海里的哺乳动物。有些海豹的胡须每一根都有 1000 多个神经细胞与它连接（相比之下，一只老鼠的每一根胡须大约只有 250 个神经细胞与之连接）。实际上，胡须起到了眼睛和手指的作用。它们能接收到很多信息，不但有关于质地、形状和大小的，而且还有诸如运动、水压的，因为在水里任何运动不管经过什么物体都会留下痕迹或者"脚印"。

南极髯海豹大部分时候是夜间出来活动，寻找磷虾和鱿鱼。南极的冬季基本上都是夜晚。它们的胡须很精致地长在两颊上，

留着长长胡须的南极髯海豹在沙滩休憩。

66

当它们猎食时，它们的胡须会指向前面，感觉前面的猎物，就像猫猎食时的胡须一样。雄性南极髯海豹的胡须是所有动物当中最长的，没有人知道其中的原因，也许海豹是利用胡须来表达它的内心的感情，或者也许只是需要胡须来使得它看起来很漂亮——在它的领域里炫耀威风时表明它是最棒的捕猎者。

翼展最长的鸟

漂泊信天翁的翼展是鸟类当中最长的。它们的翅膀狭窄、扁平、重量很轻，适合在开阔的海面上强烈而稳定的风中翱翔和高速

名字：漂泊信大翁
分布：南半球海域
特点：翼展可达 3.4 米

滑翔。它在浪上迎风飞翔，能以 55 千米/小时的速度航行数百千米，短距离可以达到 88 千米/小时的速度。它直到 6~8 岁才能繁殖后代，能活到 50 岁或者更长。它拥有一张巨大的海洋的地图，知道最佳的觅食区域，也记得它出生的遥远的岛屿的位置，一般每隔 1 年会飞回到那里去向异性求偶或者筑巢——只有这一次它才会着陆。

体形较小的、较轻的雌鸟利用较轻的风力保持最大的滑翔速度，它们能比体形较大、较重的雄鸟飞到更远的北方觅食，因为雄鸟在风力较大的亚南极地区精力更充足。这样每一对鸟就要疾速飞过大片的混合区域，每次旅程都要超过 1.3 万千米，日益恶化的生存环境和激烈的竞争，使得它们的数量逐渐减少。

大大的鼻管使它们能根据气味——气流上升或者海浪翻滚

时所释放出的化学物质——来定位觅食地点。漂泊信天翁最爱吃的食物是深海鱿鱼，在夜晚它们在海面上等候鱿鱼的到来。它还是食腐动物，经常会跟着垃圾船或者捕鱼船，吃人们丢弃的残余物。由于它们经常误食（因为它们会吃捕鱼船抛出的带有钓钩的饵料），因而每年都有大量的信天翁溺水而死，这样就使这种鸟类面临灭绝的威胁。

最大的有机生物群

蚂蚁无可争议的是世界上最成功的动物，估计它构成了整个地球 15% 的总生物量。这要归功于它们的合作精神：每个个体

名字：	阿根廷蚁
分布：	除南极洲外的其余六大洲
特点：	能由数十亿只蚂蚁组成超级大军

都发挥作用，共同协作，就像一个超级有机生物体内的细胞一样。群体里的成员都是蚁后的后代，从进化的角度来讲，为了帮助它们的同类，它们会牺牲自己，这一点是非常有意义的。然而，有些蚂蚁的合作精神达到了极端的程度。

在 20 世纪初，一种微小的、褐色的、无害的蚂蚁偷偷地从南美乘船来到美国，还有的远离家乡来到南非和澳大利亚。这些阿根廷蚁数量并不是太多，但是它们的遗传血统使得它们变成了庞大的群体。在温暖的新陆地，没有南美的寄生虫，只要有水，它们就能不断繁殖，最终形成规模庞大的蚁群。这种最大的有机生物群落由数百万有相关遗传基因和互相关联的巢穴组成，从意

大利北部一直绵延伸展到西班牙北部，至少长 6 000 千米。

蚂蚁的成功之处还在于它的生育力很强（蚁穴里有无数的蚁后，因此繁殖速度很快），而且它们还能和平共处，不像自然界中的许多巢穴动物。它们并不互相攻击，而是省下更多的时间来收集食物、繁殖后代以及进行防卫。这种不寻常的群居团体不会由于新阿根廷蚁的到来而被冲淡。因此，从加利福尼亚到澳大利亚，这种超级有机生物很可能不断变化，到了亚洲，阿根廷蚁就是一些新的蚂蚁了。

最长的蛇

巨蟒的故事到处都有——这是由于许多早期探险家疯狂想象的结果。巨蟒很少静静地待着，人们很难估计或者测量它们的长度。事实上，如果巨蟒的皮肤故意伸展开来，你根本觉察不到它的身体有任何扭曲。大多数爬虫学者都对巨蟒的长度超过 9 米的说法持有怀疑态度。

最出奇的莫过于有关南美水蟒的故事了。它很少有能长到 6 米的，但是很可能人类对它的夸张程度远远超过了任何一种别的动物。水蟒大部分时间都待在水里，因此，它可以支撑庞大的体重（据记录最重的蛇是一条重达 227 千克的水蟒）。但是 1907 年珀西·法系特有限公司却声称发现了一条长 18.9 米的水蟒，很

名字：网纹蟒
分布：东南亚
特点：平均长约 6 米，还有的长达 10 米

显然是夸张的说法。

但是雌网纹蟒确实常常可以长到 6 米，并且长度还会随着年龄的增长而不断增长，大蟒可以活更长的时间。事实上，最长的蛇的纪录是一只雌网纹蟒，推测大概长 10 米，是于 1912 年在印度尼西亚的西里伯斯岛被杀死的。

一条大的雌蟒非常强壮，当它紧紧缠住猎物时，能使一只大型的哺乳动物窒息而死，并且能一口把它吞掉。其实，至少有一个关于网纹蟒的传说是可信的，那就是它的胃可容纳一个成人。但是，有关它的长度的最高纪录很可能要停留在过去，因为大部分的蛇在世界各地都被捕杀，几乎来不及长到成年就被杀死了。

现存最高的树

至高巨杉现在也许是世界上最高的树，并且是最高的活着的生物体。这项最高纪录确实被报道过——一种在澳大利亚的维多利亚生长的巨型山地岑树。1855 年一棵被砍倒的岑树经测量高达 114 米。如今这种巨型山地岑树生长在塔斯马尼亚州，高约 97 米，现在最高的树是加利福尼亚红杉。

名字：至高巨杉
分布：加利福尼亚洪堡红杉国家公园
特点：高达 112.8 米

红杉被大量地砍伐，因此很可能以前的高度比现在的还要高。但是究竟有多高呢？2004 年科学家根据计算，还考虑到诸如地球引力以及水的摩擦力的限制等因素，推算出加利福尼亚红杉很可能能长到 122 ~ 130 米。

一棵树有 50 或 60 层楼高是什么样子呢？首先，这些树会发出整棵树的新芽，被称为复树干。有一棵被研究的红杉的树冠覆盖了整个森林——有 209 根复树干。它们中的大多数相当小，但是最大的直径达 2.6 米、高 40 米。在树干的分权处和大树枝上聚积了大量的土壤，从那里长出蕨类植物、灌木以及别的树，而不是红杉。上面还有大量的昆虫、蚯蚓、软体动物，甚至还有相当多的蝾螈。

陆地上最重的动物

据记录，最大的一头大象是于 1974 年在安哥拉北捕杀的（在大规模捕杀大象的行为开始之前）。它重达 12.2 吨，站立时肩高 3.96 米，从

名字：非洲象
分布：非洲大草原
特点：重达 4 ~ 7 吨

象鼻到尾部的长度为 10.7 米。还有一头大象，1978 年在纳米比亚的达马拉兰市被捕杀，肩高 4.2 米。在那里生存的沙漠大象按比例来说，腿要长一些。

一般的雄性非洲象高 3 ~ 3.7 米，雌性非洲象要稍微小一些。体形较小的大象还是森林象，高 2 ~ 3 米，但是它的体重还是有 2 ~ 4.5 吨。亚洲象在体重和高度上接近森林象，但是还要高一点。亚洲最高的大象可能是一头尼泊尔的大象，估计肩高达 3.7 米。在体重方面只有白犀牛与河马才能与之比拟。

一点都不奇怪，大象还有些别的纪录，包括是陆地上食量最大的动物，平均每天能消耗 75 ~ 150 千克植物。尽管大象有个巨型的胃和 19 米长的肠子，但是它的消化能力却相当差，以它的粪便为食的动物或在它的粪便上播种的植物因此受益匪浅了。

最长的舌头

这可能是世界上最著名的舌头了。它首先引起科学界的注意是由于达尔文的想象力。达尔文是 19 世纪最伟大的自然哲学家和进化论之父。1862 年，他分析出了彗星兰花的一个样本，这种兰花生长在马达加斯加岛上的森林树荫里。它的花朵很大，蜡质，

马达加斯加天蛾通过细长的舌头来吸食花蜜。

名字：马达加斯加天蛾
分布：马达加斯加岛
特点：舌头能达到 30 ~ 35 厘米
长，相对其身体的比例
而言，是最长的舌头

呈白色，星形，在夜晚能散发出强烈的、甜甜的香气。吸引达尔文的是它的花蜜在花冠的底部，大约长 30 厘米，他认为这种结构一定与某种特殊的昆虫授粉者相匹配。

他知道这种白色的、夜晚会散发出香气的花很吸引蛾子，在 1877 年他写道："在马达加斯加岛肯定有种蛾子，它们长着长'舌头'，通过舌头来吸取花蜜，并且能伸到 30 ～ 35 厘米的长度！"因为这种兰花没有给昆虫提供着陆点，它很可能是一种一直盘旋的天蛾。当时达尔文的观点受到了嘲笑。但是在 1903 年，人们发现了马达加斯加天蛾，它确实长有与彗星兰花的花冠长度相匹配的长舌头。

多年来，在野外这两个物种之间的关系没有被确定，但是人们最近观察到天蛾在兰花上停留，并且带走了花粉。还有一个更神奇的事是，彗星兰花有近亲，它的花冠长约 40 厘米，这表明还有一种蛾子有待发现，它的舌头会更长。

现存最古老的鱼种

腔棘鱼不但很古老而且是腔棘鱼科唯一一种现存的，它是最古老的脊椎动物。人们以为它们早在 6500 万年前就灭绝了，可是在 1938 年，人们却在南非沿海用渔网捕获了第一条活着的腔棘鱼。现存的腔棘鱼分布于整个西印度洋（包括科摩罗群岛、马达加斯加岛、肯尼亚、坦桑尼亚、莫桑比克和南非），最近人们在距离印度尼西亚的苏拉威西岛数千千米远的地方又发现了第二种与它相关的种类。

名字：腔棘鱼
分布：西印度洋和太平洋
特点：生存在 4 亿年前

现存的腔棘鱼与它们的祖先没有什么不同，体长达 2 米，有 7 个有裂片的、像桨一样的鳍——与在 3.5 亿年前来到陆地上的动物是远亲。在海面上人们没有发现过活着的腔棘鱼，也许是因为这些鱼喜欢生活在 100 米以下寒冷的氧化水里，在温暖的水面上会死亡，因为那里根本没有液化氧。

腔棘鱼的鱼卵最大，大概有柚子那么大，重达 350 克。雌腔棘鱼一次可以产 26 个这样大的卵，怀孕期约为 13 个月——真的负荷很重。它的嘴里似乎有一个电感器官，也许在黑暗中可以帮助它觅食。科学家还发现它们聚集在洞穴里，并且头朝下倒立着。生物学家现在正在使用特殊的潜水技术试图发现更多有关于这种神秘的活化石的群居方式。

最大的动物

蓝鲸囊括了动物世界中很多最高级的头衔于一身，包括最重的身体、最大的噪音、最大的食量、捕食的猎物最小（相对于它的体形而言）。它还是最神秘的动物之一——尽管它的体形很引人注目，但是人类对于它的生活方式却了解得出奇得少。它平均长 24 ～ 27 米，全世界蓝鲸的最长纪录是 33 米多，最重的纪录是 190 吨。

令人惊讶的是，它的食物是一种极其微小的、像小虾一样的动物——磷虾，它每天要吞下大约 4 吨的这种高营养甲壳类动物。在动物王国里它的嗓音最响亮，它的低频声音真的能传到数百甚至数千千米远的地方，但是没有人知道这种强大的发声法不用来远距离传达信息的，或者是用水下超声波来帮助远距离航行的。

蓝鲸的体形和速度使它不易于被白天的帆船捕鲸船捕获，但是有一个严酷的事实是：在 20 世纪，大约有

名字：蓝鲸
分布：广阔的海洋里
特点：长达 33 米，重 190 吨

35 万只蓝鲸被机械化的捕鲸船捕杀掉。几乎世界各地的蓝鲸数量都急剧地减少了，有的地方减少了将近 90%。现在各国政府都已经下令禁止捕杀蓝鲸。只有加利福尼亚沿海的蓝鲸数量有所增长，而在世界上其他地方，这种非凡的巨型动物的未来状况依然令人担忧。

最大的爬行动物

咸水鳄是世界上最大的爬行动物，重达 1200 千克。雄性咸水鳄成熟后可以长到约 3.2 米，较小的雌性咸水鳄成熟后也可以长到 2.2 米，但是它们还会继续生长，一直长到 100 来岁。据可鉴证的记录，最长的咸水鳄是一只长 7 米多的雄鳄。但是还有一项相当可靠的记录确实存在，记录了一只长 10 米多的四足动物曾经在沙巴州的色格玛河边生活过——它的长度是人们根据沙地里它留下的压痕而测出的。但是现在长度超过 6 米的咸水鳄已经很少见了。

咸水鳄的眼睛、耳朵和鼻孔都长在它那巨大的头顶上，这样它就可以潜伏着等候猎物的到来，同时把它庞大的身体藏在水面下。结实的下巴肌肉使它能产生巨大的咬合力——足够嚼碎猎物或锁住它的牙齿来咬住猎物——因为它能够在水下停留数小时，所以它能轻易地溺死大型哺乳动物。

名字：咸水鳄
分布：从印度到东南亚以及澳大利亚
特点：最大的长 10 米

咸水鳄是不加选择的掠食者，它的猎物包括鱼类、鸟类、其他的鳄鱼，还有哺乳动物，甚至还吃人。一只保护它领土的雄性咸水鳄或一只在照看小鳄鱼的雌性咸水鳄如果被打扰也会变得非常具有攻击性。因此人们在有鳄鱼的地方生活或者游泳，遭到鳄鱼袭击的事件时有发生。它是一种需要给予极大尊重的爬行动物。

现存最古老的无性繁殖生物

这种非比寻常的灌木是大约 70 年前被一位自学成才的自然学者德尼·金发现的。当时他在塔斯马尼亚岛西南部的一座山谷里淘锡。但是那块地方最近被火烧掉了，这种植物就再也没有被看到了。后来，在 1965 年，金在一处凉爽的山脉上的雨林地区又发现了一些这样的灌木。它被确认为新的种类，属普罗梯亚木科（它最近的近亲在智利，表明过去澳大利亚和南美洲曾经连接在一起），将它命名为金冬青树就是为了纪念金。

这种树不结果，它在遗传上是三倍体的（通常生物有两对

名字：金冬青树

分布：仅仅在塔斯马尼亚岛西南部的一个溪谷里

特点：43600 多岁

染色体，而它有三对染色体），因为它不能通过性来繁殖。它那迷人的花朵从来不结籽，它只能通过根发芽才能长出一棵新的植物。这也就意味着所有这种植物都具有同样的遗传基因。

特别的是，在同一地区搜集到的这种树的叶子化石看起来与活的叶子一模一样，科学家通过碳 −14 测量法，发现它们至少有 43600 岁。正因为此，以及它是无性繁殖，生物学家相信现在的金冬青树和化石中的树是同一种树。这种最古老的无性繁殖的树种，打败了石炭酸灌木（11700 岁）和以前的纪录保持者北美越橘（大约 12000 岁）。当智人（人类的现代种类）和穴居人同时出现时，金冬青树就开始出现了，但很不幸的是，这种古老的树现在正面临着灭绝的危险。

金冬青树

最大的嘴

海洋里有世界上嘴最大的动物。鲸鲨的嘴最宽，蓝鲸的喉咙巨大、成褶皱状，能吞下最多的食物。这两种动物实际上都是滤食动物，吃的都是相当小的猎

名字：栉水母
分布：大多数海洋里
特点：嘴长（或宽）5～30厘米

物。但是，拥有最大嘴的动物是那些能一口吞下大型动物的深海生物，诸如有巨大的（相对于体形而言）、铰链似的下巴的细长动物。

但是如果按照嘴巴和身体的比例来看，它们都不可能比得过栉水母。其实，栉水母有一个巨大的胃，这个胃被一层薄薄的、有肌肉的、凝胶状的壁所包围，它通过巨大的嘴而大大地张开。它借助于栉板上 8 排纤毛的摆动向前运动，它对光很敏感，虽然没有眼睛，但是它可以"闻到"它的猎物。

当栉水母在水中游泳时，它的嘴唇和胶质的栉带紧紧地闭合着。一旦它碰到了猎物，它庞大的神经网立即会使嘴朝向猎物，肌纤维以惊人的速度使嘴张开，然后可以一口吞下猎物。如果猎物太大而不能一口吞下，它就会用数千颗锋利的小"牙齿"（纤毛）咬下一大块来，接着嘴唇重新闭合，食物进入胃腔。装满食物的它游走了，开始慢慢消化这顿大餐了。

最重的植物

　　这是一种巨大的复合树——树干由一个普通的根系连接起来，重达数千吨——拉丁语中称之为"我传播"。虽然这些无性系中独立的成员相当短寿，但是它们至少有 4.7 万棵，而且都是雄性的，已经自身繁殖至少 1 万年了，甚至也许还要长很多很多年。虽然这种无性系分株比较细长，几乎不能长得很高，但是它们所覆盖的面积起码达 0.43 平方千米。

　　美国白杨能以正常的性方式进行繁殖，产生种子。但是如果条件不适合种子萌芽，或者白杨被火灾或雪崩毁坏了，它就会选择快速的无性繁殖，

> 名字：美国白杨
> 分布：美国犹他州的瓦萨特山
> 特点：重 6000 吨

从根部或干的下部长出枝条来代替落叶树，并且继续有机生物的传播。事实上，由于它部分具有防火性能，所以在周期的火灾当中还能茁壮成长，消灭与之竞争的树种。

　　一棵成熟的根系能发出每平方千米近 5 000 万棵芽，由于每个季节白杨的芽能长 1 米，所以它很快就超过别的树种。因此，美国白杨在经历了第四纪冰川后成功地在北美洲扎下根来，现在成为这个大陆上分布最广泛的树种，仅次于世界上分布最广的刺柏属树木。

最高的动物

进化常常使得某一种动物在它所生存的环境中具有某种垄断的优势，像长颈鹿就是一个鲜明的例子。长颈鹿的基本食物——刺槐，除了某些大象以外，没有别的大型哺乳动物能够得着那么高。

长颈鹿

长颈鹿的嘴唇很灵敏、巧妙，舌头很长 (45 厘米)，能盘卷，它们也很适合保护其免于被刺槐刺伤，可以很小心地从树上摘下树叶来。用这种方法，长颈鹿可以毫无竞争地每天吃到大约 34 千克富有营养的树叶。它还从食物中获得足够的水分而不需要喝水。如果有机会喝水的话，它就要把前腿叉开，头朝下喝水，依靠一套复杂的动脉血管中的膜状结构，防止血液倒流。

成年长颈鹿的身高、体形以及敏锐的视觉使得在白天要伏击它并非易事，甚至其他的动物还利用长颈鹿帮助它们留意观察掠食者。然而，狮子对长颈鹿来说是一个极大的威胁，尤其是在夜晚。因为，天黑后，长颈鹿的高度和视力就受到了限制，它会躺下来反刍（咀嚼储存在胃里的某个特殊部位的未消化的食物）。不过，它也能进行强有力的反击，用它的长腿踢对方。如果它及时感觉到了狮子的来临，它会飞奔而走，它细长的腿迈着起伏的步伐，速度能达到 50 ~ 60 千米 / 小时。

名字：长颈鹿
分布：撒哈拉南部非洲
特点：成年雄鹿高度达
5.5 米

最细长的鱼

皇带鱼这种像蛇一样的鱼被认为是某些海怪的化身。虽然有人看到过这种闪闪发光的、带状的生物靠近水面，但是它更可能生活在较深的海水里，因此它的大部分行为和生活情况对于我们来说还是个谜。它没有尾巴，但是长长的身体上有一条背鳍（在靠近水面或靠岸时呈亮红色），游水时随波起伏。皇带鱼利用背鳍在水中遨游，它有时还在水中垂直地游上游下——完全不像是一条鱼。皇带鱼还有两条长长的腹鳍，已经缩成了两条细长的线，像两根黄蓝色的穗一样，它们就相当于皇带鱼的桨。

见过皇带鱼在水中游水的人很少说它游得快，甚至有人说它很古怪。它的眼睛大大的，令人想起深海的食肉动物。因为没有牙齿，所以它其实根本不伤害人类，有人认为它是滤食动物。它确实有一个相当大的、可伸出的嘴巴，估计能吸入小虾、小鱼和鱿鱼。它的长长的腹鳍和头上细长的、像触角一样的刺毛很可能是它用来钓鱼的饵或者是它的敏

名字：皇带鱼
分布：世界各地的温带和热带海洋里
特点：长达 15.2 米

感的触须，因此它把它们悬起来等待猎物，而它那细长的、银白色的身体反射在蓝色的海水里使得它很难被发现。皇带鱼对于那些横向游水的掠食者来说肯定是个谜，特别是当它决定逃跑时，它垂直身体，尾部先拐弯，然后以惊人的速度游走。

最大的眼睛

最大的眼睛属于一种可怕的掠食动物，它在黑暗的、最寒冷的深海里觅食。因为迄今为止人们还没有研究过成年的巨型鱿

名字：	巨型鱿鱼
分布：	寒冷的深海里
特点：	眼睛 60 厘米或更宽

鱼，所以究竟它是如何使用它的巨型的、突出的眼睛的，我们还不清楚。但是它的眼睛真的会发光，能照亮周围，使它能高度集中它那西餐式的大盘子一样大的眼睛来发现快速移动的猎物，比如大型的巴塔哥尼亚牙鱼——2003 年渔民在罗斯海里捕捉到了唯一一只完整的巨型鱿鱼，它是一只还未完全成熟的雌性鱿鱼，当时它正在吃着巴塔哥尼亚牙鱼。

巨型鱿鱼的大眼睛甚至比人们所知的大鱿鱼还要大。罗斯海的巨型鱿鱼标本重量是 150 千克，触手伸直几乎达到 5.4 米长，触手上面庞大的覆盖物（身体）和头长 2.5 米。事实上，巨型鱿鱼可以长到 15 米，身体长 4 米。与大鱿鱼不一样，巨型鱿鱼有一套生理功能使它能达到很快的游泳速度。它有一个很大的、强健的鳍，在两条伸出的触手末端有 25 个锋利的、旋转的钩子。它还有一个巨大的、像鹦鹉一样的喙，这使它成为海洋里最可怕

的掠食者之一。

最大的花朵

大王花这种迷人的
植物由热带攀缘植物的
藤蔓里的细丝组成。它
是一种生长缓慢的寄生

名字： 大王花
分布： 加里曼丹岛和苏门答腊岛
特点： 直径可达 0.9 米，重 11 千克

植物，生长完全依靠藤蔓，从那里吸取营养。

大王花的芽是从森林地面上它的寄生体上冒出来的，这种现
象很罕见。大约 9 个月之后，花朵逐渐长大，并悄然盛开。它的
5 片肉色的花瓣（红色的萼片）卷曲着，释放出腐烂的臭气，就
像腐肉的气味，并且展开巨大的、顶上打开的穹隆结构，里面是
花粉（既可能是雌性的也可能是雄性的）。它的臭气吸引了喜食腐
肉的甲虫和苍蝇。由于传授花粉的动物飞得不远，所以花朵就在
附近，开花也是同时进行的，于是花粉可以在几天之内从雌花上
传到雄花上。这一切是如何发生的现在仍然是个谜。还有一件神
奇的事就是它那数千粒种子是如何来到这些藤蔓上的。它们很可
能是通过尖鼠和松鼠的粪便来到那些藤蔓上的。不知何故，种子
会渗透到藤蔓的茎内，然后开始生长，但是要经过数年才能萌芽。

大王花的学名是为了纪念两位 19 世纪著名的动植物专家——
一位是斯坦福·兰弗，还有一位是植物学家约瑟夫·阿诺德。令人
伤心的是，随着大王花的寄主因为雨林的减少而消失，大王花也很
快成了历史。

最大的树荫

在公元 70 年，伟大的自然史学家老普林尼写道："在印度有一种树的特性是它能自己种植。它把自己强有力的胳膊伸到土壤里……"他写的是

> **名字**：印度榕树
> **分布**：亚洲南部和东南部
> **特点**：最大的一株直径达 420 米

不定根，这就是印度榕树拥有世界上最大的树荫的秘密。

像许多无花果树一样，印度榕树能从枝干上发出根来。当树枝继续生长时，这些根会像柱子一样支撑树枝。在印度加尔各答的植物花园里有一棵被小心照顾的榕树，有 2800 条支持根，是世界上最大的印度榕树。在亚洲南部，印度榕树被人们仔细地照顾着，并且成为人们聚会的场所——作为市场、学校或者村庄集会的地方。事实上，它们的名字就来源于"商人"或"商贸"，因为那里正是英国商人与当地人进行交易的地方。

还有其他的以不定根而出名的无花果树是"绞死树"，它从别的树的树荫下生长出来，然后长出根将它依靠的树缠绕起来。最后，它把那棵原来依靠的树缠死，只剩下一棵高大的无花果树。无花果树的成功之处部分在于它们的根适应能力很强，但是这些根并不总是不定的。当它们像正常的树那样生长时，它们也像树根一样吸收土壤中的水分；当根较细的时候，根就会向外扩展，根长长了就会直接深入到土壤里。有一棵南非的无花果树的根深达 120 米。

最古老的叶子

这种植物基本上在一根短小的、碗状的茎上只长两片叶子，但每一片叶子都会长得很老很老。它们带状的叶子会不停地生长，而不会死去。但是

名字： 千岁兰
分布： 西南非洲的纳米比亚沙漠
特点： 能存活 1 500 多年

由于受到风吹雨打，它们超不过 6 米长——否则，它们有可能长到 200 米——有时候会被风吹裂或纠缠到一起。

千岁兰通常长在很靠近海岸的地方，这样有利于吸收夜晚从大西洋涌过来的雾水。湿气浓缩在叶子上，既可以顺着叶子向下流到根部，又可以通过气孔或叶孔被吸入。有时候千岁兰用光合作用（植物保存食物的方法）的特殊方式来储存水分。叶子张开

千岁兰

气孔，吸入二氧化碳，而且它们不像大多数植物那样在白天进行，而是在晚上，因为那时候温度是最凉的，通过蒸发（通过气孔蒸发）它们不会失去水分。然后它们以特殊的酸的方式储存碳原子，等到太阳出来时，它们就能进行光合作用了——以光作为能量来源，把碳合成为碳水化合物。

千岁兰不会开花，而是像其他裸子植物（针叶树、银杏树、铁树目裸子植物、种子蕨）一样长出球果。它们要么是有花粉的雄性球果，要么是做种子的雌性球果。它们都会产生一种黏性的流液——假如是雌性的，就能捕获花粉；假如是雄性的，就能吸引昆虫来传播花粉——综合了开花植物和不开花植物的特征。

最古老的种子植物

当 1945 年广岛的原子弹爆炸时，这座城市的所有植物都被毁坏了，包括一棵特殊的银杏树也被烧死，受到了辐射。但在 1946 年春天，这棵树的残余部分竟然发出了一个新芽。如今它长成了一棵非常健康的树，长在离爆炸中心 1 千米远的一座寺庙的土壤里。

名字：银杏树
分布：原来分布于所有北部的温带地区，现在生长在花园里和街道上
特点：这一物种能追溯到 2.8 亿年前

银杏树在时间上早于许多植物——例如花朵。当银杏树首先在 2.8 亿年前出现在地球上时，那时候还没有被子植物——还没有能开花并把种子包入果实里的植物。其实，作

为银杏属家族中的成员之一——最后的幸存者——银杏树刚好处于原始的裸子植物、松类和原始的蕨类植物以及最早的开花植物之间。它经历了翻天覆地的火山灾害、小行星的碰撞和全面的环境变化，这些变化使得与银杏树同时代的所有植物都逐渐消失，或者进化成别的物种。

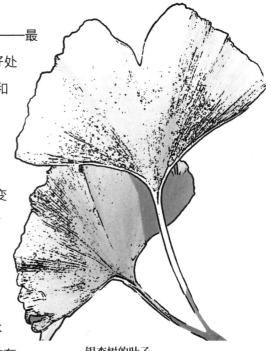

银杏树的叶子

银杏树遇到的最大的灾难是冰川。几次巨大的冰川期使得它们于 700 万年前在北美绝迹，300 万年前在欧洲绝迹。但是冰川没有来到中国的东南部的部分地区，并且正是在这些地方它们赢得了一个最新进化的物种——智人的支持。树木被古代的中国人发现，并且被他们种在庭院里。现在，虽然野生的银杏树可能已经灭绝了，但是它们在世界各地的各大城市生长旺盛，因为它们能抵御空气污染，还有治病的疗效。

最小的哺乳动物

尽管关于哪个物种是最小的哺乳动物的纪录的保持者至今还有相当大的争议，但是像大黄蜂那么大的东南亚蝙蝠应该是最小

的哺乳动物了，它也是世界上最罕见的蝙蝠之一。它是在 1973 年由吉提·桑龙亚博士（因此它的另一个

名字：大黄蜂蝠或者吉提猪鼻蝙蝠
分布：泰国和缅甸
特点：只有 2.9～3.3 厘米长, 1.7～3 克重

名字叫吉提猪鼻蝙蝠，也指它有像猪一样的鼻子）在泰国的一个石灰石的山洞里发现的，后来人们在缅甸也发现过这种蝙蝠。

　　因为很少有动物被人们称重或者测量过，所以人们很难确定它们的真正尺寸。但是它看起来好像比别的参与竞争"最小的哺乳动物"的动物要稍微重一点，普遍被认为很小的小尖鼠的体重只有 1.2～2.7 克，长度为 3.6～5.3 厘米，不包括尾巴在内（因为大黄蜂蝠没有尾巴）。

　　对于哺乳动物而言身体太小也存在一个问题，因为相对于体形来说它们体表面积较大，会导致大量的热量散失，因此它们需要经常吃很多食物。大黄蜂蝠和小尖鼠都是贪婪的掠食者，大黄蜂蝠主要以苍蝇为食，小尖鼠则吃任何很小的或者行动很慢的动物。为了适应这种疯狂的生活方式，它们有较大的、跳动频率很高的心脏，还有特殊的能快速收缩的肌肉。但是如果天气变冷或者食物匮乏时，它们都要选择相同的生存方式——它们会变得行动迟缓，一直等到条件改善。

繁殖之最

最致命的爱情生活

这种以昆虫为食的有
袋小负鼠生命很短暂，它们
在选择伴侣时也很混乱。像
所有的有袋动物一样，敏捷
的负鼠主要有两周的交配期，

名字：负鼠
分布：澳大利亚
特点：每只雄鼠由于受到重压，
交配后就会死亡

这时它们的生活变得具有超动力。作为夜行性的爬树动物，它们
的行动很隐蔽，它们在野外的交配行为至今人们还不是很清楚，
但是现在生物学家正在研究一些被关起来的负鼠，想要了解生殖
对它们产生的影响。

在 7 月或 8 月，雄负鼠会由于睾丸激素和其他的荷尔蒙而充
血，这时正是它们疯狂交配期开始的时候，但是操纵这一切的是
较小的雌鼠。雄鼠聚集在树上的巢里，等待雌鼠来寻找它们，雌
鼠似乎偏爱有优势的雄鼠，所以它们会挑选个头较大的，但是它
们不可能太挑剔，因为它们要与几只不同的雄鼠交配。雄鼠也要
交配几次，射精要持续至少 3 个小时，雄鼠会一直待在它的伴侣
身边长达 12 个小时，以便确定它的精子到达雌鼠的子宫里。

荷尔蒙的汹涌和所有的努力对于雄鼠的免疫力来说破坏太大
了。压力造成的胃溃疡和肾衰竭虽然不会致死，但是传染病或寄
生虫也会杀死它们，性交期之后的数天内它们就会死去——所有
的雄鼠都会死去。但是，有些雌鼠会活到第二年继续交配。它们

后代的性别占有优势，因为它们后代的性别比率（放在它们育儿袋里抚养）经常会偏向雌性。

最奇怪的孵化方式

这两种不平常的蛙类很可能都灭绝了。在南部发现的最后一只用胃孵育后代的蛙是在 1981 年，而在北部发现的最后一只此种蛙是在 1985 年。奇怪的是，北部的蛙在 1985 年 3 月并没有什么异常，但是 3 个月后却消失了，从此人们再也没有见过。它们的消失是自然界的一大损失——不仅仅是两个特殊物种的灭绝，而是一种独一无二的孵育后代的方式的绝迹。

根据它们的名字我们可以知道这种蛙产卵后是在母蛙的胃里孵育的。它们是人们所知的唯一一种这样孵育后代的动物。母蛙把受精

名字：用胃孵育后代的青蛙或者鸭嘴兽蛙
分布：澳大利亚的昆士兰州
特点：在胃里孵育后代

卵吞下后，在它的胃里把卵孵化成蝌蚪，再变态生成小蛙。在长达 6～7 周的怀孕期母蛙不能进食，最后从它的嘴里生出小蛙，一次有 1～2 只完全成形的幼蛙跳到外面的世界来。在这段不寻常的过程中，母蛙用于消化的分泌物和盐酸的产生都完全停止了——胃实际上变成了暂时的子宫。

这两种蛙，孵育出 20～25 毫米大小的幼蛙，整个分娩过程需要大约一天半的时间。4 天后，消化道又恢复到正常状态，母蛙可以继续进食了。这些蛙类为什么会灭绝至今人们还是不太清

楚，部分原因是因为树木被大量砍伐。从那以后，我们加强了寻找的力度，但是却无功而返。

最敏捷的胎儿

小红袋鼠真是个不可思议的爬行者。它从母袋鼠的生殖道里出来时还是个胎儿——眼睛没有睁开，只比大

名字：	红袋鼠
分布：	澳大利亚
特点：	从母袋鼠的生殖道到育儿袋里，至少爬行了 10 ~ 15 厘米

颗豆子大一点——几乎小到了它的母亲都没有注意到它已经出生了的地步，因此它只得自己独自爬到育儿袋里。它只有没有完全发育好的前腿，必须拖着身体爬到母亲的育儿袋里。令人惊奇的是，它能用极快的速度完成这一旅程——不超过 3 分钟时间。

一旦它紧紧夹住了母亲的乳头，它便恢复了婴儿的状态，依靠母亲富有营养的奶水逐渐长大，母袋鼠的奶水会提供婴儿成长所需的一切营养物质。4

红袋鼠一般在 6 个月左右开始离开育儿袋，当遇到危险时，它又会跳进育儿袋寻求保护。

个月后,幼袋鼠断奶,6 个月后第一次从育儿袋里爬出来,8 个月后永远离开育儿袋。但是在接下来的 4 个月中,它还会把头伸进育儿袋里吮吸乳头。如果遇到了危险,它还会躲进母袋鼠的育儿袋里,作为临时避难所。

其实,雌性红袋鼠生完小袋鼠后还能继续交配产子,新生儿会一直保持睡眠状态,直到它的哥哥或姐姐离开了育儿袋为止。当它的哥哥或姐姐在吮吸较大的乳头时,它会依附着剩下的、短小的乳头。如果幼袋鼠断奶前发生了不幸的事情,那么红袋鼠胎儿会立即成熟,这是在艰难时期一种有效的保险措施。

配偶最多的雄性动物

雄性哺乳动物比雌性动物能培育出更多的后代。于是,对于某些动物来说,雄性动物会与更多的雌性动物交配,它们

名字:南方象海豹
分布:亚南极洲岛屿和阿根廷南部
特点:与雌性交配的数量比别的雄性动物多

与别的雄性动物进行竞争,然后尽可能生下更多的后代。这就叫作"一雄多雌"。哺乳动物当中最能体现"一雄多雌"的动物是南方象海豹,在一个交配季节里几只雄性个体就会与多达 100 只雌性个体进行交配(一般是 40 ~ 50 只)。

成年雄性南方象海豹一年中大部分时间都待在海里,在 8 月才来到海滩上的繁殖场地。在 9 月和 10 月初,最大的个体会占领领土,它们通常会占据一年前雌性象海豹上岸生幼崽的地方。

当雌性象海豹产下幼崽后，它们会发情，那些有优势的雄性象海豹会尽可能多地与它们交配，以便在第二年能产下更多的后代。

当然一些雄性个体有许多的交配对象，同时也意味着还有很多雄性个体没有交配对象，所以对于每一个繁殖期的群体来说，总会有大量的充满抱怨的单身海豹没事可做，只能偷偷摸摸地与隔壁的雌性象海豹交配。北太平洋南方象海豹与北方象海豹的交配方式相似，但是它们的区别之处就在于，北方象海豹中的单身汉偷偷摸摸进行交配的成功率更高，这使得南方象海豹成为目前一雄多雌的哺乳动物中最高纪录的保持者。

持续时间最长的孵卵期

皇企鹅是 17 种企鹅当中最大的，也是唯一一种在南极的冬季孵卵的企鹅。其他诸如鸸鹋之类的鸟有更长的孵化期，但是它们雌雄之间会分担责任，而且会离开巢穴去觅食。然而雄性皇企鹅自始至终都会坐在一个蛋上面，一直孵化需要 62～67 天。

皇企鹅的孵化期是在 3 月下旬或 4 月初的南极海洋上的冰块上开始的，在经历了海上整个夏季的觅食活动后，这时好几万只企鹅聚集在一起求爱、交配。到卵被产下时为止，大约 50 天过去了——在这期间企鹅什么也不吃。后来，由于海里的冰块面积不断增大，离原来所在的地方越来越远了，因此所有的雌性皇企鹅开始回

名字：皇企鹅
分布：南极地区
特点：能在南极地区气候最糟的冬季孵卵

到海里觅食，而此时雄性皇企鹅则紧紧用脚尖握住它的卵，并且用像羽毛一样柔软的皮肤——育儿袋覆盖住它。雄性皇企鹅会聚集在一起度过南极的隆冬。天气总是处于黑暗或半黑暗状态，北风呼啸，暴风雪肆虐，温度会降到 -40℃，这还没有算上寒冷的风的因素在内。

两个月过去了，卵孵化出来了，刚孵出的小企鹅待在育儿袋里，几天后雌性皇企鹅开始出现，代替雄性皇企鹅照料小企鹅。在这之前，雄性皇企鹅除了以雪为食，已经大约 120 天没有进食了，现在它们终于自由了，可以自己去觅食了。只是有一个问题——海水现在已经离它们大约有 100 千米远了。

最美味的伴侣

交配对于大多数雄蜘蛛来说都是一个比较棘手的问题，因为雌蜘蛛体形较大而且极具攻击性。因此雄蜘蛛必须让它未来的伴侣知道它

名字：黄黑纹相间的彩色蜘蛛
分布：北美洲和中美洲
特点：交配后雄蜘蛛死亡，然后雌蜘蛛把它吃掉

确实能产生精子：它从两根须肢中的生殖器中收集精液。这些须肢的末端呈肿块状，就像钥匙和锁一样，很适合插进雌蜘蛛的生殖器里。

有些雌蜘蛛只是为跳个舞，做一个合适的记号，或者为提供食物来赢得足够的时间进行交配。这些蜘蛛的寿命很短，因此它的未来伴侣只有一个，也许还得牺牲自己的生命来确定自己的精

液能使雌蜘蛛受精。当一只雄性的澳大利亚红背蜘蛛把它的第一根须肢插入雌蜘蛛体内时，它把雌蜘蛛翻过来，所以它的腹部直接盖在雌蜘蛛的嘴部，给了雌蜘蛛吃掉它的机会。一般蜘蛛交配活动中，有65%的雄蜘蛛会真的被雌蜘蛛吃掉。而这种情况通常是在雌蜘蛛体重不足的情况下才会发生。这种最后的牺牲行为，使得雄蜘蛛能把它的所有精液全部射入雌蜘蛛体内。

黄黑纹相间的彩色蜘蛛比一般的蜘蛛更胜一筹：它的第二根须肢一插入到雌蜘蛛体内，须肢就会膨胀，然后它立即就会死去。雄蜘蛛不会着急去交配，雌蜘蛛也不会把它的须肢赶走，而是要至少持续一刻钟左右，直到它的精液射入为止。当然，雌蜘蛛想要赶走这只压在它身上的雄蜘蛛最有效的方式就是一口吃掉它。

雌雄融为一体的鱼

在19世纪30年代，当科学家首次发现这种奇怪的亚目种鱼类时，他们就开始从深海里——在300米到4000米之间——用拖网把这些待研究物种拖上来。

名字：深海琵琶鱼
分布：深海里
特点：性寄生

似乎这一物种只有雌性，而没有雄性。后来有人发现，有的雌性琵琶鱼长着奇怪的肉团，令他们震惊的是，在雌鱼身上竟然发现了雄鱼。雄性琵琶鱼如果碰到雌鱼，便会爬到雌鱼身上，与对方的身体完全融为一体，并依靠雌鱼来维持活力，而自己却逐渐失去了独立生活的能力，甚至雌鱼的循环系统也会延伸到雄鱼的体内。

从那以后，人们了解到许多关于这种同种二形的鱼类的一些极特别的事情。雄鱼一般不到雌鱼体长的十分之一。例如，它们当中最大的一种，雄鱼长 7.3 厘米，而雌鱼却比它大得多，长度有 77 厘米。

雄鱼开始时在海面上生活，之后逐渐长大变成成鱼，然后沉入黑暗、广漠的海底。它不得不找一条雌琵琶鱼结伴而行，而在 1 立方千米的海里可能只有少数几条雌琵琶鱼，要找到可不容易，好在它有大鼻孔、大嘴巴、一副钢锯一样的牙齿、发达的嗅觉以及比例很大的眼睛，它利用这些优势来寻找雌鱼用来吸引猎物的发光的"鱼竿"。如果它够幸运的话，它能找到一条雌鱼，然后就用颚部牢牢地固定在雌鱼的身上，再也不松开了。慢慢地，它的眼睛、鼻孔等——身体的所有器官除了睾丸以外——都会退化。它的生命当中只有一件事情要做了，那就是使卵受精。

色彩最艳丽的雄性动物

在所有的蝴蝶当中，翅膀呈彩虹蓝色的大闪蝶一直是收藏者最爱收藏的，它们的翅膀甚至被收藏者视为珍宝。雄性大闪蝶翅膀发出的鲜艳的色彩，甚至在飞过热带雨林上空的飞机上都看得见。然而，它们这么漂亮的翅膀并不是为了向雌性蝴蝶示爱。事实上，它们鲜艳的色彩是为了恐吓对手以及宣告领地的所有权。

名字：大闪蝶
分布：中美洲和南美洲的热带雨林地区
特点：翅膀呈最鲜艳的彩虹蓝色

如此艳丽的色彩并不是由色素形成的，而是由世界上最复杂的反射装置形成的。翅膀上的鳞状物（从翅膀上擦下来的"粉末"）像屋顶的瓦片一样交叠。每个鳞片支持其他层次的鳞片，这些近乎透明的鳞片，可能会被更深的结构盖住。这样安排的目的是不但可以向上反射光线，而且还可以向外反射光线。这些结构如此井然有序地排列，仅让某种波长的光线从同样的却是平行的方向反射回来，互相增色，因此产生了反射颜色，最终形成了极端鲜艳的色彩。

然而色彩太艳丽会很危险（相比之下，雌蝶会伪装成褐色）。因此，雄性大闪蝶还有一个防身技巧——当它们飞行时，它们翅膀的上下运动会随着光线照耀在鳞片上而改变方向，色彩也会突然由耀眼的蓝色变成褐色。由于加强了上下起伏无序的飞行以及褐色后翅的向上摆动，产生了一种这样的效果，好像它们一会儿出现，一会儿又消失了。当它停下来时，它就会合拢翅膀，使褐色的那一面露出来，不一会儿就融入森林里了。

最奇特的求爱礼物

如果雄蛾要给雌蛾占雄蛾 1/5 体重的精液和营养的话，它首先要保证雌蛾不会在产卵之前就死去。雌蛾最大的危险是被蜘蛛吃掉，雄蛾要不顾一切阻止这一切的发生。这就是鲜红色的雄

名字：鲜红色的黄蜂蛾
分布：美洲的热带和亚热带地区
特点：雄蛾会用生物碱保护雌蛾不会受到蜘蛛的攻击

鲜红色的雄黄蜂蛾从狗茴香上汲取毒素，这些毒素可以有效地保护自己或伴侣
不受蜘蛛的伤害。

黄蜂蛾为雌蛾所做的。它飞到狗茴香上，以它们含有的毒素（氮
杂戊环生物碱）为食。这种化学物质对蜘蛛以及别的无脊椎动物
来说具有很强的刺激性，它们会进入蛾子的一对腹囊中，腹囊里
有许多精细的、能收放自如的细丝。雄蛾发现了雌蛾的话，作为
一种求爱的方式，它会用这些黏黏的、含生物碱的细丝来装饰雌
蛾。为了确定雌蛾能被保护，它还会随精液射入一些生物碱到雌
蛾的体内。

狗茴香产生氮杂戊环生物碱的目的是使叶子免于被食草昆虫
吃掉，但是自然界似乎给万物都设计好了一种方式——事实上，
鲜红色的黄蜂蛾对这种毒素具有免疫力。蜘蛛在捕捉食物的时候，
它们能觉察到生物碱的气味，所以它们根本就不想碰到雌蛾，更

别说吃它了。生物学家为了证明这一点，他们把一只被含生物碱的细丝装饰的雌蛾放在一个蜘蛛网上：蜘蛛切断网住雌蛾的丝，将它放走了。这种雄性昆虫为了使它的伴侣免于受伤害的方式，确实是人们目前所知道的独一无二的方式。

最大的种子

这些复椰子在它们生存的岛屿还没有被人类发现时就给人类留下了深刻的印象。它们曾被冲到印

名字：海椰子或者塞舌尔坚果
分布：非洲塞舌尔群岛
特点：果实直径 48 厘米，重达 22 千克

度洋的海滩上，水手们曾在海面上捡到过它。在 1743 年塞舌尔群岛被发现以前，人们普遍认为这些复椰子是一种长在海底的巨树的果实——因此它又得名"海椰子"或"海上的坚果"。后来，它们被认为来自马尔代夫群岛，由此得到它的学名。还有一种理论认为它们来自伊甸园的性交之树，而且理由是显而易见的：它的形状非常像一位妇女的腰胯部分。很自然的，它们还被认为是催情剂。

现实也是相当奇怪的。海椰子树生长得十分缓慢。它发芽后 9 个月才长出第一片树叶，第一朵花长出还要过 60 年时间（有雄性和雌性海椰子树）。两瓣突出的果实要 10 年才能成熟，树完全成熟长到约 30 米高可能要经历 100 年。完全成熟的海椰子树叶子长度能达到 6 米。至于坚果，它们可食，还非常像椰子。但是，现在人们已经不可能吃得到它们了。因为海椰子树如今已

濒临灭绝，它们的坚果有时候被卖到植物园，每一个的售价都达到 800 多英镑。

繁殖能力最强的动物

在雌蚜虫的一生当中，它可以通过无性繁殖而生出一群遗传因子完全相同的后代。平均起来，它每 10 天就会繁殖一次，因为这些后代本身在出生前就已经怀孕了，也就是说胚胎里含有胚胎，因此，从理论上说，仅仅在一年当中一只蚜虫就可能会复制出 10 亿只蚜虫。

自从植物出现在地球上以后就有蚜虫了。它们以刺吸式口器吸食植物汁液为生。如果汁液从人工化肥那吸取了丰富的氮，蚜虫就会长得更快。有些蚜虫对于蚂蚁而言可以起到奶牛的作用，它们给蚂蚁提供蜜露的排泄物。蚂蚁为了回报它们，不仅为它们提供保护，甚至还会为它们建造遮盖物，在冬天把它们的卵储存起来或者搬到新的植物上。蚜虫的数量也许会成功地增加得更快，它们不会受到昆虫等掠食者的攻击，瓢虫、草蜻蛉和飞蝇的幼虫也不会以它们为食。

如果蚜虫的数量对于它们所生存的那棵植物来说太多的话，或者当这棵植物开始死亡时，蚜虫可能就会开始孕育有翅膀的后代，它们能被风吹到新的植物上。这些长了翅膀的

名字：蚜虫
分布：植物上
特点：一只雌蚜虫一年中能通过无性繁殖，产出 10 亿只小蚜虫

后代会在新的植物上进行有性繁殖，雌虫还会产卵，但是产卵数量的多少要取决于食物的供应。因为随着冬天的来临，温带地区植物的数量逐渐减少。在生态平衡的环境当中，掠食者的数量与猎物的循环周期保持一致，所以数量极多的蚜虫也只不过是大自然中的一个组成部分而已。

最特殊的社会结构

无毛鼹鼠组成的地下王国（至少有 75 ~ 80 只个体，多的可达 300 多只）是哺乳动物当中最大的群体。其实它们生活的条件很艰苦，既炎热又潮湿，所以它们根本不需要皮毛以及一般的哺乳动物所需的温度控制。较年轻的无毛鼹鼠组成挖掘队在地表寻找食物，它们用巨大的前齿啃食坚硬的土壤，直到找到根茎为止。它们会沿着地道翻转把土壤挖出去，然后来到地表上。它们的社会等级森严，当下属在地道里遇到了上级时，下属会蹲伏着让上级先过去。它们的社会还像蚂蚁一样，也有士兵——由较年长的、个头较大的个体担任。

鼠后统治着一切——女王的年龄较大（无毛鼹鼠能够存活 25 年甚至更长），当前任鼠后死去时，其他竞争者通过斗争来赢得这一地位。

名字：无毛鼹鼠
分布：东非干旱的大草原
特点：在这个地下王国里鼠后统治着一切

和蚁后一样，鼠后的腹腔能伸长，足够容纳 28 个胎儿。它管理着一小群的雄性无毛鼹鼠，并且不断威吓这一群体当中其他的成员，以免它们会由于太紧张而不能生育。这个团体是有组织、有纪律的。它们所生活的地方，雨是说来就来的，因此生育季节是不固定的。但是，在地下，只要有其他无毛鼹鼠为它们挖掘根茎，它们就不会饿死。这样的一个社会体系对于如此大的组织来说是非常有意义的，只有这样才能保证鼠后一年四季都能生育。

最大的蛋

最大的蛋其实应该是鸵鸟蛋，每只重 1.0 ~ 1.78 千克，但是它仅仅占鸵鸟体重的 1%。如果以鸟的体重和鸟蛋的比例而论，最大的蛋应该是小海燕、蜂鸟和奇异鸟的蛋。相对于奇异鸟母鸡大小的个头而言，它产的蛋如此大，

名字：奇异鸟
分布：新西兰
特点：鸟蛋重 450 克，占整个母体的 1/4

以至于用 X 光透视它的身体显示出的几乎都是由蛋构成的。虽然蛋的 2/3 与母体连接在一起，重量占母体的 15% ~ 17%，但是仅仅在 34 天之后它就能产下来——鸟类中最短的孕育期之一。

这一点也不奇怪，奇异鸟每年通常只产 2 ~ 3 枚蛋。虽然它的蛋的孕育期不长，但是它的孵蛋期却是鸟类中最长的，要孵 84 天，而且还要和雄鸟共同承担（这种鸟是成对生活的）。当小鸟破壳而出时，周身长满了羽毛。这种鸟几乎与哺乳动物的出生方式一样，这对于鸟类而言并不奇怪，奇怪的是它的生活方式也和哺乳动物一样。奇异鸟浑身长满蓬松细密的羽毛，没有翅膀，不能飞翔，夜间出来活动，生活在洞穴里，具有奇特的、区别于其他

鸟类的嗅觉和听觉（以便找到食物）。它还有像猫一样的胡须，体温也只有38℃，比大多数鸟的体温都要低2℃。奇异鸟的祖先可能是巨鸟，它是有着巨鸟血统的后裔，来源于鸸鹋，尽管它的个头相对而言非常矮小，但是它却保留了与鸸鹋蛋同样大小的蛋。

最大的鸟巢

据记录，树上最大的巢是在佛罗里达州的秃鹫所建造的。这些巢加起来可能有数年的历史，宽2.9米，深6米。一般的秃鹫的巢要小得多——与真正建造最大鸟巢的纪录保持者相比，它们只是由几根棍子堆起来的。

然而，在澳大利亚发现的一群鸟，叫作冢雉，能利用精心准备的土冢来孵卵。长得像鸡一样的橙脚冢雉建的土冢一般尺寸是大约3.5米宽，12米高。成对生活的雌鸟和雄鸟共同用土堆和有

橙脚冢雉在松软的土壤中觅食。

机物质来建造土冢。

建造土冢需要数百吨小石块、木头、土壤、树脂和树叶，要建这样的土冢需要付出巨大的努力，还要有大而有力的脚。一个土冢可能被许多代的冢雉

名字：橙脚冢雉
分布：东南亚、新几内亚
　　　和澳大利亚北部
特点：鸟巢最大宽50米，
　　　高4.5米

使用，在不断发展的过程中，土冢建得越来越大——最大的纪录是一个宽50米的土冢，很可能已经使用了数百年。太阳给土冢加热，但是，更重要的是，腐烂的植物也产生热量，土冢里面的温度将会达到25℃～35℃。当雌鸟产卵时——要经历数月的时间——雄鸟会照看着土冢，添加或者移动材料来调节巢内的温度。这非常像一个巨大的、由土壤构成的土堆，当雏鸟孵化出来以后会自行破土而出，并能够独立活动。

最有艺术感的求婚者

这种小鸟能创造出真正的艺术品，每一个都是独一无二的展览品。雄性园丁鸟向雌鸟求爱的方式不是披上五颜六色的羽毛，而是吸引雌鸟的审美感——一种通过艺术来选择伴侣的方式。更特别的是，不同地方的园丁鸟形成了不同的风格。

在阿法克、坦罗和万达门山上，雄性园丁鸟以一根"饰有飘带的柱子"——一种森林里的小树苗——开始，它会在这棵树苗周围编织一个圆锥形的棍子搭成的小屋，高1.2米，宽1.8米，还有一个拱门作为入口。在小屋外它还铺设了一块由绿色的苔藓

名字：	园丁鸟
分布：	伊里安岛、印度尼西亚的新几内亚
特点：	这种动物能建造出最精致的鸟窝

组成的大地毯，在毯子上它还根据颜色和尺寸把它的财宝一一安置好——有数千种财宝，从浆果、花朵到蝴蝶或甲虫的翅膀。如此精致的结构采用的都是新鲜的材料，它需要不断更新，而且还要防备别的雄性园丁鸟来破坏，否则一年的辛苦就白费了，这个小屋至少能吸引土褐色雌鸟的注意。雄鸟建造的小屋的尺寸和色彩给雌鸟留下的印象越深，就会有越多的雌鸟同意与它交配。

然而，在库马瓦和法克法科山上，雌性园丁鸟的艺术品位却与众不同，也许是由当地的装饰材料决定的吧。在这里，雄鸟建造的小城堡很寒酸，都是由一些颜色不鲜艳的材料构成的，如蜗牛壳和石头等。数年后，也许雄鸟对于它的小屋的艺术性的选择——实际上就成了它的性的象征——就会被山脉分隔开来，形成两个种类。

规模最大的产卵行动

每年的 12 月到次年的 3 月之间，一大群雌橄榄龟会来到孟加拉湾筑巢孕育自己的下一代。这一壮观的景象几乎每年都会发生。有数百只，也可能是数千万只橄榄龟妈妈来到海滩上。这一河流入海的三角地带成了世界上最大的海龟产卵地。最多的纪录是在 1991 年，多达 61 万只橄榄龟一起涌向这里。

　　这些海龟可能是从数千千米远的觅食地长途跋涉而来的，雌橄榄龟在雄龟的聚集地与它们交配，然后晚上停在沙滩上筑巢。它们甚至仅仅只经过几周的时间就能产下更多的蛋。每一只雌橄榄龟一般都会在沙地里埋下 100 ～ 150 个软壳的蛋。如果这些蛋不会被诸如狗、乌鸦之类的掠食者吃掉，或者被海水冲走，它们就会在大约 45 天之后孵化出来，小龟们在晚上爬出巢穴，向大海奔去。但是海龟的成活率很低，每 1000 只海龟蛋里只有 1 个可以活到成年。

　　在近 14 年，估计超过 12 万只橄榄龟在筑巢期离海岸 10 ～ 20 千米远的地方被非法拖捞船的渔网勒住窒息而死。这一带还被人类开发，并计划要把它建成一个大型港口。这

名字：橄榄龟

分布：奥里萨邦的沙滩上和印度东北部

特点：50 万只龟同时到海滩上产卵

里离海龟产卵的地方不远。世界各地的动物保护者们现在正在敦促州和国家的政府部门至少确保做到——这一世界上最大的野生动物奇观之一应该得到人类的保护。

最极端的交配方式

　　香蕉鼻涕虫可能是鼻涕虫当中最出名的了。对于一只鼻涕虫而言，它不但很美丽，而且还是加利福尼亚圣克鲁斯大学的吉祥物。这一物种被赋予这么高的荣誉，部分原因是它的独特性——人们仅仅在加利福尼亚中部沿海地区的红杉林里才能找到它——

名字：香蕉鼻涕虫
分布：加利福尼亚
特点：配偶会咬掉对方的
　　　阴茎

但是主要原因在于它那令人好奇的交配行为。有传闻说，狭长的香蕉鼻涕虫有世界上相对于体形来说最长的阴茎，但是这项纪录的保持者其实是北极雁。然而无论如何，有时候香蕉鼻涕虫的阴茎和它的整个身体一样长（18厘米），它的学名"dolichophallus"事实上就是"长阴茎"的意思。

　　像其他的鼻涕虫和蜗牛一样，香蕉鼻涕虫既有雌性生殖器，又有阴茎。经过了漫长的、世俗的求爱过程，两只鼻涕虫在铺满黏液的床上交配，每一只同时扮演雄性和雌性的角色，每一次交配都要缠绵数小时。但是有时候雌性生殖器会紧紧咬住阴茎不放，使得阴茎根本无法抽回来。被夹住的鼻涕虫能做的唯一一件事就是——咬掉阴茎（通常会由它的配偶帮助进行）。这样做的好处就是能阻止被阉割的鼻涕虫给其他鼻涕虫提供精子而浪费了资源，照此理论，它就会把更多的精力转移到孕育受精卵上来。当然，它的伴侣也会在交配后美美地吃上一顿大餐了。

孕期最短的哺乳动物

　　袋狸是有袋的哺乳动物。像所有的有袋动物一样，它们的怀孕期非常短，并且很快就能生出极小的、未发育完全的胎儿。事实上，这些新生儿发育很不健全，以至于它们要通过皮肤来呼吸。许多有袋动物的怀孕期都很短，许多种类的孕育期只有

12 ～ 13 天，包括美洲负鼠、毛鼻袋熊。但是袋狸的怀孕期是所有动物当中最短的：随着繁殖季节的推进，它能使孕期缩短到只有 9.5 天。

与别的哺乳动物一样，有袋动物的胎儿最初在子宫里从母体的血液中（通过胎盘——一种交流器官）获得

名字：袋狸
分布：澳大利亚
特点：孕期只有 9.5 ～ 11 天

所需的营养。但是，当其他的哺乳动物的婴儿在子宫里继续长大时，有袋动物却在母体外部——育儿袋里继续成长。这时它们不再从母亲的血液中获得营养了，而是依靠母乳生存。毫不奇怪，有袋动物的产奶期比其他的哺乳动物要长。袋狸能持续给新生儿供奶两个多月——足够喂养 8 个小袋狸（它能生育更多的小袋狸，但是它只有 8 个乳头，所以多余的就只有死去了）。当它到处奔跑着捕捉昆虫时，它把小宝宝们放在育儿袋里——直到它们足够大，但是如果遇到危险时，它还会把它们背在背上逃跑。

规模最大的排卵奇观

珊瑚虫发明了一种壮观的方式来增加它们异体受精的机会：大量释放出精子和卵子。这些生殖事件当中最引人注目的场面发生在大堡礁——世界上最大的珊瑚礁生态系统。在 10 月、11 月，有时候是 12 月，满月后的几个夜晚，在大堡礁一带的珊瑚虫大规模产卵。这一壮观的现象发生要同时满足 3 个主要的环境因素：春天温暖的海水会促进精子和卵子成熟（大多数珊瑚虫是雌雄同

名字：珊瑚虫
分布：澳大利亚大堡礁
特点：所有的珊瑚虫在同一个
夜晚的同一时刻将精子
和卵子释放出来

体的）；阴历周期（高峰的
产卵期在满月后的4～6夜）
以及黑暗。

当数十亿只珊瑚虫同时
释放出它们的精子和卵子时，
这一大规模的产卵活动创造
了一场粉红色和白色的水下暴风雪。它们漂浮在水面上，精子与
卵子相遇而受精。它们给鱼类带来了好运，但是只有一些卵子可
以吃，因为有些卵子含有具有抑止作用的化学物质。在数小时的
受精期内，卵子会发育成胚胎，胚胎长成幼虫，然后开始浮游，
去海床上寻找一块自由的地方定居下来，通过自身不断繁殖形成
新的珊瑚群。珊瑚虫大规模的产卵活动是世界奇观之一，但是只
有部分而不是全部的珊瑚虫享有此声誉。从太空中可以看到海面
上由卵子形成的壮观景象。但是令人奇怪的是，这一事件首次被
记录下来还是在 1981 年。

最擅长改变性别的动物

可能小丑鱼最出名的一点是它们对海葵的有毒的刺细胞具有
免疫力，还有它们终生与某些特殊海葵的共生关系也为人津津乐
道。但是它们还有一个更加特殊之处：一般来说最多 6 条小丑鱼
占据一个海葵，其中只有两条繁殖后代，其余 4 条只是在那里居
住，它们遵守着严格的等级制度。

雌鱼占据着主导地位，它的体形也最大。排在第二位的是它

躲在海葵丛中的小丑鱼

的配偶雄鱼，第三位是剩下的鱼当中最大的，然后依次类推。这种鱼控制着自己的生长，每条鱼都按照长幼强弱次序排列，每条排在后面的鱼只是排在它前面的鱼的个头的 80%。任何一条失去控制而比规定大小长得大的鱼都会被驱逐出那个海葵的家，再没有海葵触手的保护（其他的海葵通常已经被占据了），所以最后肯定是面临死亡的威胁。

　　因此小丑鱼对于它们的成长很谨慎，因为它们很长命，它们这个小团体可以不受干扰而存在数十年。但是，当其中一条鱼死去的时候，每一条在它之下的鱼都会受到鼓舞而长大一点，这样就又可以接纳一条幼鱼了。但是如果当家的雌鱼死

名字：小丑鱼或者海葵鱼
分布：太平洋珊瑚礁的南部和西部
特点：当雌鱼死后，雄鱼会变性成为雌鱼

了又会怎么样呢？谁来代替它呢？当然是那一对夫妻中的雄鱼了。它不但能控制自己的体形，而且还能控制自己的性别，它使自己转变成了雌鱼。

伤害最深的受精

　　雄性臭虫不仅有用来吸人血的嘴，还有一根用来输送精子和刺穿雌性臭虫身体的针（同时也是它的阴茎）。精子通过针直接被注射到雌性臭虫的血液中，再游到它的卵巢里。不过，刺破的伤口有时可能会引起感染。这种相当粗暴的方式逐渐代替了正常的交配行为，以防止雌性臭虫选择受精的时机和使用抗精子的装置（人们认为雌性臭虫有这种装置，因为一旦雄性臭虫不陪在雌性臭虫左右抚育后代，雌性臭虫就会与多个雄性臭虫交配来放宽基因选择，甚至选择用谁的精子来生育后代）。

　　这种创伤性的受精方法看起来好像是证明雄性臭虫在性别竞争中更胜一筹的例子，不过雌性臭虫发展出了相应的对策。通过雌性臭虫

名字：臭虫
分布：可能就在你的床上
特点：雄性将雌性刺伤以注射精子

身上的瘢痕判断，当雄性臭虫与之交配时，雄性臭虫的姿势常常导致它的器官刺入雌性臭虫第 5 节的部分。如果它刺到右边，它的器官就会滑到一个槽中，并被引入一个囊中，其中充满了杀精细胞，不仅可以杀死雌性臭虫不想要的精子，还能杀死细菌和病毒。雌性臭虫通过这种交配方式可以活得更长，生产出更多的卵

子。雄性臭虫则在一旁观察着滥交的雌性臭虫，它的刺入器官上有味觉传感器，如果这些传感器在雌性体内探测到其他臭虫的精子，它就仅仅注射很少量的精子，留着资源给它真正想要的对象——"处女"臭虫。

最爱争斗的兄弟姐妹

据说在自然界，甚至连兄弟姐妹也不能永远互相信赖。比如说，第一条孵出来的沙虎鲨会迅速用光卵黄囊中的资源，然后开始吃掉它

名字：斑点鬣狗幼崽
分布：非洲大草原
特点：兄弟姐妹从出生就开始争斗

的小弟弟妹妹们，直到只剩下两条占统治地位的小沙虎鲨，每条占据一个子宫为止。斑点鬣狗幼崽并不会吃掉兄弟姐妹，但是它们从降生那一刻起就开始争斗，甚至大打出手。

斑点鬣狗一胎一般产两子，它们都有非常尖利的牙齿。两个幼崽中的一个常常死于饥饿或者争斗引起的创伤，尤其是当它们是同一性别的时候。如果它们是不同性别，则往往两只都能存活下来。它们实际上不是为了争夺奶水而争斗（不过如果弱一些的活下来，它也承认自己的从属地位，让它的同胞幼畜先享用），而是为成年后的生活做准备。

它们狩猎大型动物的成功在很大程度上是宗族合作的结果，但是当吃猎物的时候，斑点鬣狗之间的竞争非常激烈。一只斑点鬣狗能吃到多少肉取决于它的等级。雌性鬣狗的等级比所有的雄

性鬣狗都高，在雌性鬣狗和雄性鬣狗内部还有等级划分。在幼崽的母亲级别较低的时候，它们能吃到多少食物在很大程度上取决于它们能否存活到青春期。所以，兄弟姐妹之间的斗争往往是关系到生死存亡的问题。

最有想象力的粪便用途

穴居猫头鹰用洞穴作为它的庇护所，它在里面休息、藏身和筑巢。它的学名"穴"的意思是"小矿工"，但是它最喜欢的还是现成的洞穴。

> 名字：穴居猫头鹰
> 分布：美国北部、中部和南部草原
> 特点：用粪便做诱饵捉甲虫

春天到来时，雄性穴居猫头鹰就会选一个或者挖一个洞穴——草丛中是最佳选择，聚集着大量昆虫和小型啮齿动物，在地面上很容易看到或抓到它们，然后它就开始收集粪便——特别是母牛或者马的碎粪（在过去也许它会用美洲野牛或羚羊的粪）——最后把这些粪放在巢里和入口周围。

过去人们猜测这种发臭的填充物可能起到嗅觉伪装的作用，用来保护它们的卵和幼仔不受掠食者如獾的侵害。但是现在人们发现了它的一种营养价值更高的用途。猫头鹰的食物残留表明，当洞穴用粪便围绕时，这些猫头鹰吃的蜣螂的数量比不用粪便的猫头鹰增加了 10 倍。由于蜣螂的重要活动就是寻找粪便滚成球并在里面产卵，所以它们肯定会被雄性猫头鹰放置的这些粪便所吸引。

　　这些粪便为孵卵的雌性穴居猫头鹰提供送餐上门的服务，实际上也为雄性穴居猫头鹰提供这种服务，因为雄性猫头鹰大部分时间都在保卫巢穴，很少有机会外出捕猎。到目前为止，动物并非为了食用而使用粪便的纪录只有人类保持着，因为人类用粪便做燃料，和一两种鸟类用粪便作巢的衬里不同，猫头鹰是这种粪便独创性用法的纪录保持者。

最长的孕期

　　阿尔卑斯山蜥蜴是所有妈妈中怀着蛋或宝宝的时间最长的一个，它要怀孕 3 年零 2 个月——是所有脊椎动物（有一根脊椎骨的动物）中妊娠期最长的。蜥蜴的平均怀孕期是 2 年——比亚洲象的 20 ~ 22 个月的孕期还要长得多——而且，令人吃惊的是，雌性阿尔卑斯山蜥蜴长度还不到 14 厘米。那么它为什么要怀孕这么久？原因在于阿尔卑斯山的地理位置：潮湿但是寒冷，蜥蜴

阿尔卑斯山蜥蜴

名字：阿尔卑斯山蜥蜴
分布：欧洲阿尔卑斯地区的
　　　高山森林
特点：孕期将近 38 个月

能够活动的春季和夏季很短。实际上，它活动区域的海拔越高，它的怀孕期就越长。这可能是因为海拔越高，寻找食物的难度越大，它很难在一个季节中找到维持它和正在成长的宝宝需要的足够食物。

奇怪的是，与其他蜥蜴不同，阿尔卑斯山蜥蜴不产卵，而是在体内的两条输卵管（只有哺乳动物有子宫）中养育它的宝宝。它在每条输卵管中生产 20 个以上的卵子，但是每条输卵管中只有一个卵能发育——其他卵为这两个幼体提供营养。更奇怪的是，这些幼体长着特殊的牙齿，能噬咬它们妈妈可再生的组织器官，来为它们提供营养，以维持漫长的怀孕期，让它们在出生前就从胚胎变成完全成形的蜥蜴。但是，它们一旦出生，妈妈的使命就完成了，它们就要自力更生了。

最奇怪的筑巢材料

鸟巢的作用是保存鸟蛋，为它们做垫子；或者是隔离、保护和隐藏鸟蛋。鸟巢的建筑像鸟儿一样灵活多变，位置和材料多种多样。即使是最保守的鸟巢也可能包含着一些自然界或者人类提供的不寻常的材料。普通梅花雀在巢里放入食肉动物的粪便，可能是为了防御掠食者。有些鹟鹟和京燕使用蛇或者蜥蜴蜕下的皮，而且在它们离巢的时候会收集塑料和玻璃纸。至于其他鸟儿，如果找不到足够的黏土做"瓦匠活儿"，它们就用牛粪。如果没有足够的动物毛发来编织，羊毛、线甚至尼龙纤维和金属剃刀都是很好的替代品。

坚持寻找最奇怪的筑巢材料的鸟是鸦类：乌鸦、鹊、松鸦等。它们中的大部分是杂食动物，这意味着它们喜欢吃很多食物，这样它们就能很

名字：普通乌鸦
分布：日本东京
特点：利用城市垃圾尤其是衣架作为筑巢材料

好地适应城市生活，因为城市里有无穷无尽的东西来满足它们的食欲和贪得无厌的好奇心。它们尤其喜欢闪光的东西，在它们巢里能找到所有吸引你目光的东西，从戒指、手表到铝箔都能找到。在东京，乌鸦们已经完全过上了城市生活，有些乌鸦把筑巢材料从小树枝换成了闪亮的衣架，这些衣架是它们从垃圾堆袋子里搜集来的。它们甚至发明了携带这些衣架飞行的方法。但是一个严重的问题摆在了人类面前：如果乌鸦选择在高压电线铁塔上筑巢，那么掉落一两个衣架，就可能引起严重的短路。

奥秘世界

邝波 编著

匪夷所思

的问题

江西美术出版社
全国百佳出版单位

图书在版编目（CIP）数据

奥秘世界.匪夷所思的问题 / 邝波编著.－－南昌：
江西美术出版社，2022.8

ISBN 978-7-5480-8711-3

Ⅰ.①奥… Ⅱ.①邝… Ⅲ.①科学知识－儿童读物
Ⅳ.①Z228.1

中国版本图书馆 CIP 数据核字（2022）第 126330 号

出 品 人：刘　芳
企　　划：北京江美长风文化传播有限公司
责任编辑：楚天顺　朱鲁巍　　策划编辑：朱鲁巍
责任印制：谭　勋　　　　　　封面设计：韩　立

奥秘世界·匪夷所思的问题

AOMI SHIJIE · FEIYISUOSI DE WENTI

邝　波 编著

出　　　版：江西美术出版社
地　　　址：江西省南昌市子安路 66 号
网　　　址：www.jxfinearts.com
电子信箱：jxms163@163.com
电　　　话：010-82093785　　　0791-86566274
发　　　行：010-58815874
邮　　　编：330025
经　　　销：全国新华书店
印　　　刷：河北松源印刷有限公司
版　　　次：2022 年 8 月第 1 版
印　　　次：2022 年 8 月第 1 次印刷
开　　　本：880mm×1230mm　1/32
总 印 张：16
ISBN 978-7-5480-8711-3
定　　　价：88.00 元（全 4 册）

如果没有阻挡，光会消失吗？在月球表面写多大的字，才能在地球上看见？是先有鸡还是先有蛋？走路的动作需要思考吗？吃鼻涕对身体有害吗？为什么人长大后感觉时间过得特别快？当鹦鹉在笼子里飞时，笼子的重量会减轻吗？墨水中含有让墨水粘到纸上的胶水吗？……面对此类问题，你是否在忍俊不禁的同时，也常常头冒冷汗，不知如何回答？

这些问题虽然貌似有点稀奇古怪，但它们的确是许多人曾经或正在感到困惑的问题。法国的哲学家和人类学家克洛德·列维·施特劳斯曾说过："科学界的智者们所能提供的正确答案远不如其所提出的问题多。"可见，提出问题也难能可贵，提出问题就是解决问题的开始，因为比科学知识更重要的是科学精神和科学素养。

本书汇集了那些随时都会从我们身边冒出来的既新奇有趣又包罗万象的"神提问"，并试图将每一个复杂

的科学问题用一种浅显易懂的方式来回答，帮助读者理解什么是科学、常见现象背后的科学原理、科学在生活中的应用等，并经专家审定，以保证严谨科学。内容涉及自然科学和社会生活的方方面面，从天马行空般的疑问到值得讨论的学术应有尽有。一旦走近，你会有曲径通幽、豁然开朗之感，不觉进入一个异彩纷呈的别样世界，倍感新鲜好玩，既增长见识，又开阔视野，兼具益智、解颐之功效。

　　难倒专家，让搜索引擎都抓狂的问题，这里有答案！打开本书，会让你更博学、更风趣、更受人欢迎，成为众人眼里无所不知的"神人"。

Contents
目录

宇宙的秘密

奥 秘 世 界
匪夷所思的问题

生物趣谈

了解你的身体

百科杂谈

宇宙的秘密

宇宙能装进火柴盒吗？

　　这也许是你经常听到的传言之一。我可以明确地告诉你这不是真的，但假如我们能做个计算的话，那结果会更清晰。这不是一个准确的计算结果，不过在判断"宇宙在一个火柴盒里"这个理论是否有真实性上，它可以给我们一些提示。

　　这是它的算法：

　　（1）我们需要知道一个原子内部的那一点儿东西将占据多少空间。为简单起见，让我们假设宇宙中只有氢原子，这样我们只需要计算一个质子的体积和一个电子的体积。假设质子和电子都是球体，它们的体积可以按照这样的公式计算：$V = 4/3 \pi r^3$，即

　　电子的体积：

　　半径大约是：2.82×10^{-15}m

　　算得体积大约是：1×10^{-43}m^3

　　质子的体积：

　　半径大约是：1×10^{-15}m

　　算得体积大约是：2×10^{-44}m^3

　　这说明质子和电子的总体积大约是 1×10^{-43}m^3。

　　（2）现在我们需要知道火柴盒的体积，大约是 3×10^{-5}m^3。

　　（3）下一步就是计算出多少原子可以填满一个火柴盒。这可以由火柴盒的体积（3×10^{-5}m^3）除以原子的体积（1×10^{-43}m^3），计算得出，结果是 3×10^{38} 个原子。

（4）最后一步就是将这个数据和宇宙中原子的数量进行比较。有两种方法可以推断出宇宙中原子的数量。据推测，宇宙中大概有 1×10^{20} 个星球。那每个星球中有多少个原子呢？即便我们可以做出另一个猜想，那也是不可能确定的。不过让我们假定太阳是一个标准的星球并且完全是由氢原子组成。太阳的质量是 2×10^{30} 千克，氢原子的质量是 17×10^{-27} 千克，将它们相除得到太阳中的原子数量是 12×10^{57} 个。现在乘以宇宙中星球的数量就可以得到：宇宙中原子的数量是 1×10^{77} 个。

用另一种方法考察，可以观察到的宇宙的质量是 1×10^{52} 千克。我们认为那大概是整个宇宙总质量的 90%，所以宇宙的总重是 1×10^{53} 千克。将它除以氢原子的质量（宇宙中绝大多数是氢原子）得到原子的数量是 1×10^{79} 个。

这两个答案的相似度已经足以证明它们都是较准确的，所以我们将这个有根据的推断作为宇宙中原子的数量。

（5）比较（3）和（4）的答案，它清楚地说明即使宇宙中的所有原子都和氢原子一样大，也不可能装进一个火柴盒。更何况很多原子比氢原子要大得多，那装满火柴盒的原子数目比（3）的结果还要小。

如果宇宙中的所有原子都是由一个电子和一个中子组成，而且没有其他的空隙，那它们要占据多大的体积呢？这可以由（4）的答案和（1）的答案相乘计算得出：

$$1 \times 10^{79} \times 1 \times 10^{-43} = 1 \times 10^{36} m^3$$

这真是一个巨大的火柴盒啊！

时间从何时开始，
之前是什么情形？

　　假如你相信宇宙大爆炸理论，那么爆炸的那一刻便是时间开始的时刻。如果你能计算一下，你会说时间开始于大约 150 亿年前。根据宇宙大爆炸理论，所有的物质、空间、能量和时间都在被称为奇点的那一时刻被创造出来。在这个点 T（时间）= 0。为了回答在大爆炸前是什么情形这个棘手的问题，宇宙论者采用了一种不负责任的方式来解决这个问题，即他们称这个问题没有意义。按照这种解释，他们将不必给你一个答案。他们辩称 T 不能是一个负数，因为时间不可能是负数，所以没有必要探求在 T = 0 之前是什么情形。一个有用的类推法是想象你处在北极，却询问"往北走是哪条路"，这个问题是毫无意义的。

时间是什么？

　　你想得到一个唯心主义的答案还是一个唯物主义的答案呢？我猜想是后者，而在这种情况下，你需要做好同爱因斯坦（那个建立了相对论的 20 世纪重要的科学思想家）的理论相对抗的准备。

　　依照爱因斯坦的理论，时间和空间是密切联系在一起的，他指出，询问一个事件何时发生与询问这个事件何地发生在本质上是相同的。他认为我们不能将这个世界区分成时间和空间。而事实上，时间和空间都是某种东西——我们称之为时空——的一部分。时空有四元：三个确定空间，一个确定时间。当你行走的时候，你在穿过时空；当你静止的时候，你仍然在穿过时空（因为时间在流逝）。我们感受到的时间是在时空中的时间元中前进的结果。时间是真的有另一个纬度的，不同之处是在另外三元中，我们可以选择我们想要去旅行的方向，但时间却仅有一个方向，即只能前进。

是什么使太阳系中的行星在旋转？

众所周知，太阳系中的行星都在围绕太阳旋转，但它们开始旋转的起点在哪里？是什么促使它们不停地运动呢？

要回答这个问题，必须追溯到太阳系的形成。太阳系是气体和尘埃在重力的影响下慢慢聚集形成的一个巨大的球体后爆发而成的。当尘埃聚集时，粒子互相撞击，球体中央变得越来越热，直到它变得足够热，最终形成了一个我们现在称之为太阳的物体。随着温度的升高，太阳达到了一个临界点，它变成了"导体"，就像火突然燃烧起来一样。这一燃烧导致了气体和尘埃脱离了太阳而形成了行星最基本的物质结构。

现在对于旋转，有一条运动定律叫作"角动量守恒定律"，它描述的是当某些东西逐渐变小时，它会旋转得越来越快。这就是为什么溜冰者环抱双臂紧贴身体使身体变小时，速度会加快。这同样适用于尘埃和气体：任何正在旋转的物体，当它的体积逐渐变小时，旋转都会越来越快。当物体旋转时，离心力会把中部推开，把顶部拉回来。这发生在一个球体身上时，会最终使这个

球体不再是一个球体，而是成为围绕着太阳旋转的圆盘。行星也来自这个圆盘，这就是为什么行星都在固定的平面轨道上围着太阳转。

最初的气态球体不一定需要太多的旋转来产生我们今天看到的太阳系的轨道，尽管最初是什么造成的轨道我们仍不清楚，但宇宙中的物体如果有任何变化，一般都可能是在旋转。事实上，来自银河系的每个物体都在旋转。

如果没有阻挡，光会消失吗？

从理论上讲，如果不碰到任何东西，光将会继续向前传播，但这要求光必须在一个极尽完美的真空状态下传播，然而实际上这是不可能发生的。光是能量，如果没有出现任何东西使光的能量减少，那么光就会永远存在。

想象有一个光子，它来自太阳发射出的光的一部分。即使它设法避开了所有的行星、小行星和彗星（换句话说就是整个太阳系中的所有大物体），但它可能恰好撞到了来自彗星上的一小块尘土，或飘浮在太空中的一个微小的氢原子，那么它就会失去能量。但有一些光子会在它们的旅途中幸存，然后直线前进直到进入你的眼睛，那就是这部分光的终点。而光所携带的能量会转化成电信号进入你的大脑，从而使你能看见光。

光子可能与飘荡在太空中的原子，或是与一个行星大气层中的原子，也有可能与一个如岩石一样的物体的原子相碰撞，其中的一些能量会发生反射——从而让我们能看到这些物体。

你能听到宇宙大爆炸的巨响吗？

宇宙大爆炸会发出声响吗？如果你当时在场的话，有可能听到吗？

这当然是一个假设性的问题，它并没有一个完美的答案。那么就从理论上来考虑它，结果会怎样？声音是以振动的形式来传递的，它需要经由某些东西来传播。在大爆炸的那一刻，宇宙确实是在无限地聚集，但没有任何一个独立的部分可以作为传播声音的媒介，所以我猜想声音没有办法被传播出来。但如果你已经得到了一个更好的推测，那也有可能是正确的。

以两倍光速的速度奔跑，
有可能目睹宇宙的创始吗？

很抱歉，即使你的速度能达到光速的两倍，你也不得不明白这样一个事实，宇宙大爆炸创造的不仅仅是宇宙的物质，而且还包括了它内部的空间。是什么阻止我们回到宇宙形成之时呢？在大爆炸之后宇宙仍然是很小的，大概只有几米的直径。所以即使我们目睹了大爆炸的发生，并试着来到它的外面，我们也进不去，因为其内部空间还没有被创造出来。

宇宙之外没有任何东西吗？

类似的问题有的适合于科学家解答，有的则适合于哲学家解答。这个问题很大程度上适合由后者来回答。从学术上讲，"宇

宙"就意味着一切，并且不可能有其他的东西超出它的范围，所有的东西都是宇宙的一部分。我认为产生这样的疑惑是由于我们使用了宇宙这个词汇去描述我们能认知到的一切，事实上我们应该把它更精确地描述为"可见的宇宙"。当然，有很多东西在宇宙之外，可我们看不到，因为没有足够的时间让遥远星体中的光线传播到我们这里。宇宙存在大约有 150 亿年之久，所以我们能够了解到在 150 亿光年距离内的任何东西，因为这些星体中的光线可以传播到我们这里。宇宙还没有足够宽广到让在这个距离之外的其他东西中的光线触及我们。

　　关于我们所能了解的宇宙之外，在某些程度上说还只是猜测。我们能说出它可能是什么样子是因为即使我们看不到它，它也将会对我们产生影响。爱因斯坦关于描述地心引力是怎样影响空间本身的"广义相对论"，在很大程度上仍然是描述我们宇宙的最好方式。这暗示了空间或许是无限的，或许是闭合的。如果它是无限的，那它就不可能被包含在任何东西之内，因为它没有边界；如果它是闭合的，它就不会有一个真正的开始或者结束。这在三维立体中很难想象，不过你可以想象自己处于二维平面并且徘徊在一个球体表面附近。你可以后退前进，向左向右，但是你没有任何关于上下的概念。对你而言，除了那个球体的表面就没有其他事物了。因此，你就永远只能在这个球体附近徘徊，并且永远也到不了尽头。所以，对我们来说，我们的宇宙就是所有一切。

宇宙中存在"黑洞"吗？

　　1783 年，英国天文学家约翰·米歇尔指出：一个质量足够大的恒星会有非常强大的引力场，以至于连光线都不能逃逸出来。几年之后法国数学家和哲学家皮埃尔·拉普拉斯得出了同样的结论。然后，爱因斯坦在 1915 年提出了"广义相对论"，那之后"黑洞"被当成一个真实的物体就成为可能。1967 年约翰·惠勒创造了"黑洞"这个术语。

　　没有任何绝对的证据能证明有黑洞存在，但是有它们存在的"痕迹"。第一个被"发现"的黑洞是在 1971 年发现的天鹅座 X-1。虽然没有人敢肯定那是一个黑洞，但到现在很少有人怀疑它。

如果掉进黑洞中会发生什么事？

　　首先，你必须明白你再也出不来了。当你刚一接近黑洞时，你根本不会有什么感觉。就像绕地球轨道运行的太空人，你将处

于自由落体状态，并且你身体的每一个部分都将处在同一个重力的影响下——你会感觉到失重。但是，一旦你开始接近黑洞那巨大的引力场——大概距黑洞中心 80 万千米，你会感受到什么是所谓的黑洞潮汐力。如果你进入黑洞时碰巧是脚先下去，你的脚将会比你的头感受到更大的拉力，而你会有被撕扯的感觉。当你的身体到达快要发出"砰"的一声这个临界点时，一切将变得更糟，那就是你生命的终点了。

这将很可能发生在你穿过一个被称为黑洞边界的东西的时候，此时你必须让你的运动速度和光速相等。所有的引力场都有一个脱离速度，在地球，这个速度就是火箭进入太空的速度。一旦你来到了黑洞边界，为了逃离，你需要跑得比光速还要快，而那是不可能的事。因此一旦你到了黑洞边界，如果不能跑得比光速还快，那么你就再也出不来了。

在黑洞中下落时会看到什么？

那时事物看起来会有一点歪，因为从远处物体上传过来的光会被巨大的引力场所弯曲。但是即使当你落入无法逃避的黑洞边界时，从黑洞内部仍然可以看到外面的光。当然，没有人能看见你，因为你这里光线没法从黑洞中逃逸——要这样做，你这里的光必须跑得比黑洞的光速快，这显然是不可能的。

你的旅程的下一站是到达黑洞的中心——"奇点"。你现在处在一个距离已经变成了时间的奇特世界，而要躲开它是不可能的，因为你所前往的不再是一个地点而是未来的一个时间。你不可能逃离它，就像没有方法避免明天来临一样——不管你是否愿意，它都将到来。

到达银河要多久?

其实你绝不可能到达银河。不能到达的原因并不是你会在到达旅程的终点之前就已经死亡，而是这个旅行本身就没有终点。今天最普及的理论是宇宙正在膨胀而且将永远继续膨胀下去，而由于这种膨胀，宇宙远方的星系看起来像是以一种非常接近于光速的速度向后退去。所以，以现代技术可能达到的速度（航天飞机的速度大概可以达到 28 000 千米／小时）你可能永远也追不到膨胀中宇宙的边界。这是一场你绝不会赢的赛跑。

可以这么说，宇宙实际上是没有可触到的边界的。就像很多观点所指出的，如果宇宙是弯曲的，那么它会自己向后折叠形成一个没有任何边缘的形状，就像地球的表面一样。如果你在地球沿着一个方向行进，最终你将会回到起点。这用于太空或许也是一样正确的——如果你沿着一个方向行进得足够远，你将回到你出发的地点。即使宇宙没有倾斜到自身向后折叠起来的程度，你仍然不能到达它的边界，因为宇宙是无限的。

让我们忘掉宇宙正在膨胀和宇宙的形状，坐上航天飞机并以 140000 千米／小时的速度朝向我们所能看到最远的大概 100 亿光年或者说是 95×10^{21} 千米以外的物体飞去。令人沮丧的是，计算结果将告诉你，你的旅程时间将是 750000 亿年。当看到这个结果的时候，请记住宇宙的年龄已经远远超过 150 亿年了。

如何测量恒星和星系之间的距离？

首先，你必须了解一个叫作视差的效应。如果你在你的鼻子前举起一根手指，距鼻子大概 20 厘米远，然后交替睁开和闭上你的一只眼睛，这个手指看起来就像从一边跳到另一边。这是因为每一只眼睛给了你一个不同的视觉效果，并且你的两只眼睛之间存在着几厘米的间隔。

如果你知道两个极为重要的尺寸：你两眼之间的距离和你手指看起来跳动的角度，那么三角法会帮助你计算出你手指距眼睛有多远。

问题是这种方法对于观察近处的手指是适合的，但是对于观察更远的物体就不行了，远处物体呈现的动作是非常小的。如果你尝试对一个远处道路末端的灯柱这样做时，你会发现你根本不能察觉到灯柱的任何移动——它小到无法观察。所以，要增加视差，眼睛必须分得更开。天文学家利用这种效应在地球轨道的某一点做了一次观测，然后等地球绕其轨道运行到半圈（大概需要 6 个月）之前做第二次观测。知道这两个观测点之间的距离便可以得到地球到太阳的距离，而且这个方法同样可以测算出几百光年以外恒星与地球之间的距离。

在太空中宇航员怎么称体重呢？

如果告诉你他们是通过摆动来做到这一点的，你会说我是在骗你，但这是真的。你要明白：体重对于身体来说是一种将其吸引到地球的力量。如果你将他带到没有地心引力的外太空，那么他确实什么也称不到。但是他们仍然有质量，因为质量是一个物体所包含的物质的数值的量度。当然，重力和质量是相关的：重力是质量和重力加速度的乘积，因此吸引产生的力越大，重量越大，而质量则没有改变。

在太空中称质量你必须使用一个靠地心引力独立工作的仪器——惯性秤。记住，你的惯性也是衡量你质量的一种方式，或者说你的质量越大，你移动起来就会越困难。所以宇航员将他们自己用皮带绑在摆动的仪器上，利用轻微向前向后摆动的惯性秤可以计算出需要多少力才能让他们动起来。由此，宇航员的质量就可以计算出来，并且也可以推算出他在地球上的重量。

怎样在太空船里使用厕所？

太空船里的厕所就像一个普通的厕所，男女都适用，有一盏灯以便于阅读，并且在对着宇航员的位置有一扇窗户，通过它可以很方便地观察外面。让你感到不熟悉的就是各种皮带、脚控制带和安全带。

早期的太空船使用尿布和一次性袋子，但是现在太空厕所看起来和正常的厕所非常相似，主要的区别就是那里没有水冲。作为代替，固体物会被一股强烈的气流冲入一个隔离间，在那里将它们脱水、消毒、压缩，然后储藏起来，直到着陆后再做处理；液体则被释放到太空中然后蒸发掉。厕所里的空气经过清洁、过滤，达到一定条件后，会再被泵回船舱里。

还有一个更为先进的系统，当宇航员使用厕所时，放置在马桶底部的塑料袋将固体和液体一起接住、密封，并一个接一个堆放起来。这个方法克服了脱水器的风扇由于接触到尿液而被腐蚀的问题。

在外太空点蜡烛，会发生什么事？

你也许会对烛火感兴趣：19世纪伟大的科学家迈克尔·法拉第说过，"让你能进入自然哲学（科学）殿堂的大门不会比思考一根蜡烛的理论更多"。

我猜测你会在太空船中而不是在太空里做这个试验。在地球上，蜡烛火焰的漂亮形状是由蜡在氧气存在的情况下燃烧形成的，空气中还包括二氧化碳和水。这些物质从火焰中升起，而空气中的氧气被吸引来替代它们——那就是给予火焰形状的东西。

在太空船中，火焰处于微重力之下，热空气不会升起，而底下的新鲜氧气也不会产生。这样的环境导致的结果将是蜡烛会有一个不会持续很久的奇妙的蓝色火焰，因为其无法在没有氧气的情况下燃烧。

太空中是否有很多垃圾？

因为大量人造物体的逐渐增加，事实上太空正变得相当拥挤，并且由于这些东西互相碰撞而造成了更多的碎片。做一个估测，太空中有7000个大型的物体，位于500～900千米高的位置上。其中2000个是仪表装置，但仅有大约5%在运行。还有

40000 个小块和碎片是碰撞的产物或是火箭分解后的残留物。还要加上大约 300 万的微粒，可能是剥离的涂料或是尘埃，其中的一些可能会以 288000 千米 / 小时——足以使国际空间站的窗子出现裂纹的速度前进。

为什么地球没有像 土星环那样的环呢？

土星并不是唯一一个有环的行星，木星、天王星和海王星也有，不过和土星环不同的是，它们的环在地球上看不见。在太空船"旅行者 1 号"和"旅行者 2 号"探索之后，我们才知道了它们的存在。有趣的是，这些环都是被称为气体巨星的外行星所有的，而且天文学家们现在相信所有环绕这些外行星的环都有一个

相同的形成过程。关于它的形成过程有两种推测：第一种推测认为环是由靠近行星的小行星碰撞所产生的石块和尘埃组成的。土星和其卫星的引力将石块和尘埃捕捉成为我们现在所看到的环状物。第二种推测指出，当这些行星由微粒和气体云形成时，不是所有的微粒和气体都被行星所采集。换句话说，环只不过就是行星形成时的残留物。现在如果天文学家们可以查出行星环中岩石的年龄，他们就可能证明哪种推测是正确的。大部分人都相信第一种猜测是正确的，因为木星、天王星、海王星的环都是那么黯淡。他们认为土星环是仅有的亮环，因为它们是"最近"的——在天文学的术语里，"最近"意味着是几百万年以前——由于流星的碰撞而形成的。其他行星的环没有那么明亮是因为它们形成的时间较长，而且大部分环中的块状物已经被吸进了行星里。

　　为什么地球没有环呢？要形成行星环首先需要材料来源，而且这些材料必须不能距离太远——不能超过3倍行星半径，那将比卫星还近。关于木星，看起来它的尘环似乎是由流星碰撞到距木星很近的卫星上，爆炸所产生的碎片组成的。

　　另一个需要考虑的因素是太阳风的能量。太阳风是太阳向外释放的能量不断流动所形成的能量风。由于我们距离太阳较近，因此与其他距离太阳远的行星相比，太阳的能量风对地球的影响要更强烈，它会轻易地卷走任何试图绕着地球运转的小微粒。

　　即使地球拥有了形成环的材料来源，它们也将会相当灰暗，因为任何明亮的冰块（土星环的主要构成物）都会被太阳的热量所蒸发。它们不会持续很久的另一个可能的原因是日潮和月潮是相当强的，最后一定会将环的体系打乱。如果我们可以捕获一颗小行星并且使它在适当距离的轨道上解体，地球可能在短时期内拥有环，但这显然不会持续很久。

在其他星球上如何判断方向？

如果能来到火星上，我们会发现那里和我们地球一样有南极和北极，不过磁场微弱了 800 倍。所以，使用灵敏度足够高的指南针在火星上你能够找到路。如果你想要像水手们在几个世纪以前做的那样，根据太阳、行星或是其他星星的位置航行，也是有办法的。在火星上看到的夜空看起来和地球上看到的景象差不多，而通过对恒星的测量和已知的时间，你将能把你的位置准确定位在火星表面大约方圆 100 米之内。

如果月亮消失了，
我们还能生存吗？

事实上，月球正在逐渐离我们远去，不过它的速度没有快到要使我们担心它的程度。每年地月之间的距离会增加 3.82 厘米。我都怀疑你有没有注意到它。

但是如果月球突然间消失了，那就是另一种情况了。首先变化的是由月球引力导致的横跨地球的潮汐运动将不再发生，那将对海上贸易产生严重的影响。

还有人认为地轴的倾斜度是由月球的存在所控制，如果那种影响力被移走，那么日夜的长短将发生戏剧性的变化，季节的循环

也同样会产生变化。毫无疑问，随着月球的离去，我们的生活将不会再像以前一样顺利地继续下去了。

在月球表面写多大的字，才能在地球上看见？

你说的是好大的字啊！如果你从月球的一边到地球的观察点画一条线，然后回到月球的另一边，将形成一个大概 8° 的角度（太阳同样也有大约半度的角度，这也就是为什么我们能看到那么完美的日食）。

所有的望远镜都有一个它们能观测到的最小角度，叫作角分辨率。如果一个望远镜有一个 1 角秒的分辨率，那么它将不能分辨出一个 1 度跨度和 0.5 度跨度物体之间的不同。巨大的哈勃空间望远镜有一个大概 0.1 角秒的角分辨率，相当于能分辨出大约 10 千米以外的一枚 5 分硬币。

要计算出可以被观测者看到的一个物体的尺寸，你需要使用到远距离观测工具。如果哈勃望远镜在距月最近点观测，那么月球距地球约 40 万千米。运用三角法我们会发现处在这个距离，哈勃望远镜能分辨的最小物体（记住它能看到仅仅只有 1/36 000 度横跨度的物体）是 200 米左右。

人类的眼睛当然没有这样的能力，我们仅能看到 1/60 度横跨度的物体。因此，人眼能看到月球上的最小物体必须有 110 千米的横跨度。

如果太阳消失了会怎么样？

在阳光突然消失后的最初 8 分钟里，我们仍将很高兴，因为我们还不知道太阳消失的事实。很快，事情将会变得糟糕。

8 分钟是光和重力波从太阳上到达地球的时间——光每秒能走 30 万千米，而太阳距我们有 1.5 亿千米远。将距离除以速度得到的时间是 500 秒，约 8.3 分钟。

在那之后，因地球不再有太阳可以围绕着旋转，轨道将开始变化；地球将可能会以直线前进而不再是在一个圆形的轨道里运动，不过这一点很难被确认。总之，地球将陷入一片黑暗之中，而且突然转向到谁也不知道的宇宙里。

一场迅速的冰冻是否会发生还存有疑问，因为地球已经从太阳中吸取了很多热能，而且还有它所独有的、滚烫的、熔融的核守在它的中心，以及一个像毯子一样的大气层，所以地球的冷却可能需要一些时间。更有可能的是地球会经历类似于日落后的降温过程，但是随后温度将急剧地下降。

最悲惨的是失去了植物需要进行光合作用的阳光：庄稼将停止生长，而用于饲养动物的植物将很快死亡，动物将被饿死。但仍会有大量的生命能够在没有阳光的情况下继续生存——例如，化学自养的细菌和某些深海生物（生活在热喷口的管虫）——它们将比人类存活得更久，虽然很难说能有多久。

同样也很难预知当太阳不再是最强的引力，而月球对潮汐的影响变得更大时，海洋将会怎么运动。并且月球可能也会远离自

己的轨道而使我们的行星处于潮汐减弱的境地。

如果太阳突然消失，
人类多久才能感知？

在大多数剧烈的爆炸中——假设那就是太阳如何消失的原因——任何喷出的微粒将总是比光走得慢得多，所以很明显在黑暗来临之前不会有来自任何微粒的影响。

直到感觉到太阳的消失时，以光速传播的辐射以红外线形态到达了地球，它加热了空气（由于它只不过是低能量的光）。由于红外线的到来并做了这些事，一段时间后我们才感觉到太阳消失的影响。因为存在这个过程，一般认为在地球开始冻结之前太阳已经消失了大约一个星期了。所以在感觉到不同以前，你将会在一段时间内经历完全的黑暗。

太阳走完 50 亿年时，
地球会面临怎样的命运？

如果太阳变成红巨星只是一种猜测，那么它还将继续存在大约 50 亿年，我们可以安心地说地球还拥有太阳。每一个恒星都有一个确定的寿命，在它生命的终点，当它耗尽了燃料时，它就死亡了。不同的恒星有不同的消亡方式，一些爆炸了，一些变成了黑洞，还有一些则变成了红巨星并逐渐地消亡。红巨星是一个不太温暖的巨大恒星，因此它是红色的，而不是浅黄色或白色的（有一点像一根拨火棍在火中加热成黄色并被慢慢冷却的情况）。

当太阳变成一颗红巨星时，它将膨胀得大到可以吞没水星和金星，而可怜的暮年地球将沿着距离太阳表面仅仅几百万千米的轨道运转。这将蒸发掉地球上的空气，使地球不断升温，以至于最后没有任何生命体可以生存。

外太空有其他生命吗？

如果你的意思是说具有智慧的生命，那结果可能是没有。当然这种说法还没有确切的证据。不过，任何天文学家都将不得不非常勇敢地站出来说地球是宇宙中已知的唯一一个有生命迹象的行星，但也会有很多人争辩说有其他智慧生命散布在我们存在的银河系中。

假设我们所谈论的是类似于人类的生命，那么，为了生存它需要些什么？首先，它需要一个很长的稳定时期来由微生物进化成复杂的动物和植物。那么首要条件就是有一个稳定的太阳。这就直接排除了银河里 2 000 亿颗恒星中的 90%——它们不是太冷且虚弱，就是太热且短命。

另一个生命存活的要素是要有液体存在——最有可能的是水，且必须是液态，因为只有在液态的情况下，化合物分子才能结合得更彻底，从而形成更复杂的分子结构。这为生命存在的必要条件带来了一个更为严格的限制。虽然水分子广泛地布及宇宙，但水仅在一个很小的温度和压力范围内是液态的（在地球的温度和压力下是 0℃ ~ 100℃）。所以在一个行星上液态水的存在将需要一个坚固的大气层，以及一个稳定的围绕着恒星旋转的轨道，

并且它和这个恒星之间的距离应大致与地球和太阳之间的距离相当。这就是为什么没有生命存在于火星和水星上——它们不是太热就是太冷。

仅这两个必要条件就排除了任何一个我们所知的太阳系里的其他行星，但是记住，还有更小的星系是很难被发现的，并且可能存在于银河系之外。因此我们才可以说，在银河系中地球是唯一一个有如此完美的环境供我们这样的生命繁衍的行星。有相似的星球存在的可能性真的是非常小。

月亮不会掉到地球上来吧？

如果你在北半球看月亮，它确实是在下落，但其实它是在向左运动。在它落下的每一段距离，它也是在向左运动而避免撞上地球。所以，在向左移动的同时月亮也在持续地下落，直到回到开始的地方——这就是月球的一个公转周期。所以月球实际上是处于自由下落中的，并且保持着不碰上地球。

是先有鸡还是先有蛋？

如果你认为我会说这个问题是没有答案的，那你就错了。蛋是先出现的。

大多数科学家认为地球上的所有生命都是进化来的。进化是生命为了适应环境而逐渐发展的过程。例如，蠕虫生活在地下，所以它不需要非常好的视力，因为没什么要看的。这样，蠕虫曾经有的眼睛就在代代相传中消失了。当你活着的时候你不会改变什么，但你的后代可以。在事物逐渐进化时，它们能发生相当小的变化。你有没有看过我们想象出来的祖先样子的图片？宽大的前额、很多的毛、更长的手臂、微驼的后背等。我们那时还不是真正的人，我们也是经过逐渐的进化才成为现在这个样子的。

同样的情况也发生在鸡身上。如果你回到历史中，就会发现那个时候的鸡与我们今天称之为鸡的东西看起来很不一样。例如，它可能有让它难以行走的蹼状的脚。然后，有一天，其中的一只鸡生了一个蛋，而蛋孵化成为一只脚上没有蹼的鸡——它就像我

终点

们现在的鸡了。它进化了。

但那所有的一切都是由一只蛋开始的，所以应该说是先有的蛋。

谁创造了"恐龙"这个名字？

"恐龙"（dinosaur）这个英文单词真正的意思是"可怕的蜥蜴"。但是各种恐龙的名字（通常是希腊语和拉丁语），经常是以发现它们的科学家的名字命名的，或是根据一些它们与众不同的特征命名的。例如，沃克氏重爪龙（Baryoniyx Walkeri）的意思是"沃克的坚实的利爪"，这种恐龙是比尔·沃克发现的，它有一个巨大的利爪；伶盗龙（Velociraptor）的意思是"敏捷的小偷"；而霸王龙（Tyrannosaurus rex）的意思是"爬行动物之王"。

你能根据古老的 DNA 使恐龙复活吗？

哦，"侏罗纪公园问题"。在现实世界并没有发现过恐龙的DNA。一些痕迹表明，有些恐龙的 DNA 在过去曾被发现过，但它们都被污染了。

在恐龙灭绝的 6600 万年后，任何被发现的 DNA 都有可能是惰性的，然而为了有可能制造出一个健康的生命体，你必须有它基因组中的所有遗传基因。高等级生物的基因组趋向于排列成数十亿基对，而从任何非常古老的 DNA 残留基对中提取的多于

几十或几百对的机会基本是零。即使我们设法找到了大量 DNA，也有一个很大的可能是其中大部分都是垃圾（在高等动物中大约 90%的基因组是非编码 DNA）。所以真的没有任何机会能将恐龙带回到现代生活中来。

在电影《侏罗纪公园》里，恐龙的 DNA 经由一只被裹在琥珀里的吸血昆虫被保存下来。这是一个聪明的小创造，但是支持这个蓝图的所有的生命形态的 DNA 分子都是无限长和复杂的。连找到少量损坏的死亡并变成化石超过 6600 万年的动物的 DNA 片段的机会都是渺茫的。

恐龙的智商有多高？

为了了解一个恐龙大脑的智力水平，芝加哥的詹姆斯·霍普森博士着手测量恐龙脑腔的大小，同时也将外部的缝隙和其他各种各样的因素考虑进去。随后，他将恐龙脑的尺寸和其他动物的作对比，结果发现多数恐龙的智力有望达到爬行动物的智力水平。所以它们既不是极其聪明也不是极其蠢笨。

剑龙有一个胡桃大小的脑并可能因此是非常愚蠢的。然而，有一些更小的、但非常活跃的食肉恐龙的大脑却看起来比我们料想的更大，一个聪明且活跃的食肉动物可能能更好地适应生命的进程。

今天仍有一些恐龙生存着吗？

今天仍有一些"恐龙"生存着，我们将它们叫作鸟。恰当的称呼是"鸟龙"——长羽毛的恐龙。至少那些正盛行的理论是这么称呼它的。1916 年丹麦医学博士格哈德·赫尔曼在发现了鸟和食肉恐龙骨骼之间有很多的相似点之后发表了《鸟类的起源》一书。

1960 年耶鲁大学的一位学者发现了鸟和食肉恐龙之间的 22 处共同特征，并且注意到这些特征没有在其他动物上显现出来。这有可能是它们之间有关联的最好证据。

恐龙的粪便会形成化石吗?

是的，我猜想恐龙粪有变成化石的可能。事实上，粪便中的一些以化石的形式保留了下来，叫粪化石。当然，因为粪便最初具有柔软的本质，因此粪化石是相当稀有的，甚至比恐龙骨骼化石还要稀有。

当我们想利用化石来勾勒出恐龙的习性时，恐龙粪化石确实是一种相当有用的原材料。例如，经过细致的检查你能知道恐龙

是食草的还是食肉的，或是杂食的。粪化石的保存依赖于它原有的有机质含量、它的含水量、存放的地点和它的埋藏方式。例如，肉食恐龙的粪化石比那些食草恐龙的更可能被保存下来，因为其中高含量的矿物质由恐龙所捕食的动物的骨质原料提供。同时另一个对粪化石的保存有影响的是它们丢弃粪便的位置：一个好的地方应该是一个连接着河流的涝原，它能使粪便经过轻微的脱水后在河流涨潮期被迅速埋葬。

目前我们所知道的粪化石中大部分来自最大的恐龙——蜥脚类恐龙。它们用四条腿走路并有非常长的脖子和尾巴。

动物会自杀吗？

一些人认为被囚禁的海豚会干这种事，因为人们曾见过一只海豚自己撞死之后，不久它的同伴也做了相同的事。在自然界里，为了其他人而放弃生命的现象是相当普遍的。蜜蜂会为了保护蜂房而死；雌狮会为了护卫幼狮而死；一些蜘蛛会被它们的孩子吃掉；章鱼为了照顾自己的孩子而不吃东西直到死去；某些雄蜂在交配时被蜂后撕碎；而雄螳螂在交配时会被它们的配偶吃掉；一些寄生虫似乎导致了它寄主的自杀：一些大黄蜂寄生虫使黄蜂投河，还有一些河虾寄生虫使虾一直在水面游动直到被吃掉。

狗只能看到黑色和白色吗？

很多人这么认为，但是它并不正确。狗其实有色觉，可是它非常接近于人类的红绿色盲者。狗只有 3 种视锥细胞（视网膜上的色觉细胞）中的两种，仅能辨别蓝色和黄色（黄色也被看成红色）。它们看不到绿色，所以它们不能察觉红色和绿色之间的区别，但它们能看出黄色和蓝色之间的区别。

然而，狗的眼睛对动作变化的感知是非常灵敏的，因为它们拥有更多的对它们的捕食能力非常重要的视杆细胞（对黑白视觉非常重要）。

为什么狗的鼻子总是湿的？

因为狗不会出汗，作为替代，它们所排出的水分会通过它们的鼻子来蒸发掉，而这就是使它的鼻子湿润的原因。它们通过喘气使自己变凉快，从而导致鼻子上有更多的水蒸气，它们就是通过这样的方式来散发热量的。

但是关于狗鼻子为什么是湿的还有另一种说法，就是由于嗅东西而造成的。狗有异常灵敏的嗅觉，而潮湿的鼻子扮演的就是一个巨大的潮湿表面的角色，使狗能更容易地收集到气味微粒。

鱼有听觉吗？

是的，只是它们没有像我们那样长在头两边的耳朵，原因就是它们不需要。记住，对于声音来说水是远好于空气的导体，因此声音可以直接传递进它们的大脑。显然金鱼有着极好的听力，因为它们的骨结构甚至能为声音振动提供更好的传播条件。

因为水传送声音的效果非常好，很多种类的水生动物都通过声音联系。一些生活在加利福尼亚固定船屋上的人，在每年的一

个固定时间都会听到一种蜂鸣声。有谣传说那是外星人发出的声音，但实际上这是一种雄蟾鱼试图吸引雌性而发出的声音。

鱼会睡觉吗？

是的，有一些鱼确实会睡觉。但它不是"穿着睡衣关灯上床"那种类型的睡觉，它需要睡更长的时间，通常被称之为"休眠"。当然，它们睡觉时不会闭上眼睛，因为它们没有眼睑。

有些鱼的"睡眠"是很讲究的。例如，一些热带鹦鹉鱼，能释放出胶冻状的物质，这些物质与海水接触后会膨胀起来，这样当鱼休眠或睡觉时，这些膨胀的物质就会把鱼包裹起来保护它。

但对金枪鱼那样的快速行动者来说，睡觉可能是一个大问

题。它们迅速行动时产生的力推动空气通过它们的鳃，因此这类鱼不能真正地停下来，只能减速。

鱼能感觉到痛吗？

人类感觉到的疼痛是我们皮肤的神经末梢对力、热或化学刺激的反应。鱼也有这些神经末梢，但这并不意味着它们感觉疼痛的方式与我们一样。

人类的神经末梢传递信号是经由一个神经通路传送到大脑的更高级中心，在那里有我们称之为疼痛的情绪体验来辨认这种信号。鱼的脑不是那么的发达，而且没有感知疼痛的相应部位，所以当神经末梢受到触动时，它们并不会感知到一种疼痛的感觉，取而代之的是产生一种反射作用，而鱼并不会从精神上理解为什么会有这种反应。

鱼怎么在冰下生存呢？

很简单——它们会寻找某些更暖和一点的地方然后待在那里。因为随着密度增加，水在变冷后会变得更重，所以当池塘变冷时，这种更重的水开始降到底部并变得更温暖，而较小密度的水会上升。然后，当水温下降到 -4℃时，某些奇特的事情就发生了：水的密度再次开始变小，使得真正寒冷的水上升，而剩下那些更温暖的水则留在池底，而最轻的冰浮在顶部。虽然池塘还是相当寒冷的，但鱼待的地方却会相对温暖一些。

猫是怎样散热的？

我们都知道猫是不会出汗的，那么猫是怎样让自己凉快的呢？

事实上，猫在安排自己的生活时是非常聪明的。它们会找到凉快的地方，然后一动不动地躺在那里，来避免自己变得太热。我确信你一定见到过猫这种懒洋洋的行为。

如果它们确实太热了，它们就会张开自己的嘴喘气，但那并不常见，所以你可能没有发现过。在选择坐或躺的姿势上它们也会很讲究，通常是采用一种将它们的皮肤最大限度地朝向凉爽的地方，而最小限度地面向炎热地方的方式。

它们会通过它们的爪子出汗，你也许见过一只受了惊吓跑掉的猫会留下它那潮湿的脚印。同时它们也会拼命地舔自己，因为唾液蒸发时会使它们感到凉快，就像喘气一样。

猫看得见颜色吗？

猫有一个确定的色觉值，但不像人的那么清楚。猫可以看见蓝色和绿色，但对红色不是很敏感，而且它们所看到的这些颜色色泽较弱或没有特点，就像我们在黄昏或拂晓时看东西一样。然而，猫是猎食性动物，因此它有更好的适应运动和低光的视觉能力。

动物的眼睛里有两种类型的感受器——视锥细胞和视杆细胞。视锥细胞处理色觉并对蓝色、绿色或红色光波做出反应。视杆细胞对暗光很敏感，因此更像是行动探测器。猫有着特别敏感的视杆细胞，这让它们能察觉到在光线很暗的环境下图像的微小变化，从而使它们拥有"夜猫眼"的名声。

牛吃的草是绿色的，可为什么牛奶是白色的？

动物所吃食物的颜色并不决定着最后从它体内排放出来的东西的颜色！要知道一头牛有 4 个胃（瘤胃、网胃、重瓣胃、皱胃），这样才能确保草料中的成分被彻底地分解。当把一些东西分解成分子，它将不再有任何的颜色。

所以，真正的问题是，为什么牛奶是白色的？牛奶是由脂肪（一种叫酪蛋白的高蛋白）、复杂的钙化物和维生素所组成的乳状液，然而这些东西没有一个是白色的。牛奶的白色外观来自乳液

中的物质对光线的反射。就牛奶而言，由于光的所有波长都被反射了，没有任何颜色的光线被吸收，所以牛奶看来就像是白色的。

为什么牛只吃草还能长得那么大？

植物里含有蛋白质，不过它不像肉类里面的那么集中。这就是为什么食草动物需要吃大量植物的原因。例如要生成 20 千克牛肉蛋白，一头牛需要吃 1 公顷田地的草。大象也是食草动物，但你从没有见过苗条的大象吧。它们每天要花 18 个小时进食，而一只成年大象每天将消耗 75 ~ 150 千克的植物。

袋鼠会游泳吗？

袋鼠会游泳。在澳大利亚的公园里你可以见到它们游泳，特别是在炎热的天气里。当袋鼠游泳时它们的每条后腿是独自运动的。这相当的不寻常，因为在陆地上它们从不这么做。当它们跳跃的时候，它们总是将腿并在一起。

这种情况可能让你觉得很奇怪，袋鼠把孩子装在它们的育儿袋里时也能游泳？事实上为了保证宝宝的安全和干燥，在游泳时袋鼠妈妈会把育儿袋周围的肌肉绷紧来封住袋子。

鳄鱼追捕猎物时能跑多快？

如果鳄鱼疾驰起来它们能跑得非常快，最快的速度纪录曾达到每小时 17 千米。一般它们能达到每小时 14 千米的速度，而这个速度已经打破了人类的平均速度，特别是在鳄鱼只跑很短的距离时。但它们并不经常追捕猎物，它们以更狡猾的方式捕食——躺着等待它们的猎物。鳄鱼有非凡的加速能力，因此它可以在猎物有反应之前猛扑向这个猎物，不管它怎样尽力逃脱。

不要认为可以通过爬树来逃过鳄鱼的嘴，耐性好是它们的优点之一，如果需要的话它们会张着嘴在树下等上一个星期。

为什么动物能安全地吃生肉？

野生的动物一直在吃生肉，而且这么做已经数万年了。而人则通常要将肉煮熟了才能食用，这是因为我们更喜欢熟肉的味道，同时也是为了保护我们的肠胃不受伤害。

动物通常吃新鲜的生肉，它们不必四处运输肉，把它交到商店或餐馆里。肉是否被污染，时间因素非常重要。人类对肉中的微生物只有非常脆弱的耐受力，所以吃生肉会让我们生病。肉放得越久，这些危险的微生物就越多，把肉煮熟会杀死几乎所有的有害细菌和病毒。

动物对那些微生物有更好的耐受力。像狗和猫这种家养的宠物经常处在我们和野生同类之间，从而对食物有一些不同的处理方式。猫主要靠细心来保护自己，这依赖于它们灵敏的嗅觉，嗅觉可以警告它们食物是不是"变质的"。如果有必要，猫也会吃草来使自己呕吐。狗是清道夫，吃任何东西，因为它们的消化系统令人难以置信地强悍，足以应付几乎所有的东西，但是在它们吃了有害的东西后也很容易会呕吐。

脆弱的人类没有我们的宠物那么好的消化功能，所以我们要

煮熟肉，因为我们更喜欢那样的味道，而且它的危险更小。

为什么鸟在早上做的
第一件事就是唱歌？

对于鸟叫，人们关注最多的是它的音乐内容。事实上，从鸟的观点看，那是它们最基本的能力。鸟叫完全是为了捍卫地盘和防御，通常用来吸引配偶和警告对手，也可以警告其他鸟危险的来临，而幼鸟会用叫声来告诉父母它们饿了。

毫无疑问，鸟鸣声在清晨听到得最多。从热带雨林到温带草原，整个世界都是这样，但我们并不知道为什么。可能是清晨通常是一天中一个寂静的时间段，所以声音传播得更远。测量数据显示，声音在清晨比一天中的其他时间内传播远 20 倍。同时，

这也是一天中鸟没有其他什么事可干的时间：觅食的光线不够，而且昆虫经历了夜晚的寒冷之后仍在躲藏着，因此鸟只能歌唱。享受它吧！这是世界奇观之一。

为什么水鸟能在水下看清东西？

人类在水下看东西模糊是因为我们的眼睛不能完全地聚焦。这是由于光以与它传播到我们的角膜一样的方式传播到水中，并不像通常它由一种介质传播到另一种介质时那样发生折射。这意味着图像不能被完全地聚焦，因为它没有先通过空气。那就是为什么当你戴上护目镜时你就能看到清晰图像的原因，它恢复了空气与角膜的界限。鱼眼有更厚、极度弯曲的晶状体，所以它们的眼可以在水里聚焦。

对于水鸟，它们的视力在水下正常可能有两个原因。第一个就是它们眼中的晶状体能变厚或变薄来使它们适应在水内外看东西。第二个更好地解释了鸟儿知道鱼不在它们所看到的地方，因为它们眼中所看到的图像由于折射作用已经被弯曲了，而它们在潜水时就弥补了这种差距。

为什么啄木鸟不会头痛？

啄木鸟不停地啄食树虫，看上去很容易患脑震荡。实际上，啄木鸟只有一个非常小的大脑，而这个脑又悬浮在流体中。再加上鸟喙里有减震器，所有震荡对它们的头部只能产生极小的影响。因此，它们几乎不会感觉到头痛。

为什么鸡不会飞?

　　好问题!鸡有飞行所需要的一切条件,包括翅膀和肺周围的气囊,而且它们的骨头又有许多空洞,从而能使它们的体重减小到可以飞翔的程度。但问题是数个世纪以来它们一直被作为人类的食物来源,经过驯养阶段后,它们已经忘记了怎么去飞。考古学家证明人类最早是在公元前的印巴地区发现鸡的存在,为了享受到它们高质量的肉,人类开始饲养这种鸟,以带来大量美味的肉食。也就是在同一时期,我们在对鸟类的人工繁殖中剥夺了它的飞翔能力(尽管某些繁殖过程对它来说是痛苦的试验)。

　　你可能注意到一只被杀死的鸡有一些白色的肉和深色的肉。这种情况应归于肌肉中一种叫作肌血球素的色素值,它很接近于一种血液中的输送氧的血色素成分。如果肌肉在一段时间内持续地运动,肌肉组织中的肌血球素值就会增加。那就是为什么像鸭和鹅那样的徙鸟在胸部有着深色的肌肉——这肌肉是用来飞翔的。鸡腿上也有着深色的肌肉,因为鸡更多的是用腿来活动而不是用胸部。翅膀上的肉是白色的,理所当然地成了鸡不再飞翔的主要原因。

家鸽是怎样找到回家的路的?

　　没有人能用任何一种方法来回答这个问题,但有两个公认的推论。第一个推论认为,家鸽使用的是利用各种风在自己脑海中留下烙印的"气味地图",一旦它们闻到了家的味道它们总是能回

得去。另一个更像是探通术理论，是说它们运用了地球磁场来判断出精确的经纬度，然后飞回家。但没人知道到底是怎样的。

为什么苍蝇经常围绕着顶灯飞？

其实苍蝇并不是这样做的，只是看起来像是在那么做而已。这是因为你仅是当它们烦扰你的时候才会注意到它们，事实也恰是因为你在那里才把它们赶上去的。不然的话，它们仍会停在原位，并继续做着传播疾病那种令人厌恶的事。

然而，一旦到了空中，它们确实似乎总是喜欢围绕着屋子的中央飞，除非外面是它们更喜欢的明亮的白天。有一个观点认为它们并不喜欢角落，它们或是把灯当成了一个用来对竞争者发动攻击的高地，或是来吸引配偶。到灯上栖息的雌性家蝇会被在附近空间巡逻的雄蝇打扰，于是雄蝇开始争着占领这个高地，从那里它们能冲出去赶走任何威胁到它们领空的其他苍蝇。

如果你想向骚扰你的苍蝇报复的话，这里有一个好的游戏：当下一次你看到一只家蝇有目的地在你的天花板上的一只灯下盘旋时，把一个假苍蝇（一块苍蝇大小的纸就可以）扔向它。那个

苍蝇将几乎会立刻从它盘旋的水平面离开来追击这个"入侵者"，因为这个"入侵者"的弧形轨道侵犯了它的领空。

苍蝇是怎样落在天花板上的呢？

科学家们通常认为苍蝇会迅速地完成一个翻转过程，用它们的前腿或是后腿接触墙面，然后将它们另外的腿旋转过来。但通过观察拍摄到的苍蝇运动的细节，科学家们发现整个过程远比他们想象得优美。当苍蝇接近天花板时，它把它的前腿向上对着天花板，而这就是第一个接触点。在它的前腿接触上墙面时，它利用飞行的冲力将它身体剩下的部分"猛落"到天花板上。

蜘蛛的视力好吗？

蜘蛛有两三对或四对眼睛，这要看它们属于哪一个科属。你可能认为这意味着它们有着很好的视力，可事实是它们的视力非常差。因此它们利用触觉来寻找周围的路并捕食猎物。它们有一组结构来告诉它们自己的身体在哪儿，例如它们的腿，而其他的会告诉它们所处环境的情况。

蜘蛛身体上的绒毛也是它们感觉机制的一部分。如果某些东西碰到了绒毛，连接着绒毛的神经就会让蜘蛛知道那里有一些东西。另外，它们还有更多的专用绒毛，能感觉更细微的震动，如昆虫扇动翅膀的声音。

蜘蛛不用它们的眼睛，它们有更多"看"的方式。它们通常运用位于它们大腿上的称作震动感受器的感觉器官。织网的蜘蛛利用这些器官通过网的振动来告诉它们抓住了某些东西。

蜘蛛不能靠它的眼睛来看到你的脚，因为你的脚不会像只蜜蜂那样发出嗡嗡声，并且你也不会被它的网抓住，在它的绒毛感觉到你的脚之前它都不会知道你在它身边。

蚯蚓怎么能穿透硬土？

蚯蚓在很大程度上是一个地洞挖掘者，而它们依靠我们称之为蠕动的方式寻找土中能让它们身体挤进去并能运动的裂缝来钻——蠕动这种方式是在蚯蚓向前推进时沿着身体向后产生的膨胀担当一个暂时的附着点。如果泥土里含有丰富的食物，它们基本会吃出一条路来。

在冰冷或干燥的天气里，很多蚯蚓的洞挖得会比平时更深，然后它们停止进食，蜷曲成球状等待更温暖和更潮湿的环境以便回到以前的生活状态。当我们在坚硬干燥的土中找到它们时，我们必须记住蚯蚓在更潮湿和更软的土中活跃的样子。蚯蚓的洞壁因为蚯蚓的运动而被压扁，并涂满了黏液和尿液，形成了一个光滑的涂层，这对蚯蚓来说会比待在土里更舒服。

忙碌的蚂蚁会休息吗？

蚂蚁的一生有 4 个阶段，卵、幼虫、蛹、成虫，这将花费 8 ~ 10 个星期。蚁后用它一生的时间来产卵；工蚁是雌性，承担蚁穴中的工作；更大一点的兵蚁保卫家园。每年某个特定的时间，每个蚁穴都会生出有翅的雄蚁和蚁后，它们飞到空中并交尾。雄

蚁交尾后很快就会死亡，而蚁后就会建立一个新的蚁穴。

　　蚂蚁是否休假，完全依赖于周围环境的温度。它们仅在温度足够高时才活动。所以在寒冷的白天和夜晚它们将在蚁穴中保持休眠，但一旦温度上升它们就会出来活动。另外，蚂蚁有一个很好的复眼装置，使它们能利用太阳来定位。所以即使在一直很温暖的热带地区，蚂蚁也只在白天活动，因为晚上它们很难找到路。

蚂蚁能看多远？

　　这要看是哪一类蚂蚁。某些工蚁有很发达的视力，能从一个树枝准确飞跃到另一个树枝，有的蚂蚁视力则大为减弱，而兵蚁几乎就没有视力。一些蚂蚁肯定有着最高级的视力：印度"跳蚁"能向上跳跃 1 米高，然后用它们长长的下颚捕捉飞行的猎物。虽

然我们还不十分清楚它们怎么做到的，但它们一定有相当好的视力。不过它们的"视感"和我们不一样。我们看到的是一个大的画面，而昆虫看到的是很多个小画面，就像一个摆满了播放着同样节目的电视的商店橱窗。

蚂蚁有骨头和血液吗？

蚂蚁没有骨头。它们的骨骼由一种叫作甲壳质的蜡状化学物质组成。甲壳质覆盖在蚂蚁身体的外部，所以你会发现蚂蚁把它们的骨头穿在了外面。

昆虫确实有血液，但只是用它来在体内运送食物，而人类用血液传送氧气。蚂蚁有一个简单的心脏来将血液泵到它们身体的顶端，但它的心脏是由一个简单、细长的管道构成的。

所有细菌都会让我们生病吗？

令人惊讶的是，事实上只有很小的一部分细菌会让我们生病。我们现在所知道的细菌大概有 10 000 种，而可能还有同样多的没有被发现。即使如此，其中仅有大约 30 种细菌是危险的，而且所有的危险细菌都是非常有名的。多年以来没有发现新的细菌病，你所知道的新的疾病差不多都是由病毒引起的。细菌一直存在于我们的内脏中、皮肤上，并在所有主要的身体入口处。这些细菌实际上对我们是非常有用的，因为它们能对抗少数试图侵入我们体内并引起疾病的细菌。

如果你曾经服过抗生素，如在胸部感染时，你可能注意到服

用抗生素会使你腹泻。这是因为正常存在于你肠内的"好"细菌也被杀死了，而这些细菌有助于排泄物"成形后排出"，它们被杀死的结果就是你会严重腹泻。一些人也会发现服用抗生素会让他们更易得口疮，这是一种真菌感染，因为当正常的细菌被杀死后真菌会更容易占据主导地位，并获得更多的繁殖机会。

一个针头上有多少个微生物？

首先，什么是我们所认为的微生物？简单地说，你可能认为一个微生物是我们看不见并会让我们生病的任何有生命的有机体：它可能是一种细菌、病毒或是真菌。在一个针头上有着大约100万个细菌。细菌就在我们的周围。但是你不必太惊慌，除非我们把针头深深地刺进胳膊或腿里，不然这些细菌就不能危害到我们。

是什么使荨麻刺人？

荨麻是一种多年生的草本植物。在荨麻的叶子上有一些像针一样能很轻易刺破你皮肤的小刺毛。每一株荨麻的基部都有一个充满了蚁酸的球状茎，这些蚁酸会随着刺进入你的皮肤，这会在你的皮肤上引起过敏反应而使皮肤发红发痒。

为什么植物会散发出香味？

这都是为了爱情，并且还有几分浪漫。因为植物不像大多数动物一样能移动，所以它们进化出一套特殊的方法来让它们找

到配偶。通过用它们的花来吸引昆虫和其他动物，通过这些昆虫和动物的活动，异花授粉就发生了。这就是植物示爱时最亲密的方式。

在进化的过程中，植物了解到动物和昆虫被它们吸引的时间越长，异花授粉发生的机会就越多，从而产生的种子也就越多。为了让更多动物被吸引过来，植物制造了花蜜给动物食用，另外还有五颜六色的花瓣或香味吸引昆虫注意。

植物会感觉到疼痛吗？

首先你必须确定你所谓的疼痛是什么含义，这既是一个哲学问题也是一个科学问题。我们认为疼痛是"对物理刺激的一种反应，旨在减轻这种刺激"。研究表明植物也有刺激反应。当一片叶子被切断，它的表面会释放出一种叫作乙烯的气体。这就是一种

疼痛的反应：乙烯的释放是植物受到刺激的一个信号。这符合我们对于疼痛的定义。因此，从这个角度上来看植物是能感觉到疼痛的。

但如果你要使用这个简单的疼痛定义，那么你必须证明任何活着的东西都会感觉到疼痛，因为所有的生物体都有刺激反应。细菌也有很多例子，它们对热的反应已经被非常深入的研究。那我们能认为细菌也会感觉到疼痛吗？

从一个非常低级的层次来说，植物有类似疼痛那样的体系和反应。但这只是哲学研究的领域，因为疼痛的含义远远超过了一

个简单的化学反应。因此，可能你会认为植物确实会感觉到疼痛，但它并不是以和你我一样的方式来感知的。

植物会睡觉吗？

如果你认为植物睡眠是一个静止的周期（而不是像人类的睡眠一样存在知觉上的变化），那么你可以这么说，是的，植物是会睡觉的。

很多植物有一个日常循环或节奏。雏菊在白天开花而在晚上合上花瓣，植物学家把这种现象称为"睡眠行为"，产生这些行为的一个可能的原因是由于植物对不同光波的敏感度。

无疑，植物可以区分什么时候是白天或是晚上，以及夜晚会持续多长时间。它们含有一种光敏色素，它有两种存在形式：一种形式对植物在白天吸收的红外光敏感，而另一种则对夜晚的远红外光敏感。不同形式光合作用的相对数量使植物能够区分白天和夜晚。在晚上用一束突如其来的日光来干扰植物会打乱植物的功能，因此一些植物在晚上会闭合起来，就是为了减少这种事发生的可能性。

牛不会下楼梯吗？

是的，这是真的。这跟牛膝盖骨的排列有关，它的膝关节在上楼梯时会弯曲，但在你试图让它下楼梯时，它的膝关节却不会弯曲。

当我们来到乡下，可能知道这些事实：一只成年熊能跑得像马一样快；马不会呕吐；鸵鸟不会向后退。

为什么企鹅是黑白色的?

企鹅的黑白色是为了确保它们能够生存。当企鹅在海洋中游泳时，它们黑色的背使海豹和其他食肉动物难以发现它们。从下面看，它们白色的前腹让它们的天敌在逆着天空中的光线时难以看见它们，使海豹、鲨鱼和虎鲸难以伤害它们。它们也可以利用身体的颜色来控制它们的体温。如果它们热了，就会将白色的腹部朝向太阳而反射阳光；如果它们冷了，就会将黑色的背部朝向太阳来吸收热量。

猫照镜子时会看到什么?

它们看到的一切也就是我们所看到的。猫的眼睛与我们的相似，所以不要指望它们能看到除了镜像外的其他任何东西。不过猫怎样理解它们看到的东西却是值得讨论的。

我们不认为猫能认出这图像是它们自己的镜像，这就是为什么一只动物在镜子或窗户玻璃里看到自己时，会觉得镜子里或窗户里有另一只动物，然后去接近它的镜像。

猫会接近镜子并触碰镜像的鼻子，并为镜像的行动而疑惑，但它们似乎从没有发现那就是它们自己的影像。当然，猫看到它的镜像的反应就和一个之前从没有见过镜像的小孩子一样。两者之间不同的是小孩子将会知道镜像到底是什么，可猫却不会。

所有的北极熊都是左撇子吗?

说来真是有趣,生活在北极地区见到过北极熊的人会告诉你这是真的,但是没有证据。然而,遍及全球的熊都同左撇子联系在一起,虽然这看起来更像是一种文化而不是科学理论。例如,在加拿大温哥华岛的传统文化中,熊猎手们用他们的左手吃东西是为了识别他们的猎物,因为熊被认为是用它们的左掌去够诱饵的。

青蛙在水下能听见声音吗?

青蛙不像人类一样有耳郭,但它们还是有很好的听力。它们利用一个薄弱的叫作鼓膜的耳膜来听声音,它就处于青蛙眼睛的后面。除此之外它们有一个内耳,而大部分青蛙还有中耳。

与我们一样,青蛙在水下仍然能听得见。尽管青蛙在水中通过鸣叫来互相联系并不常见,可声音在水中传播要比在空气中好。事实上,有一种青蛙在岸上不叫而只在水里叫。相信它们这么做是为了避免被天敌发现。

青蛙的叫声是非常吵闹的。波多黎各的森林地区到处都是雄性的鹧鸪蛙——平均每 10 平方米就有 1 只,而每一只雄蛙都尽量用大的声音发出刺耳的尖叫,来争取压过其他蛙的声音,希望能够吸引远处的雌蛙。这叫声是如此吵闹以至于如果你与其中一只小东西之间仅有半米的距离,你将听到 90 ~ 95 分贝的叫声,这几乎有一台手提钻机(100 分贝)那么吵了。

为什么动物有尾巴?

这没有一个系统的答案。不同的动物,尾巴对它们来说有不同的用途。袋鼠在跳跃和休息时用它们的大尾巴来维持平衡,尾巴就如三脚架一样担当了它们的第三条腿。猴子用它们的尾巴吊在树上,就好像把尾巴当成了另一条手臂。

啮齿类动物也有帮助它们保持平衡的长尾巴,而松鼠还可以把它的尾巴当成掩蔽物。海马的尾巴是它们仅有的"肢",海马通过让尾巴围绕着躯干旋转,来使自己在水里保持平衡。

鸟的尾巴有双重作用,即在飞翔时起到平衡和控制这两个作用。而有些种类的雄鸟把它们的尾巴当作展示品来吸引雌性——孔雀的尾巴就是一个极好的例子。

水中的动物用它们的尾巴来帮助自己在水中向前推进,蝌蚪也是如此,而当它们长大后失去尾巴成为青蛙或蛤蟆时,就会采用更多陆生的生活方式。

牛的尾巴帮助它们驱赶苍蝇和清除残留的排泄物,而马的尾巴也起到同样的作用。所以看起来这些动物的尾巴是为了保证动物的舒服和整洁。

尾巴也能用于传递信息:当兔子被惊吓而开始猛跑时,它通过上下来回地晃动其尾巴来警告其他兔子有潜在的危险。

像猫和狗这样的家养动物,尾巴的状况会告诉主人它的感觉。狗摇尾巴表示高兴,而当猫变得特别亲热(或找食物)时会竖着它们的尾巴并发出咕噜咕噜的声音来引起注意。

了解你的身体

人体按分解的 化学成分计算，值多少钱？

让我们由体重来开始研究人体的构成（忽略一些较小的微量成分）：

化学成分	百分比（%）	化学成分	百分比（%）
氧	65	硫	0.25
碳	18	钠	0.15
氢	10	氯	0.15
氮	3	镁	0.05
钙	1.5	铁	0.000 4
磷	1	碘	0.000 04
钾	0.35		

现在，让我们假设某人体重为 70 千克，按照体重划分，这些成分的重量如下：

化学成分	重量（kg）	化学成分	重量（kg）
氧	45.5	硫	0.175
碳	12.6	钠	0.105
氢	7	氯	0.105
氮	2.1	镁	0.035
钙	1.05	铁	0.000 28
磷	0.7	碘	0.000 028
钾	0.245		

现在，我们需要了解这些成分的价格。我们可以参照化学目

录并采用化学物质的平均质量,因为我们大多数人都处在平均水平。

化学成分	重量（kg）	人民币价格（元）
氧	45.5	2.89
碳	12.6	1 323.22
氢	7	25.87
氮	2.1	0.15
钙	1.05	2 365.19
磷	0.7	735.13
钾	0.245	6 074.91
硫	0.175	17.50
钠	0.105	277.31
氯	0.105	3.35
镁	0.035	12.63
铁	0.00028	0.02
碘	0.000028	0.03

由此得出人体价值为 10 838.20 元。

人体最强韧的肌肉是哪部分？

舌头！这也是人体唯一一块仅有一端与人体相连的肌肉。

至于其他部位的肌肉，最长的是从臀部到膝盖的缝匠肌，表面积最大的是覆盖背部的宽阔的背阔肌。

走路的动作需要思考吗?

最简单的问题总是最难回答！行走涉及中枢神经系统内的一个固有程序，这个程序根据大脑所获取的感观信息不断地自我调整。基本的行走程序可能不需要任何思考，但是我们需要根据外

界（环境）和来自我们意图的内在思想的变化，不断对我们的行动做出某些调整。

我不能确定你对思考力是怎么理解的，但如果你是要讨论所拥有的神经细胞的数量，对于蜘蛛而言，人们已经计算出在它们的中枢神经系统中所拥有的 30 000 个神经细胞里，只有不到 1 000 个是负责运动的。当然，这些细胞相互交织成非常复杂的网络，因此那并不是一个简单的东西。我们人类的神经系统里有成千上万个神经细胞，而要知道有多少与运动有关那几乎是不可能的。

或许，有一个事实比任何假定的计算更重要，那就是一个"低等"动物在没有发达的大脑的情况下，还可以移动得和我们一样好或一样快。鳄鱼只有一个很小的大脑，但是它仍然非常敏捷；而家蝇也仅有微小的大脑，但对复杂的飞行动作却有充分的准备。所以走路并不是简单地与神经系统的大小有关，否则苍蝇永远也不会离开地面。

为什么练空手道的人可以徒手劈砖？

空手道是武术的一种，它要求身体以受到最小的伤害来释放出最大的攻击潜能。这些体能训练要求一丝不苟才能做到。因此，如果没有学习过正确的方法请你不要去尝试。这里面同样包含一些物理原理，因为速度是这个"技巧"的关键。记住，力量的释放与质量和速度乘积的平方是成正比的。简单地说，一只受过正

确训练的手以每小时 38 千米的速度击向一块砖，它释放的力量约为 2980 牛顿。这个力量如果是施放在一个大的面积上就不足以劈开一块砖，但是因为力量的释放范围只有一个拳头那么大，砖就被劈开了。同样，砖头摆放的方式——通常在两端支撑——也使它会更容易被劈开。

砖头比骨头硬吗？

一些对骨头实际承受力量的研究表明，它们可以承受高于混凝土 40 多倍的压力。手和脚比单纯的骨头可耐受的压力更大，是因为它们的皮肤、肌肉、韧带、腱和软骨都可以吸收大量的冲击力。因此一只健全的脚可以忍受的压力是混凝土破裂前所承受压力的 2000 倍。

为什么女性的嗓音比男性的高？

这只是因为女性的声带较短。音调的高低依赖于声带的振动频率，而那些频率又取决于声带的张力和长度。因此，声带越短就意味着音调越高。

寒冷的天气真会使人排尿次数变多吗？

不一定。但是当你走出房间来到寒冷的室外，你的身体会设法通过转移血液供给来保存热量，血液离开那些肢体末端，如手指和脚趾，而进入身体中心，这样产生的一个效果就是增加了身

体中心的血压——包括肾——从而产生出了更多的尿液。除此之外，人体在冷天时并不会像在热天那样分泌出等量的汗液，因此，水必须以其他的方式排泄掉。那样也可能使你排尿次数增多。

喝太多的水真的会死吗？

　　水中毒，或者说"醉水"，在成人中是很少见的。其症状表现为头痛、恶心、缺乏协调力、不正常的低温和癫痫发作。所有这些症状都是由于人体所有组织内渗透压的改变引起的，而渗透压的改变是由于水从细胞周围的液体流向细胞内部造成的。这就导致了两个严重的后果：一是体内液体的增多造成大脑颅内压升高，这会导致癫痫发作甚至是死亡；二是血容量下降，这会导致血循环的中止。如果这些症状一起发作的话，就很容易致死。

医生叩击病人的膝盖是为什么？

医生用这种方法来看膝跳反射是否正常。如果正常，就表示病人的神经系统是正常的。事实上，像这样的深层腱的反应为医生判断神经系统的整体健康状况提供了宝贵的信息。

反射是迅速的，一次简单的反射包括了周围神经系统的神经元与脊髓之间的联系。大脑可能会感受到这个信息的传递，但并不会参与到实际反应中去。这就使反射独立成为衡量神经系统健康与否的标准。用叩诊锤在膝盖的髌腱上轻轻敲击，使控制膝关节伸屈的大腿肌伸展开。在肌肉里的受体（也叫纺锤体）对肌肉长度的变化做出反应并产生神经冲动。这些冲动跟着携带有信号的感觉神经细胞向脊髓传递。在这里它们形成突触（电信号从一个神经细胞转移到另一个细胞的连接点），随即一个信号被直接

返回到腿上，一直向下发送给大腿肌。这些合作最终导致小腿向前摆动，使得膝盖也跟着摆动。但是如果你的神经系统状况不佳，操作起来就不会这么顺利了。

屁的味道是怎么形成的？

屁是由于大肠内的细菌活动造成的。这些细菌使未消化的食物发酵，释放出氮气、二氧化碳、氢气、甲烷和硫化氢。后3种产生的量很少，但是硫化氢气体以其臭鸡蛋味而著称，即便在它的量很少时它的气味也非常明显。这就是屁的气味的源头。顺便提一下，甲烷和氢气使屁非常易燃，你可能听过这样一个故事：在一个狂野派对上，一个人大概喝醉了，被劝诱试着把他们的屁点着。然而，当时人们认为的好主意，后来被证明绝不只是一个玩笑——后果非常严重，他需要住院治疗。而且还需要向护士解释这是如何造成的，这同样非常痛苦。

屁的成分是极为不稳定的。我们所吸入的大多数空气，特别是氧气，在进入肠道之前就被身体吸收了，因此到达大肠的大多数是氮气。细菌的活动同样也会制造出氢和甲烷。但是从我们的肛门释放出来的这些气体之间的比例跟如下几个因素有关：我们吃的东西、吸入的空气量、肠内的细菌种类、控制屁的时间。

屁被控制的时间越长，它包含的惰性氮的比例就越大，因为其他气体会通过肠壁被重新吸收到血液里。所以一个神经紧张的人在吸入了大量空气并迅速把它排出消化系统后，他的屁中可能会有很多氧气，因为他的身体没有时间去吸收氧气。

为什么我们每次打喷嚏时都会闭眼呢？

因为按照自然规律，你打喷嚏的时候不可能睁开眼。打喷嚏是由自主神经系统控制的反射反应，它控制着心率和呼吸，并不能被有意识地控制。曾经有个说法是，如果打喷嚏的时候不闭眼的话，眼睛就会突出来，不过没人能够尝试一下。但是那是唯一的解释，因为科学家没有提出其他解释。

指纹被破坏后还会长出同样的指纹吗？

指纹由帮助我们抓紧物体的"摩擦嵴"产生。如果这些嵴因为伤口而被破坏了，那么伤口的深度决定了你的指纹是否可以恢复完整。伤口太深可能会产生伤疤，这使得指纹看上去和原来的指纹不一样了。但是如果伤口浅的话，嵴和皱纹就会长回原型。

为什么有些人的头发天生就是卷曲的？

这看似是个简单的问题，但是科学上仍没有真正的答案。

我们知道是什么影响着头发的直或卷：基因、新陈代谢（身体反应）、种族遗传、饮食、疾病，也有可能是压力或打击。同样，在胚胎里发生的事也可以起到作用。

　　我们认为头发的卷曲与毛囊的形状有关，直发来自直的毛囊，卷发来自卷的毛囊，但这并不能解释个别人的头发怎么能从卷的变直，反之亦然。

　　头发的生长取决于毛囊基部乳头的细胞分裂。把生长的头发想象成一个钟面，如果细胞在每小时的方向以平均速度分裂，头发就会直着生长。如果头发在3点钟的方向比其他时段长得快的话，那头发就会朝9点钟的方向弯曲；如果在9点钟方向的头发长得比较快的话，那头发就会朝3点钟的方向弯曲，这样就会得到弯曲的头发了。

　　当头发细胞在一个"绕着钟"的循环里分裂得更快时，就形成了紧密的卷发。如果某个卷发的人毛囊里的细胞突然开始以匀速分裂，头发又将开始直着生长。

双胞胎的指纹相同吗?

　　不，即使是同卵双生的双胞胎（一个受精卵里生出的双胞胎）的指纹也有些不同。

　　指纹在出生前就形成了，并且它们的形状被认为受到营养及怀孕的13个星期中手指生长的影响。一旦手指成形，一块皮肤就会覆盖在最终成嵴的手指上。血压较高的胎儿手指垫是肿的，所以形成的形状更像螺纹。虽然生活中手指可能会留下疤痕或被损伤，但它们本身的形状不会改变。指纹永远是独一无二的，不光是手指，脚趾也同样如此。某些相配的形状经常存在于双胞胎中，但是最终还是不能完全一样。

是什么使得尿液呈现黄色？

尿液是机体最完美的废物处理系统的一部分，由肾脏控制。肾脏的工作职能是控制血液中盐的含量，过滤血流中的废物。所以尿液里含有水、盐和身体需要丢弃掉的废物。

人体主要的废物是来自于身体细胞内的氨和血液中血红蛋白裂解后释放出来的胆红素。这些物质对身体都是有害的，所以肾脏把氨转变成了尿素并把胆红素降解为尿胆原，它们都是黄色的。但是如果你喝了足够的水就可以稀释尿胆原，从而使尿液颜色变淡。这就是为什么脱水的人的尿液颜色会非常黄的原因。

秃头的人会有头皮屑吗？

当然会有。很倒霉不是吗？头皮屑是由头皮上的细菌、酵母菌和真菌类造成的，不管是否有头发。然而，头皮屑更多见于长头发的人头上，因为浓密的头发有助于保持温度和水分，从而为小虫和诸如此类的东西提供了理想的生存条件。

为什么手抓过硬币后会有味道？

因为发生了很多化学反应，最大的反应就是你手上的汗和硬币中的金属发生的反应。

汗的成分随你吃的食物不同而变化。如果你吃的是高蛋白食物，你的汗里含氮的化合物的含量就会比较高，如氨，当这些化合物与硬币所含的铜接触时就会形成新的化合物。

并不是相同的硬币在所有人手中都会产生同样的气味。如果你把一枚硬币放在一个健康的运动员（假设他已经吃了蛋白质来提供耐力和毅力）手上，他们手上的味道会比那些享受了肉或奶酪自助餐的人手上的味道更重些。同样，男运动员可能会比女运动员对硬币有更强的反应，因为高浓度的睾丸激素降低了体内的酸度，这可以从汗液中含氮化合物的增加来证明。

吃鼻涕对身体有害吗？

我并不这么认为。事实上我们总在吃它。黏液——鼻涕严格意义上的名字——是由连着呼吸道的细胞产生的，我们经常咽下这种东西，因为它会通过叫纤毛的微小毛发缓慢地流到喉咙后部。黏液完全不是有害物，它是一个防御物质，用来抵御出现在空气中的粉尘和细菌，而且让它在胃中消失会比在你的肺中更好。

如果黏液抵挡了空气中确实有害的颗粒，咽下它是有害的。但是那样的风险是很小的，因为胃里的环境是相当"艰苦"的，有害细菌在胃里不易生存。所以，不管你咽下多少你自己制造的黏液，最后进入你胃中的这个路程是不会有异常的。

为什么大多数歌剧演员都很胖？

有一种理论认为超重对发音有益。我们身体的许多部分相互作用产生了声音，我们称之为嗓音，但是最重要的部位还是喉咙。

我们的声音来自喉咙里声带的振动。喉咙的外表面有一层黏膜组织，它是用来缓冲声带振动时所产生的碰撞的。一些研究显

示当黏膜比较厚实且丰满时，就能更有效地将肺部的气流转变成更高、更有力的声音。如果你超重，你的黏膜里就会堆积更多的脂肪组织，从而也就会使你的声音变得更有力。

为什么有的人的肚脐是凸出的，而有的人则不是？

这完全取决于你出生后的几个星期的生长情况。在子宫里连接母子的脐带为胎儿提供着氧和营养物。脐带在胎儿出生后就被立即剪断，穿过脐带中央的那个洞的闭合方式最终决定着肚脐是凹陷还是凸出的。

如果你的腹部肌肉没有完全地闭合起来，那你的肚脐就会凸出来。而假如你的腹部肌肉可以完全闭合，你就会有一个凹陷的肚脐。出生后剪断脐带的方式对今后肚脐的形状也有一定的影响。如果剪得好你将更可能有一个凹陷的肚脐，而且只会留下一小部分脐带。如果留下很长一部分脐带的话就会形成凸出的肚脐。

为什么人因宿醉感到难受时，总想吃含淀粉和高脂肪的食物？

这是因为酒精对我们的身体做了些小动作，制造出了一种饥饿的感觉。首先，它模仿胰岛素的作用，降低了血糖浓度。这是让机体感觉到饥饿的经典方法。

同时，酒精也刺激了唾液和胃消化液的流动——这就是所谓的"开胃酒效应"，一些科学家认为这样可能会增加饥饿感。

酒精同时也是一种利尿剂，能刺激液体从身体中移走，从而使人缺水或脱水。如果人饮酒太多而宿醉，可能会处于一种严重的脱水状态，所以下丘脑便会产生出一种口渴的感觉。口渴和饥饿的感觉常常会交织在一起，因为它们都是由于下丘脑侧面受到刺激产生的，而下丘脑侧面是大脑中用来控制温度、口渴、饥饿、水平衡、情绪活动和睡眠的那部分。

为了摆脱醉酒时对食物的渴望，没有比吃高脂肪食物来快速填饱肚子更好的方法了。脂肪会很快在嘴里分散并释放出香味，不过它们也有自己的方法能使香味持续得更久，所以在食物已经离开你嘴边后，你还可以享受这种味道并获得满足感。另外，高脂肪和高能量的食物被认为会刺激内啡肽的分泌，它是体内天然的止痛药，它们的释放会让机体有一种舒适的感觉，对头痛也许会有好处！

一个人醒着能支撑多久？

一直保持清醒的官方纪录是 264 个小时（11 天），它是由 17 岁的学生兰迪·加德纳在 1964 年创下的。他自始至终都被睡眠专家监控着，显然不可能有作弊的机会。在目前所知的其他研究中，在实验室监控设备的密切监视下，保持清醒的时间是 8 ~ 10 天。

虽然参与实验的这些人没有严重的疾病或者精神和生理上的问题，但是随着睡意的不断增加，他们都表现出注意力下降、动作迟缓和知觉减退等症状。中途意识变化（短暂的昏睡）变得更

加频繁，导致认识及运动功能的下降。这意味着虽然我们可以连续几天都保持清醒，但是最终都将以认知功能出现障碍这种状况结束。

我们为什么会眨眼？

我们必须通过眨眼来清洁并使双眼潮湿：每次眼睑合起来的时候，泪腺中的咸的分泌物就会浸润眼睛表面，冲去细小的尘粒并润滑暴露在外的那部分眼球。一般我们每 4 ~ 6 秒钟眨一次眼，但是在刺激的环境中，例如在充满烟的房间我们眨眼会更加频繁，以此来使眼睛保持清洁和潮湿。

然而，如果眨眼只是为了保持眼角膜的潮湿和清洁，我们需要更频繁地眨眼。婴儿大约每分钟只眨 1 次眼，但是成人平均每分钟要眨 10 ~ 15 次。目前，科学家认为眨眼都是为了收集信息，因为实验表明当信息来得又多又快时我们眨眼的次数就会减少，而当我们接收的信息比较少时眨眼的次数就会增加。

眨眼就好比大脑中的标点符号，通知活跃的大脑暂停活动。如果我们正在读一个有趣的材料，我们平均每分钟眨眼 3 ~ 8 次；相反当我们在从事不需要集中注意力的活动时，我们每分钟眨 15 次眼。同样当课本从一页翻到另一页，或从课本的一行末换到另一行开头时，我们最喜欢眨眼。

任何一次眨眼并不总和下一次一样。科学家指出眨眼的频率和持续时间随环境的变化而变化。英国空军飞行员驾驶飞机飞过友好国家领空时比飞过敌对国家领空时眨眼的频率更快而且闭眼的时间更长。飞行员在被敌军雷达发现时、寻找并躲避敌军导弹时，或飞机降落时眨眼次数最少。

人一生仅由眨眼睛 引起的闭眼时间有多长？

一次眨眼大概持续 0.3 ~ 0.4 秒。我们每分钟大约眨 5 次眼，一天中大约有 18 小时每分钟都在眨眼。加起来就是每天半小时由于眨眼而闭上眼睛，因此一个人平均一生有 5 年的闭眼时间是由眨眼引起的。

倒立着喝水，水会到胃里去吗？

你吃下或喝下的任何东西都将在你的胃里消化，不管你在什么位置。食物不是通过重力到胃里的，而是通过大脑控制的一系列反射。

嘴并不只通向胃，也通向鼻子和肺，因此重要的是一旦我们咽下食物或饮料时它们不会在错误的地方消化。吞咽引起的反应发生在只通向食管的通道上，食管是连接嘴巴和胃的管子。食管的肌肉通过收缩来确定食物和饮料处在通向胃里的正确位置，即使在你倒立时也是一样的。有时候，当我们在吃饭的同时说话这个反应就会失败，少量的食物或饮料就可能进入错误的地方而导致窒息。

吞咽反应也是为什么宇航员能在缺少地心引力的情况下吃东西的原因。即使他们在太空船里飘浮，他们吃下的食物也会在胃里消化。

新生男孩比新生女孩更脆弱吗？

你可能认为他们之间没有多大区别，但是新生男孩确实比新生女孩脆弱得多。

只有通过理论才可以说明为什么会这样。一些人争论说有可能是子宫的激素环境对男性发育有着消极的影响。这是因为男性为了克服母亲产生的雌激素的影响，必须开始尽快制造睾丸激素，需要睾丸的快速发育。为了达到这个目的，男性胎儿的代谢速度会比女性胎儿更快，从而使得他们更易受攻击。

同样当胎儿在子宫中发育时，聚氯联苯和清洁剂等环境污染物也有可能模仿女性雌激素，破坏男性生殖系统。自然界也许也认同这个观点，因此便让怀男孩的概率高于怀女孩的概率，以此来弥补男孩的脆弱。平均起来，怀男孩与怀女孩的比率是 125：100，即使很多男胎儿流产了，出生男孩的比率也要高于女孩，达到

105 ：100。

　　另外，似乎在每年怀孕和出生条件最佳的时候，妇女就更有可能会怀上男孩，这可能也是确保克服男性胎儿更脆弱的另一种途径。

我们活着的时候
是什么阻止我们腐烂的？

　　在人体的免疫系统里有白细胞、抗体和抗氧化剂，当我们活着时它们存在并活跃在体内。它们不仅仅在血液中工作，还在体内某些部位的其他细胞中工作。它们的任务是发现任何外来物质并消灭它。

　　一旦我们死后，我们机体的所有细胞，包括免疫系统里的细胞所需的氧气就停止供应了。这就意味着体内的细菌可以自由地繁殖了。很快，我们整个身体就变成了"免费的午餐"，并且由于死去的细胞无法保持原有形状，从而使内容物流了出来，这样又为微生物繁殖提供了"营养液"。到这个时候，尸体分解就很容易进行了。

　　而我们活着的时候，皮肤也能防止我们腐烂，它担当着抵挡细菌的屏障。但是一旦我们死后，皮肤结构也随之丧失，防御功能也就没有了。

　　实际上腐烂的过程非常快。天气热的时候，在湿润的环境下，腐烂在一天内就可以完成。天冷时，在无菌环境下（例如太平间），这个过程就变慢了，需要持续几个月。

耳屎的作用是什么？

看看别人的耳朵你会看见外耳道像弯曲的管子一样从耳膜通向大脑外部。外耳道中包含一些毛发和制造耳屎的腺体。毛发和耳屎一起帮助你抵挡进入耳朵的尘埃和污垢。

通常腺体制造出来的耳屎刚好够用，所以你的耳朵不需要清理。事实上清理会促使腺体分泌更多的耳屎。只有当耳朵有些不正常——例如受感染了——产生了过多的耳屎，才有必要请医生来清洁耳朵。注意：千万不要清除耳道里面的耳屎，只需用棉棒清洁耳朵外面的部分就可以了。

耳屎本身是脱落的额角化细胞的混合物，另外也被认为是干

燥的皮肤和毛发与外耳孔的耵聍腺和皮脂腺所分泌的分泌物组成的混合物。耳屎的主要组成成分是饱和的和不饱和的长链脂肪酸、酒精、鲨烯（鱼肝油中发现的一种化学物质）和胆固醇。

为什么耳屎味道那么难闻呢？耳屎中所含的长链脂肪酸的成分是黄油和人造黄油，当这些脂肪酸暴露在空气中接触到氧气后，就被氧化了，使黄油和人造黄油变得有腐臭味，因此耳屎也同样有腐臭味！

人有可能长生不老吗？

我们首先设想一个理想世界，然后再考虑现实世界。根据爱因斯坦的相对论，你不可能以光的速度前进，但是假如你很接近那个速度，与地球上不能以光的速度前进的人相比，你的时间看起来就慢得多。理论上，你可以以这种速度前进来减慢你的时间，直到地球上所有的人都死了。然而，对你而言，你仍会觉得你的生活节奏与你以前的生活节奏没什么不同，所以长生不老对个人来说没有什么感觉。

从生物学观点来看，人类不能永生有很多原因。其中一个是我们体内的细胞不能再生（例如，神经细胞、脑细胞和骨细胞）。所以当这些细胞死亡后，它们无法被替换。另外，当细胞进行再生分裂并自我复制的时候，复制时出现的失误会导致突变的增加。每一代人都有可能发生突变，所以你活得越久细胞复制得就越多，复制得越多就意味着突变越多，直到最后没有足够的可以"正常运转"的细胞留下来维持你的生命，你的生命也就结束了。

为什么伤口愈合时会发痒?

　　当细胞被割伤、被化学药剂腐蚀或被细菌感染时，伤口会发炎，这属于人体自我保护的一种生理反应，通常表现为发红、疼痛、发热和肿大 4 种症状。发炎是机体准备杀死伤口周围的真菌、毒素或异质的一种反应，这样伤口周围就不会感染，同时也为伤口愈合做好准备。

　　当伤口愈合时，我们会觉得有点痒，这是伤口结痂下面在长出新细胞而造成的。当新的皮肤细胞形成新的皮肤层时，结痂部位会绷得更紧，这样让人觉得有点痒。神经细胞同样会在结痂下面长出来，当它们能够接受并传送信息时，痒的感觉就产生了。

为什么我们要抓痒?
是什么让我们突然觉得痒?

首先,我们得理解"瘙痒的感觉"是由皮肤表层里的末梢神经机械性感受器产生的。

末梢神经中的机械性感受器是一种细胞,或者是细胞的一部分,它含有对扭转和弯曲敏感的组织。它们和负责感受常见的缓慢型疼痛的细胞很相似,因此,瘙痒被认为是疼痛的另一种形式。

当这些末梢神经受到刺激时,会释放出一种神经传递素,神经传递素会引起血管的扩张,从而允许更多的血液流向发痒的部位——这使得你的皮肤开始发红。与此同时,人体过敏性感应系统中的肥大细胞被激活,释放出组胺,导致血管进一步扩张,过敏部位开始肿大,于是产生了瘙痒的感觉。

抓痒是一种有效的反射动作,是由瘙痒部位的脊髓反射器产

生并指导你的手来完成的。抓痒是通过移开刺激物，或通过抑制脊髓反射器中的瘙痒信号来减轻瘙痒的感觉，如果抓痒太用力就会产生疼痛感。

是什么让我们想睡觉?

睡觉是最常见的一种人类活动。然而睡觉的过程以及是什么引起睡意，至今人们还没弄清楚。

大脑基层中的松果体很重要，因为有种叫作褪黑激素的化学物质就在这里产生。这种物质进入血液能控制睡觉和醒来的循环。小鸡被注入褪黑激素后，就会睡着。直到最近加利福尼亚的研究者才发现一种天然的诱发睡眠的化学物质（尽管我们已经生产了几种能够帮助睡眠的药物）。他们发现，失眠的猫的脑脊髓液（这

种液体有清洗大脑和脊髓的作用）中有一种物质的数量在增长。当他们把这种物质注射到老鼠体内时，老鼠睡着了。这种产生睡意的物质是脂肪酸，它和细胞膜中的一种成分相似，但是什么引起脂肪酸的释放还是未知的。将来，这种物质也许会成为一种天然的安眠药，因为现在使用的安眠药，不仅长期服用会上瘾，而且残留物对人体会有副作用，如果人们服用这种和脂肪酸成分接近的安眠药，可能就不会有这些问题了。

为什么当我们尴尬的时候会脸红？

脸红是由交感神经系统引起的，这一系统由我们无法控制的神经组成。无论你怎么努力，你都无法控制脸红。事实上，你的努力只会让脸红得更厉害。因为是你的情绪引起脸红，当流向脸部的血液增加时，你的脸就变红了。而交感神经系统放松时，一切又很快恢复原样，脸部的血液循环也将恢复正常。

生物学上如何解释"爱"？

如果你分析巧克力的成分，你将发现它能让人产生美好感觉的主要成分之一是一种叫作苯乙胺的化学物质。当我们受到性刺激时，脑垂体也会分泌这种化学物质，它可以使人的感受力增强并且使心跳加速。

多巴胺对于产生恋爱的感觉也有一定的作用。去甲肾上腺素能刺激肾上腺素的产生，肾上腺素反过来让心跳加速，于是多巴胺快速流经大脑，让我们觉得很舒服。大多数幸福快乐的感觉都来

自苯乙胺的作用。这些化学物质放在一起，它们的作用有时候能超越负责逻辑思维的大脑控制，从而使人陷入"疯狂"的恋爱中。

失去理性的浪漫想法被认为是在催产素的作用下产生的，这是一种基本的性刺激荷尔蒙，是极度兴奋和产生情感依恋倾向的产物。你越激动，催产素分泌得就越多。

这就是生物学上对爱的解释，一点儿都不浪漫，不是吗？

自己胳肢自己为什么不觉得痒？

胳肢是刺激表层皮肤下面的末端神经，它让一些人大笑，另一些人向后躲。

痒的程度是由谁来挠决定的。最新的研究表明：同样是被胳肢的人，在被别人挠和自己挠时，他们脑部扫描的结果是不同的。在自己挠的情况下，大脑似乎在告诉自己：痒的感觉要来了，可以忽略它。所以自己挠时的脑部扫描结果显示：大脑中负责计划的小脑把紧急信号传达给大脑的另一个部分，提醒它有种感觉要来了。

但是，我们不得不控制这种感觉，例如，如果我们的脚一放在地上就觉得痒，那生活就没法进行了。因此，大脑处理这些不太要紧的信息时会从中挑选出重要的刺激。

进化论者达尔文对于胳肢的现象很有兴趣。他意识到，被胳肢的对象会让身体上敏感的部位躲开刺激。他认为这是一种用来保护自己免受伤害的进化机制。有趣的是，这种被胳肢的快乐感觉也会随着年龄的增长而增加。

舌头上有多少末梢神经？

你注意过舌头上的味蕾吗？它们是不一样的。一个味蕾可能不止和一个末梢神经相连。一些末梢神经监测温度，其他的参与运动，有些末梢神经通过向大脑传送疼痛的信号来对受伤做出反应。颅神经也参与其中，因此舌头就像是一个末梢神经的复式枢纽。

但是根据经验，能估计出我们总共有 10 000 个味蕾，它们不仅分布在我们的舌头上，而且分布在上颚和脸颊上。每一个味蕾终端的感受器的数量为 50 ~ 150 个。

脑细胞死亡后会再生吗？

完整的神经系统是在你还待在妈妈子宫里的时候就已经形成了，而这个神经系统也会伴你度过一生。在你出生前的第九个

月，你将以惊人的每分钟 250 万个的速度生长出神经细胞，而这些神经细胞将维持你的一生，因为身体不会再生长出它们了。当然，随着你的成长，你的大脑也会变大，但这不是因为你生长出更多的神经细胞的缘故，而只是由于细胞自身在增大。就像你的肌肉细胞经受的锻炼越多，它们就会变得越大，脑细胞也是如此。

没有什么办法可以阻止脑细胞的损失。当你长到十几岁之后，它们就开始慢慢凋亡，它们的消失速率也是惊人的，每天50 000 个。当你 80 岁时，你已经损失了 10% 的脑细胞。不过你可以做一些补救，因为神经元会对训练做出回应，并且在受到激励的情况下与其他神经元形成特别的链接。把你的大脑当成肌肉一样锻炼，来保持它的健康吧。

为什么人的眼睛、耳朵 成双成对，嘴却只有一张？

你或许以为大脑在处理事情时能力不同，它更擅长帮助我们识别味道，所以有一张嘴就够了。而听和看需要大脑更多的支持。刚好相反，这是因为我们的大脑是那么的聪明，以至于我们都已经进化出了两只耳朵和两只眼睛。这都是为了辨别我们相对于其他人和物体来说所处的位置。这曾经是（并仍然是）人类一个重要的生存技能。例如，如果你不能清楚地看到悬崖的边缘，你就不能判断它到底有多远。

从某种意义上说，我们的耳朵和眼睛是相似的，因为它们任何一个都会为我们提供一个略有不同的映像。如果你把某个东西靠近自己，并轮流闭上一只眼睛，你会在每一只眼睛所看见的图像里，发现一点点的不同之处。声音也是一样。而这种视觉和听觉上细小的区别，会帮助我们确定任何特殊目标的位置或声音的来源。而另一方面，我们的嘴在方向判断上并没有扮演什么角色，这也可能是为什么我们仅有一张嘴的原因吧。总之，想象一下有两张嘴的生活。决定哪一张嘴来吃食物可能是非常有趣的——厚此薄彼吗？这也意味着完美的声音会同时从两个地方出来，这会使得耳朵的方向判断工作变得更难了。

聪明的爱因斯坦的 大脑比常人的大吗？

智力和大脑的大小无关，而爱因斯坦也证明了这一点。爱因斯坦是一个小额头的人，而不是大额头的人，因此，相对地，他有一个较小的大脑——事实上，他的大脑甚至比人类大脑的平均尺寸还要小。使爱因斯坦特别聪明，并使很多人要比其他人聪明的关键是他们大脑里神经元连通的能力。你能连接得越多，你就越聪明，这和你大脑的自然尺寸没有什么关系。要知道，有着超过地球上人数 20 多倍的神经元在你的大脑里，而你使得那么大数量的神经元互相接触得越多，你就会越聪明。顺便说一下，神经元可是我们身体里最长寿的一些细胞了，其中一些甚至会伴随你一生。教你一个了解你大脑中神经元数量的

方法，如果把一张纸当成你的每一个神经元，然后把每张纸叠加起来，最终你将会得到一个 8850 千米高的纸塔，是珠穆朗玛峰的 1000 倍。

大脑袋是聪明人的标志吗？

当然不是。聪明与否和你的脑袋大小完全没有关系，就像爱因斯坦一样。即使你的脑袋有澡盆那么大，也不意味着你就比一个脑袋只有厨房里杯子那么大的人聪明。使你聪明的东西是脑细胞彼此连接的数量，因此聪明程度确实和脑袋大小没什么关系。

人类大脑运转方式
与计算机一样吗？

要将人类的大脑和计算机做对比是非常困难的，因为它们是以完全不同的方式运转的。计算机是以线性方式工作，用它的处理器在一个时间执行一个职能。它的速度部分来自它运用巨大存储器的能力。而大脑包含了大量——以 10 亿计——的相当于处理器的人类形态的神经元。它们相互连接着，共同完成大脑的职能，虽然也是非常快，却和计算机那种系统、有序的工作方式不同。这就是为什么大脑在处理某些事情例如识别目标、颜色和声音上要快得多，而一个简单的计算器却在处理加减乘除上远比人类的大脑要快。大脑和计算机是完全不同的工具。

人类的大脑是地球上最大的吗？

严格来说人类的大脑确实不是地球上最大的，这个星球上最大的动物蓝鲸有着最重的大脑。它有一个 6000 克的大脑来支配它那相当于 25 只大象重量的庞大身躯。这样比较起来我们人类的大脑就很微不足道了，但人类大脑与自身体重的比值要大于地球上的任何一种生物，这也许就是为什么蓝鲸没有统治世界的原因。

大脑在低氧情况下能存活多久？

根本不会存活多长时间的。当然，确切的时间要依赖于许多因素来确定。但在 10 分钟后，人的神经细胞估计会受到相当大的损伤。那就是为什么医生总是那么急切地要确定突发病人是否还在呼吸，并且在他们考虑其他任何因素之前先要提供一个适当的氧气供给，这是必须做的。

事实上，大脑就是一个嗜氧者，它消耗了我们所吸进的全部氧气的 20%。

吃鱼会变聪明吗？

确实会有一些能够提高你的大脑工作效率的食物，而鱼显然就是其中之一，特别是像金枪鱼、鲱鱼和马鲛鱼这样的油鱼。但大脑主要的需求还是一个有规律的葡萄糖供应，例如，如果你没有吃早餐，你就不会非常顺利地启动你的大脑来面对这一天。研究表明不吃早餐会在整个早晨让你的工作或学习变得更难。但要

小心你摄入的是哪一种形式的葡萄糖。碳酸饮料和巧克力块就不会像鸡蛋、面包或谷物之类的"合理膳食"起到那么好的作用了。鸡蛋尤其好，因为它们能促进那些有助于信息在神经细胞间传递的化合物质的产生。垃圾食品不仅会让你增加体重，而且在一个对照实验中发现以垃圾食品为饲料的老鼠比以正常食物为饲料的老鼠更难走出迷宫。事实证明确实有些食物能使人变得更聪明。

为什么木头不会融化？

液体是游离分子的集合体——换句话说，它们能很轻易地到处移动。但木头是由很多纤维素组成的，这些纤维素又是由非常长的聚合体链构成的，这种长链不能轻易地到处移动。在聚合体的羟基之间也有氢键来使所有东西结合在一起。换句话说，你必须用极大的能量才能破坏这些键，而这样在木头融化之前它就将分解为其他物质，不再是木头了。

为什么不能从两头捏碎鸡蛋？

鸡蛋是一个精巧的工程结构。如果你用勺子击打鸡蛋的侧面它确实会碎掉，这是因为那里是蛋壳最薄并且易被破坏的一处地方。因为鸡蛋的形状，作用于鸡蛋尖端的压力使它表现得就像它是建筑或桥梁上的拱形结构一样。在拱形结构中，负重紧压在整个构造上，而构成蛋壳的碳酸钙在受压时是非常坚韧的。

镜子能让房间更亮吗？

一面镜子并不能产生出比已经存在于屋中的光还要多的光线。它不能凭空造出光来，必须有能量来发光。所以，你可以使光线四处地反射，但也只能做到这些。你不能指望对墙上踢出一只足球后，你会得到两只足球，并希望反弹回你那里的足球是另一个新足球。

通常，光到达物体表面后，会被这个表面所吸收，那就是为什么黑板那么黑的原因，因为它吸收了所有的光波因而看起来很黑——这是光的损失。那镜子对光做了什么呢？与吸收光线相反，镜子会完全地反射光线，那就是为什么看起来好像屋子里更亮了。

为什么远处的青草看上去颜色更淡一些？

地平面附近的事物会受空气的影响，而这些也会影响到我们怎么看远处的事物。在你和目标之间，空气中的灰尘数量随着距离的增大而增加，而地面热量的上升也能改变空气的折射指数。所有这些情况会分散并污染你从目标地接收到的光线。目标体越远，这种污染就越多。

太阳光由不同颜色的光线组成。靠近你的草会反射绿色光而吸收红色和蓝色光，使你观察到草是绿色的。而远处的草也会反射相同数量的绿光，但同时空气中的灰尘也会向你反射白光（所有的有色光），这种光的散射会冲淡你看到远处草的绿色。

这在城市中最明显。如果你在一座高楼向外看，远处的楼看上去比近处的要更黯淡一些。它们并不是真的那样，然而看上去就是更暗，因为很多光线反射向你，只不过这些反射过来的光并不都是一个特定颜色的光。

所以，如果你喜爱画画，那么在画山水时，一定要把背景画得比前景暗一些，因为这样才符合我们看到的"事实"。

为什么香蕉很容易变黑？

　　这又是蛋白酶在捣鬼——它们似乎真的非常不讨人喜欢。首先，香蕉是一种除了炽热的太阳光就不认识其他任何东西的热带水果，直到它们出现在你的冰箱里。它们完全不能适应寒冷，不像苹果或梨子那样可以非常开心地在冰箱里待上几个星期。对于香蕉而言，细胞膜会分解并泄漏，而接下来发生的就是酶开始寻找某些东西来进行破坏。一种已知的多酚氧化酶会和通常处在细胞的一个单独空间内的单宁酸起反应，而这两者之间的反应会造成褐色化合物的形成——或者说是黑色外表的香蕉。

储存香蕉的最佳温度是 13.3℃。低于 10℃香蕉就会开始变黑，所以在寒冷的晚上最好把它们包起来。当然绝对不能把香蕉放入冰箱，那会让它黑得更快。

把冷热不一样的两杯咖啡同时放到冰箱里，哪一个先结冰？

结果出乎意料，似乎有违常理，但确实是更热一些的咖啡会先结冰。因为热水分子有充分的能量来以蒸发的方式离开水体并从水中带走热能，冷水分子则没有充足的能量，因此不能快速地离开水体。所以虽然热水更热一些，但它失去热量更快，因为它的水分子中有更多的能量，由于热水分子比冷水分子失去能量更快，从而能比冷水先达到冰点。这一点早就被人们发现了。亚里士多德在他的《气象学》一书中说道："很多人在想让水冷得快一些的时候会把它放到太阳下。居民在冰上扎营捕鱼时（他们在冰上打洞捕鱼）会在他们的竖杆四周倒热水，这样结冰更快，而他们就是用冰来固定杆子的。"

为什么煮沸的牛奶会不断冒泡并漫出锅？

首先，你需要知道牛奶含有丰富的营养：它含有人体生长所需要的维生素和必需的脂肪，最重要的是当它煮沸时，会得到由长链分子组成的蛋白质，包含着氨基酸——人体细胞中的基本组

成成分。当牛奶被加热时，这些蛋白质会伸展开并把自己包裹在气泡周围，试图从牛奶中冲出来。它使得气泡逃逸得没有在水里时那么快，所以你得到的就是一大堆气泡，因为无法蒸发所以只好不断冒泡最终漫到锅外，最后只能由你清理了。因此，如果牛奶不是那么有营养，它就不会是这么麻烦了。

但这也有表面张力的因素。水的表面张力是非常大的：把水面想象成一张紧绷伸长的橡皮表面，在一个气泡穿过它之后它总是希望回到最初的形状——在气泡出去之后它就会突然回归原来的平静。然而，牛奶的表面张力较低，所以气泡比在牛奶里存留的时间会更久一些。加上蛋白质的黏滞作用，如此你就会明白为什么牛奶中的气泡没有挣扎就绝不停止。

顺便说一下，如果你想要证明这一切都是表面张力所为，加一些洗涤剂在水里并把它煮沸，它将会和牛奶有一样的表现。

切洋葱时为什么会掉眼泪？

又是蛋白酶的原因！当你切开洋葱时它释放出了一种叫作蒜苷酶的蛋白酶。洋葱的气味是由亚砜的存在而产生的，当亚砜接触到刚释放的酶后就会转变为不稳定的次磺酸，并很快变成合丙烷硫醛和硫氧化物——一种挥发性气体。这种挥发性气体接触到你眼睛表面的水后会发生另一次转变，这次转变为一种弱硫酸。眼角膜的神经末梢一点都不喜欢这种东西，因此眼睛的保护功能为了把它排除就使得泪腺流出眼泪。但这样的结果并不是一件好事，因为流泪后提供了更多的水分来接触到更多的挥发性气体，

在你最不需要它的时候，产出了更多的弱硫酸。

据说在流动的水下切洋葱可以避免使人流泪。还有人说，另一个技巧是在切洋葱时在牙间咬一片面包，你就不会流泪了。

强力胶为什么不会粘到自己的管内壁上呢？

大部分胶水是利用蒸发含有黏性物质的溶剂来工作的。然而，强力胶是一种需要氢氧离子刺激的氰基丙烯酸盐黏合树脂，而氢氧离子通常的来源是水。因为在一管强力胶中没有水的存在，它就不会起作用。这就是为什么那些管子要那么紧密地密封——它是为了防止湿气进入。

是胶水让保鲜膜能自己粘住吗？

　　根本没有什么胶水。保鲜膜能自粘完全是因为在你将它从一卷保鲜膜中拉出时让它产生了静电。这种极易带电的塑料膜会吸引不带电的物体和绝缘体，这就是为什么用保鲜膜蒙住塑料盒似乎密封得很好。如果你在一只金属锅上用它，它干得就没那么好了，因为静电遇金属这种导体就消失了。你可能注意到如果你从保鲜膜卷上取下一段保鲜膜，把它放置一会儿然后再使用它，就很难粘住，因为它完全失去了电荷。

橡皮擦为什么能擦去铅笔字迹？

　　纸是由纤维制成的，有突起和皱纹。当你在纸上写字时，一些铅笔尖上的石墨会在铅笔上的石墨分子与纸分子上的突起和皱纹接触的时候磨下来。当橡皮在纸上摩擦时，所有的石墨分子与橡皮接触后结合得比与纸结合的要更好，因此石墨就被从纸上拉走了。橡皮灰就是石墨粘到橡皮上橡皮磨损后留下来的。湿橡皮是不能使用的，因为水分子进入了橡皮分子中并阻止了石墨与橡皮分子的联结。如果你坚持用湿橡皮的话，结果就是在涂鸦。

怎样切割坚硬无比的钻石？

　　不管你信不信，钻石和木头一样是有纹理的，如果沿着它纹理的线路处理就能干净利索地切开它。如果你想要利用纹理来切割钻石，你可以使用一种锋利的金属刀刃，用锤子来敲击它，当然一定要十分小心。如果你要横过纹理来切割钻石，可以用含有钻石沙的磷青铜制的圆盘做成的极薄的锯子，使其在 10000 转 / 分钟的转速下旋转。当锯子切割钻石时，钻石与锯子摩擦脱落下来的灰尘又给锯子覆盖了一层钻石沙，因此又维护了它自身的锐度。即便如此，要切开一块大钻石也需要花两个星期的时间。

有比钻石更硬的东西存在吗？

在科学上钻石仍是最坚硬的物质，但一群美国研究者表示他们已经制造出了一种包含了碳氮结晶的合成材料，科学家认为它大有希望成为比钻石更坚硬的物质。

关于超硬材料的研究最早开始于 1980 年末，当时一个美国科学家提出了一个计算物体硬度的公式。这个公式显示 β -C_3N_4 应该比其他东西要硬一些。

非结晶碳氮这种蓝灰色物质能被轻易地在实验室制造出来，但科学技术已证明得到超硬晶体是极为困难的。研究者轮流将碳氮和钛氮薄层置于室温下，用一个叫作"磁控溅射"的方法将气体分子向固体目标射击。气体分子会除去目标物表面的原子，与它们发生化学结合，再从那里反射回来并沉淀在附近的表面上。研究小组决定将氮分子发射到一个一半涂碳另一半涂钛的目标物上，因此当目标物旋转时氮原子被交替击在两种物料上，并在一个紧靠目标物的表面上产生连续的碳氮层和钛氮层。钛氮和非结晶碳氮都是坚硬的物质，而淡桃红色的合成材料的硬度是其中任

何一个的两倍。但是，它仍然没有钻石那么硬。

不过，研究仍在继续，因为那些比钻石更硬（也更便宜）的物质将会有一个广阔的利用空间。超硬材料可以用来切割钢铁，这是钻石不能做到的，因为钻石受热后会燃烧起来。同样的，我们也不可能在金属上涂上一层钻石层。如果在齿轮和轴承这些机械结构上涂上一层 $\beta-C_3N_4$，它们将会比普通部件的使用寿命更长。另外，还可以在液体润滑剂不适用的设备上使用。一层薄薄的 $\beta-C_3N_4$ 也可以用来保护计算机光盘的表面。

为什么切割的钻石会光芒四射？

比起玻璃，钻石有着更高的折射率，因此即使将两者严格以同一方法切割，钻石仍比玻璃更有光泽，因为在反射光线分裂成为它自身的颜色方面，钻石要比玻璃好得多。

钻石美丽的秘诀就是它反射光线的方式。切割时切割工具必须以这种方式把钻石定型，即允许光线通过钻石的顶部，这样光线就会在钻石内部四处反射并最后从顶部穿出。这种方式能使光线达到最大化的反射，从而使钻石看上去闪闪发光。

在 20 世纪初期，钻石切工技术就已经非常精湛了，以至于发展出了一套精确的数学标准。它要求大部分钻石都要被切割出58 个刻面，每两面之间都要保证精确的角度。

此外，钻石的切工和它的外形并不一样。外形是由个人爱好决定的，并不影响钻石的价值，但切工却会影响。一个好的切工会让穿过钻石的光线产生大量耀眼的光芒。这只有在一个被切割得比例非常匀称的钻石上才会发生，光线会从一个刻面反射到另一个刻面，然后再通过钻石分散到四面八方。如果光在钻石中传播时没有经过反射就穿出了，那光芒就会大打折扣。

煤可以燃烧，那钻石可以吗？

如果你可以使钻石达到足够的热度，你就可以使钻石燃烧。煤在达到 400℃时开始燃烧，而钻石在没有达到大约 800℃时是不会被点燃的。

这是由于两种物质中碳原子结合的方式不同。煤是由非常古老的植物残骸形成的，碳原子以一种非常不规则的方式排列，并没有任何规则的形态。你可以把碳原子想象成刚刚从盒子里倒出来的积木：你可以很轻松地把它们分离开，而把它们拼起来也不那么难。

现在把积木拼起来，使得每一块积木的周围都和其他积木相连。当你再想加上更多的积木时，你就发现你已经得到了一个非常坚固的立体形态。它很牢固，因此需要花费很大的努力才能把它再次拆开。这就是一个"拼装钻石"。在一个真实的钻石里，中间那个积木块就是碳原子，不过构型是不一样的。因为在钻石里碳原子的结合方式相当规则，因此它是非常坚硬的——你不能轻易地将原子推开。

当物质燃烧时，内部原子一定是与其他原子分隔开的，而比起在煤中不规则堆积的原子，对钻石这么做则需要耗费更多更大的能量，这就是为什么点燃钻石时你必须使钻石变得更热的原因。

"浴室歌声"会更好听吗?

在浴室外听到歌声的人们可不会这么认为!不像在其他房间,浴室里充满了坚固的、会反射的墙面,想想那些光亮的墙壁、坚硬的洗手盆和浴缸,还有没铺地毯的地板——多么完美的高频反射表面啊。在一个挂着窗帘的普通房间里,高音(大部分歌唱所包括的)都被吸收而低音可以存留。比如,在隔壁的立体声系统中演奏的低音电吉他比起架子鼓中的钹声更容易被隔墙听到。因此,如果你在浴室里唱歌你会得到那些反射回来的高音,而如果你在起居室里唱歌那就不会这样。

你也必须考虑到共鸣的因素。物体有一个它们"更愿意"振动的频率。在一间浴室里这可能意味着那个确定的频率似乎要比在其他的房间里更高，因为对于墙壁和其他表面来说它们都处于同一个共鸣频率。如果这共鸣频率是欢快的音乐，那么显然你将享受你所听到的声音，并因此开始认为你的歌声真的很好听。

为什么薄荷会让你觉得嘴里凉凉的？

薄荷的味道是由舌头上的甜、苦、咸、酸 4 种味蕾和鼻子里的所有嗅觉感官共同获得的。薄荷的味道是由薄荷油香料产生的，它就像是一种催化剂，把"薄荷"信号传送给大脑。

但是薄荷的清凉感和薄荷油香料没有任何关系，和味觉、嗅觉也没有任何关系。清凉的感觉是通过不同的神经传递给大脑的，这些神经常常在降温状态下特别活跃。能激活这些"清凉"神经的化学物质叫薄荷醇，它是薄荷中的一种重要成分。这才是让你的嘴巴觉得凉凉的但没有实质性降温的原因。这只是一种错觉。

太阳会让你不由自主地眯起眼睛吗？

你的瞳孔张开或收缩，这是两个不同的神经系统在工作：交感神经系统控制张开或扩张的动作，副交感神经系统控制收缩或

缩紧的动作。你的眼睛瞳孔的大小是由这两种动作综合作用的结果来决定的。

因此，如果海滩边的阳光很刺眼，副交感神经系统将尽可能让眼睛眯起来防止眼睛底部的视网膜受到伤害。然而，此时如果你发现心仪的对象，来自异性的吸引伴随着心跳的加速，交感神经系统也努力让你美丽的眼睛睁得更大。

最后太阳会获得胜利。控制瞳孔收缩的副交感神经系统比控制瞳孔扩张的交感神经系统的作用力更持久。因此，我猜想当你在海滩边看到心仪的对象时，你的瞳孔会扩张，但很快又会眯起来，除非这种异性的吸引力大得可以压倒一切。

为什么品尝咖喱会让人有灼烧感？

咖喱是用胡椒、姜黄、香椒等的粉末制成的调味品。其中胡椒里含有的辣椒碱，是一种能让人觉得火辣辣的化学成分。它是5种能对口腔产生不同作用的成分之一。这5种成分中，有3种能在上颚的后端和咽喉部位产生一种像被快速地咬了一下的感觉，另外2种能对舌头和上颚的中部产生长久但低刺激的感觉。你所能感受到的胡椒的辣的程度取决于胡椒中这5种成分的不同比例。辣椒素是常见的刺激物，它通过刺痛或使黏膜破损的方式在受伤的皮肤处产生一种灼烧的感觉。身体对辣椒素的反应是疼痛、掉眼泪、鼻子酸，这些都属于一种自我保护。

如果你的嘴被热的咖喱烫了一下，喝水可以让嘴巴降温吗？答案是不能。因为辣椒碱是亲脂性的，因此喝水的方法对于消除

火辣辣的感觉没有什么作用。你可以试着喝些牛奶或者酸奶，因为它们都含有脂肪，辣椒碱遇到脂肪能溶解并被分解。

为什么人长大后
感觉时间过得特别快？

因为我们常常根据之前的经验来测量时间过得有多快。我们活得越长，我们经历的时间也越多。5岁时，一个星期的时间看起来要比20岁时的一个星期长，这仅仅是因为5岁时和20岁时的状况不一样，5岁时你还没有经历过如此长的一段时间。和之前所经历的时间相比，一个星期的时间在20岁时比在5岁时相对更短，因为在5岁时，一个星期的时间仍然是生命中相当有意义的一部分。

49 选 6 的彩票，
如何计算中奖的概率？

这里有 49 个数字可供选择，你必须选对 6 个数字才能赢得大奖。选中第一个数字的概率是 6∶49。也就是说，选中从对应 49 个数字的小球中滚落出来的 6 个小球之一上的数字。

选中第二个数字的概率是 5∶48。选中第三个数字的概率是 4∶47，以此类推，选中最后一个数字的概率为 1∶44。

将你选中这个数字的概率和选中另一个数字的概率相乘，你就算出了中奖的概率。因此，为了保证所得的数字正确，你应该把这

些数字相乘:(6/49)×(5/48)×(4/47)×(3/46)×(2/45)×(1/44)。这样,计算出来的中奖概率为1/13983816。

因此,买彩票中头彩的概率为1:13983816。

彩票连续中奖或一生中奖两次的可能性大吗?

如果连续11个星期买彩票,那中奖的概率有多少?如果你这么问,那就简单很多。

我们说中奖的概率是1:10,第一个星期你会中。再一次中奖的概率是每天1:10,因此,你有可能在接下来的日子里再中一次。如果你只在下一个星期买彩票,那你中奖的概率仍然是1:10。因此,你在下一个星期里中奖的概率和在第7天或第11天是一样的。

显然,你买的彩票越多,中奖的机会也就越多,但这不能改变中奖的概率。

如果你发现后面的车即将撞上你的车,该迅速刹车吗?

我个人认为应该选择迅速松开刹车。

冲击力是造成伤害的原因。当一个物体撞上另一个物体时,第一个物体的动量势必会被减小,而这必须通过一段或长或短的时间。

动量的变化是力和力作用于物体上持续的时间共同作用的产物。所以，假设给定一个动量，那么冲击力的时间越长，感受到的力就越小；冲击力的时间越短，感受到的力就越大。这和跳起来然后落下的原理是一样的：如果你屈膝，那就增加了人体和地面撞击的时间，疼痛感就会减小；如果你挺直膝盖，跳的动作突然停止，你就有可能会受伤。所以松开刹车能减小冲击力。

地球在转动，为什么你跳起后还落在原地？

如果你坐着飞机一直在伦敦上空盘旋，那么当你下飞机的时候，你会在巴黎吗？当然不会！没错，地球是在旋转的，而且牛顿因为你没有正确理解他的能量守恒定律而躲进了墓地。

事实上，即使你坐在加满油的直升机里垂直上升，你也不能脱离地球轨道。这都和动力有关。当你站在地球表面，赤道正以 530 千米 / 小时的速度转动，因为你和地球接触，也获得了角动量。

根据牛顿定律，动量是守恒的。换句话说，动量不会被创造出来，也不会消失，它只在力的作用下改变。如果你跳起来，你也无法消除你身体的动能，这很简单。如果你想要证明，只需就地跳一下。你下方的地球在旋转吗？你落在同一个地方吗？答案是肯定的。

在直升机里也是一样的，它的角动量除了力的作用外也无法改变。如果你想让直升机移动，你需要打开节流阀来提供那些力，然后你就能旅行了。但如果只是盘旋，那你哪儿也去不了。

蜜蜂可以在开动的汽车里照常飞行吗？

在车里你会怎么样，蜜蜂也会怎么样。当汽车开动时，汽车内的空气并没有被甩到了车尾。这是因为，当汽车加速时，车内的空气也具有了相同的速度，因此两者的相对运动没有改变。相对车内的空气，蜜蜂在盘旋，并将一直保持下去。既然车内的空气相对于汽车来说并没有运动，那么蜜蜂相对于汽车来说也仍将待在原地。

当鹦鹉在笼子里飞时，笼子的重量会减轻吗？

是的，总重量会变轻，这真令人惊讶。当鹦鹉停在栖木上时，总重量是笼子的重量和鹦鹉的重量之和。当鹦鹉开始飞时，它的分量就不再计入笼子的重量，因此笼子的重量就减轻了。

然而，如果鹦鹉是在一个密封的容器中（严重警告：不要在家这样尝试），笼子的重量将维持不变。这是因为，当鹦鹉飞的时候，它会扇动翅膀，翅膀每扇动一次，就将和它重量相同的空气向下推。在一个透气的鸟笼里，这些空气将流散开来，因此对于鸟笼的重量不产生任何作用力。

如果单脚站在体重器上，体重会减轻吗？

即使一只脚站在体重器上，你的体重也永远都不会减轻。

体重是一种压力的测量，力的大小等于压力乘以受力面积。因此，如果你是用一只脚代替两只脚站在体重计上，那么尽管体重计上的受力面积减少了，但作用于受力面积上的压力却相应地增加了。所以，你的体重仍然不变。

两只脚分别放在两台体重器上，加起来的体重仍会不变吗？

如果你有两台体重器，你的两只脚分别放在上面，那么测出的体重将由脚和体重器接触的面积和作用于体重器上的压力来决定，但综合的重量应该加在一起才是你的体重。如果你这样去尝试了，但你的体重却不是两台体重器上指示值加在一起的值，那么这应该是体重器的问题，而不是计算法则的问题。有兴趣的可以亲自尝试一下。

谁发现了 0？

巴比伦人以数字 60 为基础发明了一套数字系统，但是他们没有 0，因此留下了一个空当。很快，他们遇到了一个问题：没有 0，该如何记录 10、100、101 等数字。所以，他们不得不发明一个 0 来解决这个问题，他们用了一个看起来非常像我们现在用的角度符号来表示 0，这个符号出现在公元前 500 年。尽管严格来说，当时它更像是一个标记而不是实际上的数字 0。

真正把 0 当作一个数字来使用是在开始使用负数的时候。目前发现的最早使用 0 的记录是 17 世纪印度的记录。数学家和天文学家婆罗门笈多是第一个提出 0 和负数运算规则的人，他宣称：0 加上一个负数是负数，一个正数和 0 的和是正数，而 0 加 0 仍为 0。虽然他对于 0 这个概念的理解并不完全正确，但这是迈向正确理解数学的重要一步。

为什么清澈的水，结成的冰总是混浊的？

有 3 个很好的解释，所有恰当的解释都是在当你开始用一个障碍物挡住光束去路的时候产生的。

第一，冰块不是一个大的晶体，而是由很多的小晶体组成，而这为光线碰撞到晶体边缘发生衍射提供了大量的机会。衍射和折射之间有什么不同呢？衍射是你看到光波在障碍物边缘发生弯曲的情况，而折射是光从一种介质射向另一种介质时发生的弯曲。

第二，空气中的二氧化碳、氧气和氮气等气体在寒冷的天气里会更易溶解在冷水里，而在水结冰时，这些气体产生的气泡会被留在冰块里。它们可能是非常小的气泡，但对于折射光线来说它们仍然相当大。

第三，即使在冰块内部，一小部分的液态水仍能保持溶解状态——这是另一种折光的机会。

将这 3 种情况放到一起你会发现，光没有办法完全穿过冰块从另一边射出来。

为什么镜子不是白色的？

大家都知道，白色的物体是因为反射了所有射向它表面的光而呈白色，比如白纸。镜子也可以反射所有的光，但它为什么不是白色的呢？因为白纸不像镜子那样只是反射光线。白色的物体看起来是白色的，那是因为它们吸收了所有的有色光，然后又把它们以一种单色——白色的形式发射出来。如同一个蓝色的物体会吸收所有的颜色而只发射出蓝色光。而镜子没有做任何吸收，它只是简单反射回投向它的东西，因此光经受的是不吸收或者说是再发射的情况。

一滴在咖啡中心的牛奶为什么不会随杯子的转动而转动？

你有没有体验过惯性作用的影响？这是一种无论人们怎样试图将你推来推去，或者无论地球给你施加了怎样的压力，你都完全不会移动的感觉。嗯，咖啡也有惯性，那是一种原地不动的趋势。当你旋转那杯咖啡时，杯子会屈从于你直接施加给它的压力，但那保持在原来所在位置的咖啡却不会。导致它有一小点移动的是在咖啡和杯子之间的摩擦力。但因为牛奶和杯子之间没有摩擦力，所以那滴牛奶就会待在原地不动。

为什么巧克力夹心饼干中的巧克力在饼干被烘烤时不会融化？

饼干上的巧克力和你在巧克力吧中所得到巧克力不是一种东西。虽然它仍叫巧克力，但它已经发生了改变，或者说是被调整过了。人们把巧克力反复地加热、冷却，直到它最后呈现一种更稳定的晶状结构。这也使它有了一种光滑发亮并易碎的表面，而不会像普通巧克力一样容易融化。另外还有一点，饼干的生面团将巧克力控制在一个小范围内，因此即使巧克力融化了，也不会到处乱跑。

墨水中含有让墨水粘到纸上的胶水吗？

在某种程度上是的。墨水和油漆中含有色素，它们是不溶于水或油类的化合物。其中最常见的一种天然色素就是二氧化钛，它是一种白色物质，用途很广泛，可以用于乳化漆和糖果。

墨水是由研磨得极精细的色素、悬浮剂和能将色素固定在纸上的某种橡胶或黏合剂组成的简单混合物。当你在纸上写字时，色素和悬浮剂就会被拉入纤维里，只要纸的吸收性不像吸墨纸那样强，墨水就会很好地待在你放置它的地方。然后悬浮剂便会蒸发掉，只剩下色素被留在纸上。

为什么不能用水给油锅灭火？

沸腾的油锅温度非常高，如果此时倒入水，由于比重的原因，油会浮在水上，然后水试图把它沉下去，当水遇到热油脂便会温度上升直至沸腾。蒸汽气泡迅速地穿过热油脂上升并带着油滴急剧地进入外界空气中。如果这些油滴遇到火苗，那它们也会燃着。

试着用水来熄灭一个着火的油锅是在厨房里发生的最危险的事情之一。你应该把一件潮湿的衣服（或盖子）覆盖在油锅上使火焰与氧气隔绝开，而后它们很快就会熄灭了。

为什么在厨房晾衣服干得更快？

即使衣服的温度没有上升到沸点，水也仍然能从衣服中出来进入到空气中。任何在衣服里的单个水分子都被其他水分子所吸引，同样也被构成衣服的分子所吸引。水分子会发现自己处在一个"黏滞"的环境中，这就意味着它很难从衣服中逃逸并进入空气中，但它还有足够的能量可以到处移动，和其他水分子交换位置。

热量可以被当成一种分子所拥有的能量，而热量越高，它们所拥有的能量数值就越大，并且也越容易克服周围的黏性。例如在一个室温 20℃ 的房间里，一些水分子可以有足够的能量克服来自其他分子的吸引力，并可能完全从衣服中逃逸到空气中去。当这个过程继续进行时，留在衣服里的水分子将会越来越少，直到最后衣服中没有水分子为止。

如果温度超过 20℃，那会使更多的水分子同时拥有足够的能量蒸发，因此衣服将会干得更快。厨房的温度是房间中最高的，因此，晾衣服会干得快些。一些脱离衣服表面进入空气中的水分子可能会落回到衣服上并被再次粘住，这就是为什么在大风天里把衣服放在外面会有助于加速干燥的过程，因为风吹走了从衣服表面脱离的水分子，从而使它们回到衣服上的可能性减少。

抽奖时改变第一次选择，赢的机会多一些吗？

是的。看这里：你参加一期智力竞赛节目，竞赛中有 3 扇门，分别是 A、B、C。其中两扇门后面是山羊，一扇门后面是辆新车。如果你选 A，那么节目主持人会告诉你，门 B 后面是 1 只羊，并问你是否改变主意，如果你说是，并且选择 C，那么你就有了赢得新车的更好机会。这有点神秘，却是事实。

这是因为第一次选择的时候，相对于 1/3 选中车的机会来说，你有 2/3 的机会选中山羊；换句话说，你选错的可能性更大。因此，9 次机会中有 6 次会选中山羊。如果接下来你被告知另一扇门后面有 1 只山羊，你就能充分肯定汽车就在第三扇门后，并在剩下的 6 次机会中毫无悬念地选中它。当然，事实上，9 次机会中你也有 3 次机会在第一次就选中汽车，要是这样，改变主意事实上会让你选到山羊。

不幸的是，机会和概率的问题在你做选择前是从来都不知道

的。用3个鸡蛋壳和1个1英镑的硬币来做试验，从观众中邀请一位志愿者，请他选一个鸡蛋壳，接着给他们看一个底下没放硬币的蛋壳，然后问他们是否想改变主意。不管他们最后是否找到硬币，把整个过程都记录下来。你会很快明白，如果他们改变主意，他们赢的次数更多。当然，如果你想赢1只山羊，就必须坚持你第一次的选择。

手仅用水洗干得快，还是抹了肥皂洗干得快？

如果你没有冲洗掉肥皂就把手放到干手机下，那么可能需要花更长的时间来干燥。这是因为清洁剂会以一种独特的方式来处理你皮肤上的水膜，从而形成一个保护层，这阻止了水的快速蒸发。这就是为什么没有肥皂而仅由水产生的气泡不会维持很长时间的原因之一，那仅仅是因为水分蒸发得太快了。另外，水自身的表面张力要高于肥皂水的表面张力，而这个张力会将水向下拉成一个小水滴，这更容易使水离开你的手。

为什么高尔夫球的表面凹凸不平？

凹凸的表面可以使空气在球的四周产生湍流，否则，球的后面将形成一股涡流，其作用就像是把球往后拖，让球的速度变慢。因此，表面凹凸不平的球飞得更快。

这和伯努利法则相关。想象一下：一个球在你面前自右向左滑过。表面的凹槽隔离空气，如果球沿顺时针方向旋转，那么球顶部的凹槽将使周围的空气加速（因为它们随着气流旋转），而球底部的凹槽则相反，它们让速度减慢。伯努利法则认为，当空气被加速时，它的压力就减小。因此，球顶部的表面受到的压力减小而底部的压力加大，这叫作挑球。如果你能像网球运动员那样让球反方向旋转，那么球顶部的压力增加而底部的压力减小，这会让球明显地下落。

多少只羊身上的羊毛能织一件毛衣？

如果我们估计平均一件毛衣重 250 克，而平均从一只羊身上得到 5 000 克羊毛（羊身上只有 65% 的毛是可用的，因为剩下的羊毛太脏了），那么你可以从一只羊身上得到 13 件羊毛衫。

护发素真的能护理头发吗？

头发是没有生命的。护发素唯一的作用是暂时改善你的发质状态，因此，你不能奢望它能给予头发原本没有的生命。

既然如此，护发素到底有什么用呢？你越折腾你的头发，例如吹、烫，甚至梳理，头发就被伤得越厉害。如果你找一根受损的头发并把它放在显微镜下观察，你将看到许多突起的鳞片都粘在了一起。这让你的头发毛糙，难于梳理，并且看起来没有光泽。护发素真正的作用在于裹在头发表面，让头发变得光滑。这就是

为什么用了护发素之后，头发更容易梳理的原因。

奥秘世界

邝波 编著

万物千奇百怪的由来

江西美术出版社
全国百佳出版单位

图书在版编目（CIP）数据

奥秘世界.万物千奇百怪的由来/邝波编著.－－南
昌：江西美术出版社，2022.8
ISBN 978-7-5480-8711-3

Ⅰ.①奥… Ⅱ.①邝… Ⅲ.①科学知识－儿童读物
Ⅳ.①Z228.1

中国版本图书馆 CIP 数据核字（2022）第 125864 号

出 品 人：刘 芳
企 划：北京江美长风文化传播有限公司
责任编辑：楚天顺 朱鲁巍 策划编辑：朱鲁巍
责任印制：谭 勋 封面设计：韩 立

奥秘世界·万物千奇百怪的由来

AOMI SHIJIE · WANWU QIANQIBAIGUAI DE YOULAI

邝 波 编著

出 版：江西美术出版社
地 址：江西省南昌市子安路 66 号
网 址：www.jxfinearts.com
电子信箱：jxms163@163.com
电 话：010-82093785 0791-86566274
发 行：010-58815874
邮 编：330025
经 销：全国新华书店
印 刷：河北松源印刷有限公司
版 次：2022 年 8 月第 1 版
印 次：2022 年 8 月第 1 次印刷
开 本：880mm×1230mm 1/32
总 印 张：16
ISBN 978-7-5480-8711-3
定 价：88.00 元（全 4 册）

　　水有源，树有根。大千世界里的一草一木、一事一物全都不是无中生有的。无论它年代多么久远，也不管它听上去多么复杂、看上去怎样神奇，总是可以追本溯源，并能发现其中蕴含着的科学道理或是趣闻逸事。正因为如此，探究世间万事万物的由来，其实就是在阅读一部人类文明的发展史，这其中既包含人类对自然的探索与发现，也体现了人类伟大的创造力。

　　关于万物的由来，由科学家讲解，会换算成一组组深奥的公式和数据；由历史学家解读，会变成一桩桩有据可考的事件；由文学家描述，则会成为一个个天马行空的传奇故事。本书则集三方之力，各取所长。

　　本书的主要特点，体现在以下三个方面。

　　一是讲解方式全面多样。书中既有科学、周详的"细说"，又有形象、生动的"趣说"，多角度探寻事物的本源。讲到电视、照相机这样的科技产品，会通过具体的数据、

易于理解的方式来讲解；而提到踩高跷、拉丁舞这类民俗民风和娱乐活动，则会带出一个个妙趣横生的故事或传说。

二是所选内容涉及面广。书中所选的 100 多种事物，分为文体娱乐、日常用品、服装饮食、名牌名胜四部分，几乎涵盖了社会生活的各个方面，衣食住行无所不包。

三是图文并茂的多元编排。通过多种直观影像与文字的有机结合，图解各事物的来龙去脉，使你的探索发现之旅多一份艺术的美感和身临其境的真实。

本书不仅是一本查阅方便、帮助你答疑解惑的工具书，更是一部能够以小见大、开阔眼界的智慧书。除了能让你拥有收获知识的快乐体验，更能带给你智慧的启迪与创造的灵感。也许下一个收入本书的发现与发明就是你的杰作！

Contents

目录

日常用品

服装饮食

名牌名胜

文体娱乐

生、旦、净、丑：反其意而用之

　　生、旦、净、丑是中国传统戏曲中的四个角色，他们是一台戏剧演出的四大台柱。生、旦、净、丑的取名与字的反喻之意有关。

　　"生"是在剧中扮演男子的角色，有老生、小生、武生之分。过去老生是各行当之首，也就是整出戏成败的关键，要求生角的演出必须老练娴熟、唱做俱佳，故反其意取名为"生"。

生角

"旦"是在剧中扮演女性人物的角色，有青衣、花旦、老旦等之分。"旦"的本意是指旭日东升，也是阳气最盛的时候，旦角表演的是女性，女属阴，故反名之为"旦"。

"净"是在剧中扮演性格刚烈或粗暴的人物，通称花脸，有铜锤花脸、架子花脸、武花脸等之分。"净"本意是清洁干净，而剧中净角都是涂满油彩的大花脸，看起来很不干净，不干净的反面就是净，因而得名。

"丑"是在剧中扮演滑稽人物的角色，有文丑、武丑之分。在十二生肖中，丑属牛，牛性笨，因此，丑就是笨的代名词。而演丑角的人，则要求活泼、伶俐、聪明，如果其笨如牛是不能代替的，故相反取名为"丑"。

梨园：祖师爷是唐玄宗

"梨园"是对中国戏曲界的称呼，旧时常将戏曲行当叫作"梨园行"，将戏曲艺人称为"梨园子弟"，一直沿用至今。

据传说，唐玄宗李隆基是个戏曲、音乐爱好者，他自己不仅爱听、懂欣赏，还能唱上两句，玩玩乐器，指挥排练。他最爱大型歌舞，于是，主持选拔了3000名乐师，常亲自指导，将艺人集中于皇宫中的梨园演练。后来，人们把皇上提供的演练场地"梨园"称代戏曲音乐行当。

梨园界对戏曲还有"雅部"和"花部"之称，这是始于乾隆年间的叫法。"雅部"指当时被认为是雅乐的昆腔；"花部"指昆腔之外的地方戏曲。后来这两部通指戏曲。

跑龙套：来源于戏曲行当

戏曲有所谓"跑龙套"，意即主角之外的跟班、随从、助阵、串场等小角色。

龙套由所穿的龙套衣得名，这几个人代表了千军万马。龙套在舞台上的活动有一定的程式，如升帐或坐堂分站两厢的叫"站门"；引导主人前行并开路的叫"圆场"；在上、下场门附近斜列两行候主人上场或下轿的叫"斜门"；在双方交战从兵刃下穿过叫"钻烟笼"；分从两边上场叫"二龙出水"等。

龙套表演讲究"站如钉，走如风"。龙套在站堂助威时要像岩石一般，伫立不动；一旦动（跑）起来，犹如燕子掠过水面。舞台的气氛有时是靠龙套跑出来的，所以又叫"跑龙套"。龙套以头旗为主，二、三、四旗为副，要听头旗的指挥。他们常打着红门旗、飞虎旗、月华旗，演神话还打着风旗、水旗、火旗、云牌等，所以也有人称其为"打旗的"。

一出戏固然需要有男女主角、男女配角等主要角色，但若无"跑龙套"，也不能成就一场戏。

相声：源于先秦时的俳优

相声是中国北方曲种，是一种源于民间的以语言为主要表演手段的喜剧性曲艺艺术。含有相声艺术因素的文学形式，可以追溯到先秦时的俳优，后来经过复杂曲折的发展历程，吸收了其他表演艺术的积极因素，如魏晋时的笑语、唐代参军戏以及宋金杂剧里滑稽含讽的表演等。到了明代，隔壁戏与笑话艺术统称为"相声"。这两种艺术形式的普及与发展，为相声艺术的产生奠定了基础。兼备说、学、逗、唱艺术形式的相声形成于18世纪中叶（清乾隆时期）之前。咸丰年间，北京有一朱绍文先生（艺名"穷不怕"）是最早说相声的人。

小品：本属佛教用语

"小品"一词最早始于晋代，本属于佛教用语。

《世语新说·文学》"殷中军读小品"句下刘孝标注："释氏《辨空经》有详者焉，有略者焉。详者为大品，略者为小品。"鸠摩罗什翻译《摩诃般若波罗蜜经》，将较详的27卷本称作《大品般若》，较简略的10卷本称作《小品般若》。可见，"小品"与"大品"相对，指佛经的节本，因其篇幅短小、语言简约、便于诵读和传播而受到人们的青睐。

20世纪80年代初，喜剧小品这种艺术形式被搬上荧屏，它集合了话剧、相声、二人转、小戏等剧目的优点。

双簧：老黄弹弦，小黄演唱

双簧主要流行于北方各地，起源于清朝末年。

据说，慈禧太后当权时，常常把外面的著名戏剧、杂曲演员传到宫里为她演唱。唱单弦的艺人黄辅臣是众名角之一，慈禧太后很喜欢他演唱的滑稽戏。有一次，慈禧太后传黄辅臣速到内廷，恰逢黄辅臣喉咙痛，本不能去，但又不能抗旨，于是他带了儿子

一起进宫。上场时,老黄弹弦子做面,小黄藏在椅子后面演唱做里。谁知给慈禧太后看穿了,黄辅臣父子吓得不敢抬头。不料慈禧太后见他父子俩的配合天衣无缝、妙趣横生,不但没有怪罪,反而开玩笑道:"你俩这叫双黄啊!"

从此,"双黄"(后来写成"双簧")就成了一门独立的曲艺形式。在中央电视台的春节联欢晚会上,"双簧戏"曾作为中国的传统剧目,让观众一饱眼福。

魔术:祭天、祈年的通灵

魔术的雏形产生于古人祭天、祈年等游艺色彩较浓的习俗活动中。面对自然灾害,古人束手无策,因此,他们相信天地相通。于是,出现了号称自己能来往于人和神之间的巫、觋及后来的方士。这些人为了使人相信他们能够通灵,大都有些验证的办法,这就是原始的魔术师。

魔术作为具体节目表演,出现于2000多年前。西汉元封三年(公元前108年),汉武帝举行百戏盛会。盛会上既有中国的传统魔术《鱼龙蔓延》等节目,又有罗马来的魔术师表演了《吐火》《吞刀》《自缚自解》等西域魔术。魏晋南北朝时,出现了《凤凰含书》《拔井》等多个魔术节目。隋炀帝时出现《黄龙变》,变来满地的水族。唐玄宗时流行的《入壶舞》,表演者从左面缸中钻进去又从右面缸中爬出来,这些都是令人拍案叫绝的魔术杰作。到了宋代,魔术分为"手法""撮弄"等若干专业,与此同时还出现了专业魔术师们组成的民间社团——云机社。宋代著名魔术家

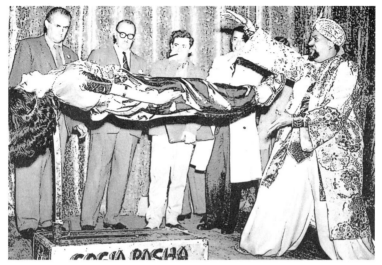

现代魔术

杜七圣，擅长杀人复活的把戏，名噪一时，称为"七圣法"。

各式魔术戏法节目在明清时期十分盛行，我国著名的《九连环》《仙人栽豆》《古彩戏法》等，均在世界魔坛上产生过巨大的影响。清代中叶以后，部分中国艺人留学国外，欧美和日本的魔术团体也不断来华演出，促进了中外魔术的交流。而今，中国魔术在传统技法的基础上，借鉴了大量外国魔术的优点、特点，逐渐形成了中国魔术舞台上五花八门的节目。

舞狮：为纪念胜利而创

关于舞狮的由来，众说纷纭，大致有如下几种说法。

1. 乾隆说

有一天，乾隆皇帝做梦梦到有只五色圣兽，他叫人把梦见的

圣兽做出来，并叫两名舞者入内跳舞。此为乾隆说。

2. 年兽说

说在一个小村落里，每年都会出现一只怪兽，发出"年"的声音，人称为"年兽"。年兽不会害人，但会吃田，农民因此很困扰。于是农民用竹子做出"怪兽"，再加三角布作兽身，里面有两个人。隔年，年兽再度出现，农民敲锣打鼓发出巨大的声音，"怪兽"舞蹈起来。年兽受到惊吓，逃入山中不见了。此为年兽说。

3. 佛山说

传说在广东省佛山地方的某个小村落，有只凶暴的狮子伤害村民。村里的武艺师傅听到此事后，教村民学武术拳法，终于制伏了狮子。村民为了纪念胜利，便依照狮子与武艺师傅格斗的模样舞蹈，于是有了舞狮。

以上说法或多或少都带有杜撰色彩，但是以现实的眼光来看的话，似乎是佛山说较为可信。

舞龙：祈求风调雨顺

舞龙最初是作为祭祀祖先、祈求甘雨的一种仪式，后来逐渐演变成一种文娱活动。舞龙起源于汉代，而且经久不衰。

关于舞龙的来历，民间有这样一个传说：有一天，龙王腰痛难忍，用尽龙宫中所有的药也不见效，于是只好变成老头来到凡间求医。大夫摸脉后甚觉奇异，问道："你不是人吧？"龙王瞒不过去，只好说出实情。于是大夫让他变回原形，从其腰间的鳞甲中捉出一条蜈蚣。经过吸毒、敷药，龙王完全康复了。为了答谢治疗之恩，龙王向大夫说："只要照样子扎龙舞耍，就能风调雨顺，五谷丰登。"此后，每当旱灾时人们便舞龙求雨，并有春舞青龙、夏舞赤龙、秋舞白龙、冬舞黑龙的规矩。

踩高跷：为采食树上野果

踩高跷是一种盛行于民间的群众性技艺表演。据说，踩高跷这种形式源自古代人为采树上的野果为食，给自己的腿上绑两根长棍这一行为。

高跷本属中国古代百戏之一，早在春秋时就已出现。中国最早记载高跷的是《列子·说符》："宋有兰子者，以技干宋元。宋元召而使见。其技以双枝，长倍其身，属其胫，并趋并驰，弄七剑迭而跃之，五剑常在空中。元君大惊，文赐金帛。"从文中可知，早在公元前 500 多年，高跷就已流行。

放风筝：历史悠久的娱乐活动

清明节前后，春风送暖，万物复苏。每当这个时候，一些地方便会家家户户出门踏青放风筝。这既是一种艺术享受，又是一种陶冶性情的健康活动。

据史载，风筝在我国已有 2000 多年的历史。早在春秋战国时代，就有人用木、竹做风筝。所谓"削木为鹞，成而飞之，三日不下"，说的就是制作和放飞风筝的事。《韩非子·外储说》也有记载："墨子为木鸢，三年而成，蜚（飞）一日而败。"从这些文字记载可知，当时的木鸢是用木料制作的能够滑翔的鸟形飞行

《十美放风筝》

放风筝在中国由来已久，是深受人们喜爱的一种游戏，被形诸绘画的不在少数。这幅杨柳青年画表现了十位美女各执不同造型的风筝竞相放飞，很有生活气息。

器。到了汉朝，才出现了用竹制框架、以纸糊之、以绳牵之、放之空中的"纸鸢"。到五代时，李邺在风筝上拴上竹笛，微风吹动，嗡嗡然如筝之声，因而得名"风筝"。

关于风筝的由来，还有一段历史传说，这就是韩信造风筝的故事。当年楚汉相争，刘邦的汉军把项羽的楚军围困于垓下。为了瓦解楚军的士气，韩信便制作了风筝，在风筝上拴一竹笛，一放入高空，便迎风作响。汉军又随着微声唱起楚歌，楚军听了更加思念故土及亲人，于是军心涣散，不战自败。

象棋：战国贵族的娱乐

象棋在中国的历史源远流长，由来已久。战国时期，已经有了关于象棋的正式记载。《楚辞·招魂》中有"菎蔽象棋，有六簙些；分曹并进，遒相迫些；成枭而牟，呼五白些"。《说苑》载：雍门子周以琴见孟尝君，说："足下千乘之君也……燕则斗象棋而舞郑女。"显然，远在战国时代，象棋已在贵族阶层中十分流行。据上述情况及象棋的形制推断，象棋产生于周代建朝（公元前 11 世纪）前后的中国南部地区。

早期的象棋，棋制由棋、箸、局三种器具组成。两方行棋，每方六子，分别为：枭、卢、雉、犊、塞（二枚）。棋子皆用象牙雕刻而成。箸，相当于骰子，在棋之前先要投箸。局，是一种方形的棋盘。比赛时，"投六箸，行六棋"，斗巧斗智，相互进攻逼迫，而置对方于死地。春秋战国时的兵制，以五人为伍，设伍长一人，共六人。由此可见，早期的象棋是象征当时战争的一种游戏。在这种棋制的基础上，后来又出现一种叫"塞"的棋戏，只行棋不投箸，去除了早期象棋中侥幸取胜的元素。

秦汉时期，塞戏又称为"格五"，颇为盛行。从湖北云梦西汉墓出土的塞戏棋盘和甘肃武威磨嘴子汉墓出土的彩绘木俑塞戏，皆与汉代边韶《塞赋》中对塞戏形制的描写相呼应。三国时期，象棋的形制不断变化，并已与印度有了传播关系。至南北朝时期

的北周朝代，武帝制《象经》，王褒写《象戏·序》，庾信写《象戏经赋》，都是象棋形制第二次大改革完成的标志。隋唐时期，象棋活动逐渐普及，史籍上屡见记载，其中最重要的是《士礼居丛书》载《梁公九谏》中对武则天梦中下象棋的记叙和牛僧孺《玄怪录》中关于宝应元年（762年）岑顺梦见象棋的一段故事。结合如今能见到的北宋初期饰有"琴棋书画"四样图案，而以八格乘八格的明暗相间的棋盘来表示棋的苏州织锦，与河南开封出土的背面绘有图形的铜质棋子，可以看出：唐代的象棋形制，和早期的国际象棋十分相似。从那时诸多的诗文传奇中，都能看出当时象棋的流行情况。而象棋谱《樗薄象戏格》三卷则可能是唐代的著作。宋代是象棋广泛流行，形制大变革的时代。北宋时期，先后有司马光的《七国象戏》、尹洙的《象戏格》《棋势》、晁补之的《广象戏图》等著作问世，民间还流行"大象戏"。

　　经过数百年的实践，象棋于北宋末定型成近代模式：32枚棋子，有河界的棋盘，将在九宫之中，等等。

古筝：半边瑟为筝

　　筝是中国古老的弹拨乐器之一，形成于秦朝，盛行于隋唐，随着历史的变迁，流传到全国及亚洲不少地区，史称秦筝。

　　相传，早在2000多年前，秦国就已经有筝了。那么筝又是怎么来的呢？这儿可有一段有趣的传说。

　　当时，秦国有一种乐器叫瑟。有个叫宛无义的人，弹瑟的技艺非常高，他的两个女儿也非常喜欢弹瑟。有一天，姐妹俩都争着到父亲那里学习弹瑟。姐姐跑得快，先把瑟拿到了手里，爱撒娇的妹妹哪里肯让，赶忙跑过去，双手抱住了姐姐手中的瑟。两人你拉我扯，互不相让。忽然，"咔嚓"一声，瑟被掰成了两半。

宛无义闻声急忙赶过来，不由得愣住了，只见姐姐手中的一半是十三弦，妹妹手中的一半是十二弦。他又急又气，忙把两个女儿手中的瑟拿过来，唉声叹气地左摸摸，右看看，用手指把弦一拨，让他吃惊的是，半边瑟竟发出了更好听的声音。

宛无义早忘了责备女儿，他把半边瑟分别做了些修缮，结果这半边瑟比原来好弹，声音也更好听了！他欣喜万分，就把这"二女相争，引破为二"的瑟，叫作"筝"。从此以后，筝就在秦国流传开了。

其实，对筝的起源，说法不一。从各种资料来判断，关于古筝的来源可分为几类：一为蒙恬所造；二为瑟所简化；还有由简单乐器所演变的说法。

对于筝为蒙恬所造一说，许多人抱着怀疑的态度。在《旧唐书·音乐志》中提到："筝本秦声也，相传为蒙恬所造，非也。制与瑟同而弦少。案京房造五音准如瑟，十三弦，此乃筝也。瑟，相传为伏羲氏所创，是一种远古时期就出现的乐器。"《杜氏通典》上记载："瑟世本云，庖牺作，五下弦，黄帝使素女鼓瑟，哀不自胜，乃破为二十五弦，具二均声。"一般认为瑟慢慢流传各地与各时期后，再经由蒙恬或京房加以改良命名为筝。

也有学者提出不同的看法，认为古筝是源自古代游牧民族一种便于携带、尺寸不大、弦数不多的简单乐器，而非由汉族的既

大又复杂的瑟演变而来。就大小来讲,筝只有三尺多,而瑟却有六尺多,那是因为汉族过的是固定农业生活,使用大型的乐器并不会不方便,北方或西方的游牧民族却不然,小巧的乐器反而较适合他们。就制作材料来讲,筝字从竹,可能原为大型竹子所制,瑟则为梧桐木所制,材料完全不同(虽后来的筝也为梧桐木所制,不过被认为是改良的结果)。就发声来讲,筝声高急激昂,瑟音却是雍容柔和,为两种不同的发声领域。综观以上三点,说明筝是由游牧民族所用的乐器演化而成,而非由瑟演化改良的并不为过。不过经过历史的演变,在秦亡后,秦筝逐渐被改良,从形状、材料,甚至声音都变得近似瑟,所以筝被称为"小瑟"也是可以接受的。

笛子:从西域传入

笛子这一乐器的来历,尽管有很多说法,但是其中比较有代表性的说法是汉朝时张骞通西域后,从新疆、中亚细亚一带传入中国。

笛子在外国起源同样很古老,最值得我们关注的是 14—15 世纪期间,西班牙殖民者将秘鲁等地的固有文化做了最彻底的摧毁。在这以前,秘鲁本地的印第安人建立了"印加王国"。印加人有着高度发达的文化,考古学家在出土的印加文物中发现,印加人拥有各式各样的乐器,其中就有很多笛子,而且还是由不同材料(如兽骨和陶土)精工制造的。从地理环境看,这些笛子和其他乐器都是印加人的创造,不大可能由别的什么地方传来。由此看来笛子确实是一个极古老的民间乐器。

鼓：各族各地古已有之

在乐器家族里，鼓可以说是最古老的乐器之一。在世界各地，几乎每个民族、部落都有具有本民族特色的鼓乐。远在上古时代，我们勤劳的祖先在会说话唱歌的同时，就开始用鼓来表达自己的思想感情了。

据传说，我们的祖先发现枯树干和实心树干能发出完全不同的声音，并且发现中空物有音量增大的共鸣作用，于是便用空心树干蒙以兽皮和蟒皮做成了木鼓，供娱乐时敲打。到了汉朝，不仅有大小、形状、质地、装饰不同的鼓，而且民间出现了舞鼓乐。

在古代，鼓不仅是乐器，而且还是军中必备之物。鼓还有特殊作用：有一种铜鼓，古代人把它作为一个地区或一个部落的政权与经济实力的象征，族长或酋长像保护身家性命那样保护这种铜鼓。此外，在寺庙中有"晨钟暮鼓"，鼓还可以作为报时的工具。

五铢钱纹铜鼓　汉

钢琴：诞生于 18 世纪初

钢琴被称作"乐器之王"，它是由古钢琴和羽管键琴发展演变而来的。

18 世纪初期，意大利的乐器制造家巴罗密欧·克里斯多佛利发明了钢琴。他在羽管键琴的基础上加以改进，将皮革包裹在木槌上，发明了键盘机械槌击式钢琴，从而奠定了现代钢琴的基础。这一改进弥补了古钢琴和羽管键琴几乎无法调节音量的严重缺陷，弹奏者可以通过敲击琴键力度的变化来随意改变音量的大小，其音量也比古钢琴和羽管键琴大得多，因而大大增强了钢琴的表现力。

1821 年，塞巴斯蒂安·埃拉尔将击弦机械机构改进为复震奏机械，使弹奏者能够以更快的速度重复敲击键盘，弹奏出复杂的乐曲。

1825 年，阿尔菲斯·巴考克首次采用铸铁弦架，增加了其对琴弦拉紧后产生巨大张力的承载能力，使紧张的琴弦不致因为弦架变形而发生松弛。这一改进为钢琴的音准稳定和使用寿命的提高创造了良好的条件。

1850 年，支撑结构、弦列的交叉排列和复震奏式击弦机三要素相结合，由此确立了现代钢琴结构最理想的基本形式。

经过 300 多年的发展和改进，现代钢琴在品种和性能等方面已经得到了不断的丰富和完善。

小提琴：乌龟壳的启示

有着"西洋乐器皇后"之称的小提琴，音色优美，表现力丰富。有关它的起源，也是众说纷纭，有说是起源于印度，也有说是起源于西欧，等等。

人们在 1550 年的一幅壁画上找到了一把有 3 条弦的小提琴，这是迄今能见到的最早的小提琴的样子。一直到 17 世纪，意大利克雷蒙娜的制作大师阿玛蒂才将小提琴定型为今天的形状、尺寸，并使用 4 条琴弦。

初有小提琴时，人们还不太知道这是什么乐器，经常有人称小提琴是"歪脖琴"。

关于小提琴有这样一个传说。1000 多年前，埃及有个音乐家名叫莫可里。在一个盛夏的早晨，他在尼罗河边悠闲地散步。偶然间，他的脚踢到了一个什么东西，发出一声悦耳的响声。他拾起来一看，原来是一个乌龟壳。莫可里拿着乌龟壳兴冲冲地回到家里，再三端详，反复思索，多次试验，终于根据乌龟壳内空气受震动而发出声音的原理，制造出世界上第一把小提琴。

吉他：发端于"赫梯吉他"

"吉他"是英文 guitar 的译音，因为它有六根琴弦，故又称为"六弦琴"。

据说，吉他的远祖应该是公元前 1400 年前生活在小亚细亚和叙利亚北部的古赫梯人城门遗址上的"赫梯吉他"。这是考古学

家找到的最古老的类似现代吉他的乐器。吉他最早出现在 13 世纪的西班牙，到 16 世纪时还只有 5 根弦。18 世纪，由法国人加上了第 6 根弦，琴身也变为 8 字形。19 世纪后，是吉他发展的黄金时代。

有关吉他的起源，曾有过一个美丽而神奇的传说：阿波罗正追逐着一位美丽的少女，他不断讨好地向她喊道："别累着！别累着！我保证不会追你！"最后，他还是追上了这位少女，并把她抱在了自己的怀里。少女拼命地向她的父亲呼救，父亲立刻把她变成了一棵月桂树。于是，阿波罗就用这棵树的木头做了第一把吉他，并将这把吉他做成了宛如女人身躯的优美曲线外形。难怪吉他这种乐器具有一种特别的韵味：时而热情奔放，时而柔和甜美，时而又缠绵悱恻，令人魂牵梦萦，心醉神迷。

街舞：霹雳舞和爵士舞的完美结合

街舞出现于 1992 年初期，它没有那些大幅度的动作和脚步移动，更没有霹雳舞中那些在地上类似体操的动作。它的独有风格在于注重身体的协调性，重视身体上半身的律动及增加了许多头部、手部的动作。这就是街舞，它是美国黑人嘻哈文化的组成部分。它最早起源于美国纽约，是霹雳舞和爵士舞发展到 20 世纪 90 年代的产物。这些流行的街舞多半发源于美国纽约的布鲁克林区，一些黑人或是墨西哥人的孩子们成天在街上以跳舞为乐，形成各种派系，也很自然地在他们所跳的舞蹈上发展出别样的形式和风格。

华尔兹：农民舞蹈"兰得勒"

"华尔兹"是英文 waltz 的音译，起源于奥地利北部的农民舞蹈"兰得勒"，通常被称为"圆舞"。17 世纪末在维也纳宫廷里开始出现，后来演变成"维也纳华尔兹"。维也纳华尔兹在风格上华丽高雅，情绪上活泼流畅，节奏多为 3/4 拍。

华尔兹深受西方人喜爱自有其原因，华尔兹的旋律流畅和谐，舞姿优美，舞步舒展，犹如波涛起伏，飘然欲仙，令人陶醉。直到今天，华尔兹舞在交谊舞中的地位仍然没有动摇。

拉丁舞：拉美人的民间舞蹈

拉丁舞分为拉丁国标舞和拉丁舞，拉丁国标舞是规范、严格、标准的，它是在拉丁舞的基础上发展规范形成的竞技专业舞蹈。

拉丁舞又称拉丁风情舞或自由社交舞，它是拉丁国标舞的起源。拉丁舞是民间大众舞蹈，随意、休闲、放松是它的特点，有较大的自由发挥空间，它是拉美人民在漫长的历史长河中形成的具有鲜明特点的激情、浪漫而又富有活力的艺术表现形式，深受拉美人民的喜爱。

总的来说拉丁舞包括萨尔萨、梅伦格、空比亚、巴恰达、恰恰、桑巴、伦巴等。而其中最出名也为大多数人所喜爱的萨尔萨起源于古巴，古巴萨尔萨来源于曼波，曼波是 20 世纪 40—60 年代非常流行的舞蹈，恰恰是它的一个变种。古巴风格的萨尔萨源于街头，人们伴着音乐翩翩起舞，自由派对，空气中弥漫着欢乐和喜悦。

芭蕾：起源于 15 世纪的意大利

　　"芭蕾"一词是法文 Ballet 的译音，意即"舞剧"。它起源于15 世纪的意大利。当时，舞蹈表演常常穿插在宴会中间，祝酒时出来表演的是奥林匹斯山的斟酒女神；端来海味时，表演海神之舞……

芭蕾舞

　　1496 年，法国国王查理八世去那不勒斯要求王位，一路上他被意大利舞蹈的华美演出惊呆了。于是，他将这种叫作"芭莉"或"芭莱蒂"的舞蹈带回国内。

　　在此之前，法国有一种被称为"假面舞会"的宫廷舞蹈，类似后来的芭蕾。随着意大利舞蹈进入法国，宫廷舞蹈不断发展。1581 年，意大利编导波洛瓦叶创作出《皇后喜剧芭蕾》（取材于荷马史诗《奥德赛》），这是第一部完整的宫廷芭蕾，在巴黎卢浮宫附近的小波旁厅首演。至此，意大利"芭莉"的种子在法国大地上破土而出。1661 年，路易十四创办了世界上第一所舞蹈学校——皇家芭蕾舞学院。

　　1681 年，第一批专业的芭蕾女演员登上舞台。起初，女演员穿的是拖到地板上的长裙，动作拘束，所以舞剧以男角为主。后来，女明星卡玛尔戈大胆地把舞裙缩短到脚踝之上，显示了她快速击打双腿的功夫。从 18 世纪中叶始，女演员以弹跳的高度和旋转的速度使观众折服。从此，芭蕾就经常"女主男辅"了。

瑜伽：古老的东方强身术

当今流行于世界的瑜伽，起源于印度，是东方最古老的强身术之一。它产生于公元前，是人类智慧的结晶。传说古印度高达 8000 米的圣母山上，有人修成圣人，他们将修炼秘诀传授给追求者，因而沿传至今。

"瑜伽"一词源于梵文音译，有"结合、联系"之意，这也是瑜伽的宗旨和目的，是为达到冥想而集中意识之意。其实瑜伽是为指明人类本能从较低到较高的"结合"，用同样方式也可从较高到较低"结合"或同自我"结合"。这也意味着与最高的宇宙万物之灵相同化，使自己从痛苦和灾难中获得解脱。

"瑜伽"一词原意是"驾驭牛马"，也代表设想帮助达到最高目的的某些实践或是修炼。在古圣贤帕坦珈利所著的《瑜伽经》中，将瑜伽准确地定义为"对心作用的控制"。在印度，瑜伽的历史源远流长，它与古印度婆罗门体系有着密切的关系。人们相信通过瑜伽可以摆脱轮回的痛苦，内在的自我将与宇宙的无上我合一；通过瑜伽将产生轮回的种子烧毁，心的主体被证悟，一切障碍都将不存在。在印度现在很难说清瑜伽与印度教的关系，在寺

庙中、经典中、生活中，两者彼此相互融合。

奥运会：感谢神灵护佑

关于古代奥运会最早的诞生，有不少的神话传说。其中，最为脍炙人口的神话传说是：海神之子伯罗普斯为娶公主希波达米亚，在赛马车中战胜了国王俄诺马依斯，因而得到了公主和王位。为了庆祝胜利和感谢神灵佑护，在奥林匹亚举行了竞技盛会。

公元前776年，希腊人规定每4年在奥林匹亚举办一次运动会。同年，第一届奥运会举行，多利亚人克洛斯在短跑比赛中取得冠军，他成为国际奥林匹克运动会荣获桂冠的第一人。后来，奥运会成为显示民族精神的盛会，并规定比赛的优胜者获得月桂、野橄榄和棕榈编织的花环等。从公元前776年开始，到394年止，历经1170年，共举行了293届古代奥运会。394年，奥运会被罗马皇帝禁止。

1875—1881年，德国人库蒂乌斯在奥林匹克遗址发掘了出土文物，引起了全世界的兴趣。法国教育家皮埃尔·德·顾拜旦认为，恢复古希腊奥运会的传统，对促进国际体育运动的发展有着十分重大的意义。在他的倡导与积极奔走下，1894年6月，在巴黎举行了首次国际体育大会。国际体育大会决定把世界性的综合体育运动会叫作奥林匹克运动会，并于1896年4月在希腊首都雅典举行第一届现代奥运会，每4年一次，轮流在各会员国举行。到2020年，已经举行了32届奥运会。

奥运奖牌：橄榄冠的演变

古代奥运会的授奖仪式非常庄严隆重，发奖人把橄榄冠郑重地戴在冠军的头上，当时橄榄枝在希腊是和平的象征。这一习惯一直沿用了 1000 多年。后来，欧洲给竞技比赛的优胜者改赠用带叶子的桂树枝编成的"桂冠"。

1465 年，在瑞士苏黎世举行了一次游艺会，会上对三级跳远的优胜者颁发了一枚金币当作奖品。从此人们便选择了金、银、铜三种金属，模拟钱币的样子做成奖章，分别授给冠军、亚军、季军。直到 1907 年，国际奥委会在荷兰海牙召开的执委会上，才正式做出了授予奥运会优胜者金牌、银牌和铜牌的决议，并在翌年举行的第四届伦敦奥运会上开始实施。

自 1924 年第八届巴黎奥运会起，国际奥委会进一步做出了补充决定：优胜者除授予奖牌外，还同时发给证书（奖状），并对金牌、银牌和铜牌的设计、制作做了具体的规定：一、二、三等奖的奖牌直径均不小于 60 毫米，厚度为 3 毫米，其中一等奖（金牌）和二等奖（银牌）的奖牌用银制作，其纯度（含银量）不低于 92.5%，一等奖牌（金牌）的表面至少镀 6 克纯金。以上这些规定从 1928 年的第九届阿姆斯特丹奥运会上开始实施至今。

田径运动：源于生活技能的比拼

田径运动源于上古时代，它分田赛和径赛两大类，包括走、跑、跳跃、投掷和全能运动等项目，是各项运动的基础。当时，

人们为了获得生活资料就必须进行走、跑、跳跃、投掷运动。由于这些活动和人们的生活密切相关，从而促进了这些技能的不断发展提高。后来，人们以祭神的形式举行田径比赛。

公元前 776 年，在希腊奥林匹亚举行首届古代奥林匹克运动会，当时被列为正式比赛的只有短跑，到公元前 648 年又增加了跳跃、投掷和全能运动等多项比赛。

1894 年成立国际奥委会，从 1896 年恢复举行首届现代奥运会至今，田径仍是最主要的比赛项目之一。

世界杯足球赛：其实是锦标赛

如今风靡全球的现代足球起源于英国，由于足球运动的发展，国际比赛也应运而生。1896 年，第一届现代奥运会在希腊举行时，足球就列为正式比赛项目。丹麦以 9：0 大胜希腊，成为奥运会第一个足球冠军。因为奥运会不允许职业运动员参加，到 1928 年（第九届奥运会）足球比赛已无法持续。

1928 年奥运会结束后，国际足联召开代表会议，一致通过决议，举办 4 年一次的世界足球锦标赛。这对于世界足球运动的进一步发展和提高起到了积极的推动作用。最初这个新的足球大赛叫作"世界足球锦标赛"。1956 年，国际足联在卢森堡召开的会议上，决定更名为"雷米特杯赛"。这是为表彰前国际足联主席、法国人雷米特为足球运动所做出的成就。雷米特担任国际足联主席 33 年（1921—1954 年），是世界足球锦标赛的发起者和组织者。后来，有人建议将两个名字连起来，称为"世界足球锦

狂吻"大力神"杯的马拉多纳

标赛——雷米特杯"。于是，在赫尔辛基会议上决定更名为"世界足球锦标赛——雷米特杯"，简称"世界杯"。

马拉松：纪念伟大的传令兵

一提到长跑运动，一般我们便会想到"马拉松"这个名字。"马拉松"其实是一个平原的名字。

公元前490年，当时的波斯欲吞并希腊，希腊士兵奋勇抗敌，最后在马拉松平原击败波斯侵略者。传令兵菲力彼得斯抛掉盾牌跑了40多千米回到雅典，高呼他们胜利了之后便倒地牺牲了。

后来为了纪念马拉松战役及菲力彼得斯的英雄事迹，便于第

一届的奥林匹克运动会举办了马拉松长跑比赛，把当年菲力彼得斯送信跑的里程——42.195千米作为赛跑的距离。

跳高：从体操项目派生出来

跳高是田径运动田赛比赛项目之一，分立定跳高和急行跳高两种。现在的一般比赛均为急行跳高。过竿技术有：跨越式即最原始、最简单的跳高姿势；剪式，亦称"东方式"；滚式及俯卧式和背越式等。

跳高运动源于英国，是从体操项目中派生出来的。1864年，英国首先将跳高列入田赛比赛项目，英国人柯奈用跨越式跳过了1.70米的高度。男子跳高于1896年首届奥运会上被列为正式比赛项目，女子跳高于1928年开始正式列入奥运会项目。

剪式跳高源于美国。19世纪末，美国东部各州运动员创造并采用了这一跳高姿势，故曾被称为"东方式"。又因跳时身体各部分成波浪式依次越过横竿，故也叫作"波浪式"。

滚式跳高也源于美国。20世纪初，美国西部各州运动员创造并采用滚式跳高。因跳时运动员形似滚过横竿，由此得名。又因美国运动员霍拉英首用此式创造了2.01米的世界纪录，故也叫作"霍拉英式"。

俯卧式跳高大约开始于20世纪20年代，40年代时已被普遍采用。

背越式跳高源于美国。美国运动员福斯贝利首先用此式获得第十九届奥运会跳高金牌，故亦称"福斯贝利式"。由于此式简单易学，所以出现后迅速流行。

跳远：原始的生活技能

　　跳远是田径运动项目之一，其起源无从可考。当人类还处于茹毛饮血的时代，跳远已成为一种生活技能。当原始人在林丛草莽中追逐猎物时，倘若遇到沟渠或障碍物，即可一跃而过。

　　跳远比赛源于古希腊。在古希腊的"五项运动"中已有跳远。世界上第一次正式的跳远比赛，是公元前 708 年希腊的第十八届奥运会上。当时的设施非常简单，只是把地面刨松，然后在前面放一条类似门槛的木板，竞技者必须踏板而跳。这条"门槛"就是现在起跳板的前身。为避免落地时产生伤害事故，以后又发明了沙坑。古时跳远的成绩不用皮尺丈量，竞技者每跳一次后，在着地点画一条线，最后看谁跳得最远。评定名次时，不仅要看跳得远近，还要看姿势是否优美，只有两者兼备的竞技者才能获胜。1896 年首届现代奥运会上，跳远被列为正式比赛项目。

篮球：1904 年开始正式比赛

　　篮球起源于美国，是 1891 年由美国马萨诸塞州斯普林菲尔德市基督教青年会训练学校体育教师奈史密斯博士创造的。起初，他将两只桃篮分别钉在健身房内看台的栏杆上，桃篮上沿距地面 3.04 米，用足球作为比赛工具，向桃篮投掷。投球入篮得 1 分，按得分多少决定比赛胜负。每次投球进篮后，要爬梯子将球取出再重新开始比赛。以后逐步将竹篮改为活底的铁篮，后又改为铁

圈下面挂网。

到 1893 年，才形成近似现代的篮板、篮圈和篮网。最初的篮球比赛，对上场人数、场地大小、比赛时间都未有严格限制，只需双方参加比赛的人数相等即可。比赛开始，双方队员分别站在两端线外，裁判员鸣哨并将球掷向球场中间，双方跑向场内抢球，开始比赛。持球者可以抱着球跑向篮下投篮，首先达到预定分数者为胜。1892 年，奈史密斯制定了 13 条比赛规则，主要规定是不准持球跑，不准有粗野动作，不准用拳击球，否则即判犯规，连续 3 次犯规判负 1 分；比赛时间规定为上、下半时，各15 分钟；对场地大小也做了规定。上场比赛人数逐步缩减为每队10 人、9 人、7 人，1893 年正式确定为每队上场 5 人。

1904 年，在第三届奥林匹克运动会上第一次进行了篮球表演赛。1908 年，美国制定了全国统一的篮球规则，并译成文字出版，发行于全球。这样，篮球运动逐渐传遍美洲、欧洲和亚洲，成为世界性运动项目。

足球：起源于中国古代的蹴鞠

国际足协确认并公开宣布了足球运动起源于中国。早在2500 年前的战国时期，中国就已经有了足球游戏。《战国策》是最早提到足球活动的书，书中称足球为"鞠"。从汉代开始，足球改用熟皮制造，中间塞以毛发，成为圆球。到了唐代，开始将动物的膀胱放进皮球内做球胆，充气后使用，名为"气趣"，它与现代足球已十分相似。

《宋太祖蹴鞠图》
这幅画描绘了宋太祖赵匡胤、他的弟弟赵匡义和近臣赵普等一起蹴鞠玩乐的情景。

　　西方到了 12 世纪时才有足球游戏。16 世纪时，欧洲出现了用纸糊的足球门。尽管英国不是足球运动的起源国，但它却把这项运动发展得很好。1863 年，英国成立足球协会，改用在两根柱顶上各系一条绳子，限制了球门的高度。现在用的标准挂网球门是 1891 年才出现的。

羽毛球：英国贵族玩的游戏

　　羽毛球运动是由古代羽毛球游戏逐渐演变而来的。据载，原始的羽毛球游戏活动至少在 2000 年前就已流行于亚欧等国家了。不过不同的国家、地区和民族对这种游戏的叫法不同，原始的羽

毛球游戏在中国叫"毽球",在印度叫"普那",但其形式和性质基本一致。据资料表明,现代羽毛球运动起源于印度,形成、发展于英国。19 世纪 60 年代,一批退役的英国军官把印度的"普那"——一种类似于现代羽毛球运动的游戏带回英国,并且加以改进,逐渐演变成现代羽毛球运动。1870 年,英国出现了用羽毛、软木做的球和穿弦的球拍。

1873 年的一天,英国公爵鲍佛特在英格兰格拉斯哥郡的伯明顿庄园举办了一次家庭社交活动。当时由于天公不作美,大雨倾盆而下,庄园里到处积水,来访的客人们只得待在宫内。时间长了,人们感到十分无聊,这时他们中一位从印度退役回来的军官提议,在鲍佛特公爵庄园的大厅玩改进后的"普那"游戏。由于游戏饶有趣味,引人入胜,使在场的贵族们大开眼界。从此,伯明顿庄园的英文名称 Badminton 便成为现代羽毛球的名称,它的命名标志着现代羽毛球运动的开始。现代羽毛球运动起源于英国贵族所玩的游戏,所以人们又称羽毛球运动为贵族运动。随着羽毛球运动的广泛流行,从欧洲流传到美洲、大洋洲、亚洲和非洲,发展成为今天人们所熟悉和喜爱的一种运动。

现代羽毛球运动于 20 世纪初开始传入中国。

排球:优美的"空中飞球"

排球运动源于美国。1895 年,美国一位叫韦廉斯姆·G.摩根的体育工作人员,想把当时已广为流行的网球搬到室内,在室内篮球场上用手来打。但室内篮球场面积较小,网球容易出界，于是他对其进行了一些改进：一是把网球允许球落地后再回击的规则改为不许落地；二是把网球的体积扩大，用篮球胆充气来打。次年，有位博士将此球命名为"华利波"，意为"空中飞球"。

排球传入中国的时间，一说是1905年，一说是1913年。在1925年3月举行的广东省第九届运动会上，"华利波"被更名为"排球"，主要取其分排站立之意。在1964年东京举行的第十八届奥运会上，首次举行了排球比赛。

网球：原来是掌击球

网球运动起源于法国。早在12—13世纪，法国的传教士经常在教堂的回廊里，用手掌击打一种类似小球的物体，以此来调剂刻板的教堂生活。渐渐地这种活动传入法国宫廷，并很快成为当时贵族的一种娱乐游戏。当时，他们把这种游戏叫作"掌球戏"。开始，他们是在室内进行这种游戏，后来移向室外，在一块开阔的空地上，将一根绳子架在中间，两边各站一人，双方用手来回击打一种裹着头发的布球。

14世纪中叶，法国王储将这种游戏使用的球赠送给英皇亨利五世，这种游戏由此传入英国。这种球的表面使用埃及坦尼斯镇所产的最为著名的绒布——斜纹法兰绒，英国人将这种球称为Tennis，即"网球"，并流传下来。直到现在，我们使用的球还保留着一层柔软的绒面。

15世纪，这种游戏由用手掌击球改为用拍子打球，并很快出

现了一种用羊皮制作拍面的椭圆形球拍。同时，场地中央的绳子也改为了网子。16—17 世纪，这种活动到达鼎盛时期，逐渐形成了一种比赛。在这之前，由于这种活动只是在法国和英国的宫廷中流行，所以网球运动又称为"宫廷网球"和"皇家网球"。

网球比赛的记分规则和其他的球类比赛不同，网球比赛的记分规则是赢一个球得 15 分，每局记分 0-15-30-40。这一规则起源于古代室内网球，而后者又来源于古代航海中确定方位和时间的一种重要仪器——六分仪。15°、30°、45°、60°（即 360°/6，谓之六分）是六分仪上的几个重要刻度，应用到网球比赛中，便是赢一球为 15 分、两球得 30 分、三球是 45 分、四球是 60 分。后来只是为了报分的方便和简洁，而将 45 改为 40。这一独特的记分规则流传至今仍被使用。

乒乓球：桌上网球

约在 1885 年，欧美的一些体育用品制造商看到当时网球在上层社会极其盛行，就别出心裁地把网球搬进室内，在桌面上来回击打一种包有丝织物的橡胶球。故乒乓球在英美又叫"桌上网球"。

1890 年，一位叫吉布的英国工程师提议用赛璐珞制成空心球来代替橡胶球。5 年后，这种空心球出现在人们的生活中。由于球发出"乒乓""乒乓"的声音，于是人们就把这种球命名为乒乓球。

滑雪：起源于北欧

　　早在几千年前，人类为了在恶劣的自然环境中生存，发明了可以代替行走的滑雪板，它的应用使得人们可以在浩瀚的森林中任意驰骋追寻猎物。滑雪运动起源并发展于斯堪的纳维亚国家。

　　1206 年挪威内战期间，国王派遣了两名腿上绑着桦树皮（称"桦木腿"）的滑手，携带着两岁的王子哈康逊突围成功。以后哈康逊成了新国王（哈康四世），每年都在他当年突围走的那条路上举办一次越野滑雪赛来纪念这一事件。1572 年，荷兰与西班牙交战，一支舰队被封冻在江面上。荷兰兵滑行于冰雪覆盖的江面，将不会滑雪和滑冰的西班牙军队打得落花流水。

　　1924 年，第一届冬季奥运会举行北欧滑雪比赛，即越野滑雪、跳雪和两项全能赛（18 千米越野滑雪和跳雪）。目前，滑雪在世界各地都很盛行。

柔道：源出少林之门

　　柔道由中国拳术发展而来，其源出少林之门。在日本东京，古武道研究会曾立一碑，上书："拳法之传流，自明人陈元赟而起。"陈元赟是中国的一位武林高手，是他将中国的传统武术传到日本，开现代风行世界的柔道之先河。

　　陈元赟生于明万历十五年（1587 年），祖籍杭州。因崇尚武艺，少年时代即在嵩山少林寺习武。经名僧指点，武术渐进，成为一名武林高手。天启元年（1621 年），他东游扶桑，先后在名

古屋、江户等地传授正宗华夏拳术，并广收徒弟。彼时，陈元赞的徒弟中有三浦、福野两人深得少林武术之真谛，自立门户后，遂称为"日本中古柔术之祖"，将中华武术发展成日本柔术。

1951年，日、英、法诸国发起创立国际柔道联盟。1956年，在东京举行了第一届世界柔道锦标赛。

拳击：起源于奴隶角斗

拳击被称为"勇敢者的运动"。早在古希腊和罗马时代就有许多有关拳击的生动记载。一幅公元前1500年的希腊壁画中就有戴手套进行拳击比赛的场面。在古代，战士拳击时，由于可以任意使用摔、打、踢、蹬等动作，直至将对手置于死地，所以它只是一种供奴隶主寻欢作乐的残杀游戏。最早的拳击规则是1729—1750年称霸英国拳坛的杰克·布荣顿于1743年制定的。

日常用品

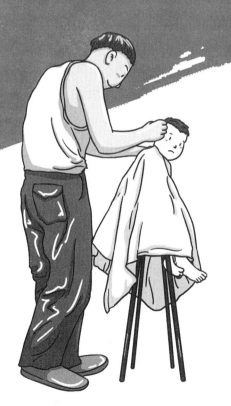

自来水：源自引山泉入城

自从有了城镇，人类就开始了铺设自来水管道的尝试，不仅因为方便，也是为了水的洁净和安全。比起直接饮用江河湖泊里的天然水或地下井水，这是人类饮水史上的一次革命，被称为是第二代饮水。

据说，自来水是宋朝文学家苏轼发明的。

苏轼到岭南作客时，得知广州人民只能饮用苦涩的水，便写信给广州太守，建议引山泉水入广州，为民造福。他提出的方案是："于岩下凿大石槽，引以五管大竹，续处以麻绳漆涂之。随地自高而下，水自流直入城中，谓'自来水'。"

为了使"自来水"工程尽早动工，顺利进行，他向太守推荐了很有经验的罗游山道士邓守安为工程师，负责指挥该工程的施工建设。当"自来水"工程竣工时，广州一带人民欢天喜地，共饮甘泉。自此，苏轼与"自来水"成为人们的千古美谈。

电梯：源于角斗场的升降器

维尔纳·冯·西门子于 1880 年，在曼海姆建造了第一部电梯。

原始的"电梯"是人力升降器，现代电梯是用电力作为动力的升降器。据记载，早在古罗马尼禄王朝就有了升降器。尼禄是个暴君，常常让角斗士和野兽搏斗，他在高处观看作乐。考古学者在科洛西姆斗兽场发现一个壁坑，看来这里曾经安装过升降器，用它从地下把角斗士和野兽运送到角斗场去。据另一位历史学家说，这种升降器是用绳子吊拉着木板往上升，要用16个奴隶来启动，发明这种升降器的是一名古罗马远征军战士，名字已无从可考。

世界上第一批载客升降器建造于18世纪中期的俄国莫斯科近郊的库斯沃庄园内。在1793年，库利宾在科宫安装了一架升降器，这是当时最时髦的玩意儿。1880年，德国制成的第一部电梯，是用电动机带动钢索系统的乘坐箱，这种电梯在中国旧式建筑中还能见到。

19世纪末，汉堡制造了一部罐笼式电梯，它是由几个乘坐箱组成，各个乘坐箱向一个方向运动，不停止运行，到了哪层楼乘客就自动进出。由于它的速度很慢，每秒钟只升高25～30厘米，所以乘客可以从容地离开或搭乘。

现代电梯越造越精巧。有的国家还制成了用压缩空气开动的电梯，它的乘坐箱下面装一条可以伸缩的管子，好似收音机上的拉杆天线，大功率的压缩机把空气挤出。除了直升直降的电梯外，还有阶梯形滚动电梯，城市里还有电动人行道。

床：在古代不仅仅是卧具

原始社会，人们生活十分简单，那时还没有床。睡觉时人们便将植物枝叶或兽皮垫于身下；人们掌握了编织技术后就出现了席子，随后便有了床。商代甲骨文中已有像床形的字，说明床最

早起源于中国商代。但从实物来看，最早的床是在信阳长台关一座大型楚墓中发现的，床上刻绘着精致的花纹，周围有栏杆，下有 6 个矮足，高仅 19 厘米。

春秋以来，床往往兼做其他家具。人们写字、读书、饮食都在床上放置案几。晋代著名画家顾恺之的《女史箴图》中所画的床，高度已和现在的床差不多。另外还出现了一种四足的高床。但那时候床仍未成为睡卧的专用家具。

唐代出现桌椅后，人们生活饮食等都是坐椅就桌，不再在床上活动，床逐渐演变成一种睡卧的专用家具。

19 世纪 20 年代出现了弹簧床。19 世纪后期，金属床开始出现。

厕所：文明的进步

厕所在中国古代称"溷藩"，或称"圂""轩"；又因古时农家厕所只用茅草遮蔽，故称为"茅厕"。古人管上厕所叫"如厕"，又名"出恭"。

在《晋书·王敦传》中有关于豪华厕所的记载："石崇以奢系于物，厕上常有十余婢侍列，皆有容色，置甲煎粉沉香汁。有如厕者，皆易新衣而出。"

1903 年，慈禧太后以谒见西陵为名，试行新造的芦汉铁路。芦汉督办盛宣怀是个马屁精，特地准备一辆花车，车内床侧有一门，门内有一被称作"如意桶"的马桶。桶底储黄沙，上注水银，粪落水银中，无迹无味。外施宫饰绒缎，成一绣墩，可谓奢侈至极。

16 世纪前后的欧洲似乎还未普遍设厕所，莫里哀喜剧里描写的巴黎人拿起便壶随便往外倒，毫不顾及路上的行人。1596 年，抽水马桶被英国人哈林顿发明。从此以后，厕所开始逐渐推广。

消防车涂红色：给人以触目惊心之感

阳光是由红、橙、黄、绿、青、蓝、紫 7 种色光组成的，它们的波长和偏转角各不相同。阳光照射在物体上，各种物体对各种波长不同的光的吸收和反射的能力不同，形成了各种颜色。简言之，某种物体如果能反射阳光中的某一种或几种光，而吸收其余的光，那么，物体就呈现出被反射出来的单色或复色光的颜色。在可见光中，红色光的光波最长，而且偏转角最小，容易穿过水层、雨点、灰尘和雾珠。橙色和黄色光也不怕阻碍，能穿透上述物体。

19 世纪的消防车

消防车涂成红色不仅是为了让人看见有触目惊心之感，而且还为了在大雾迷漫的天气里、尘土飞扬的环境中，或是狂风暴雨时，使人们很远就能看见它，为它让路，以便尽快完成灭火抢险任务。

集中供热：火炕的改进版

集中供热是指以热水或蒸汽作为热媒，由一个或多个热源通过热网向城市、镇或其中某些区域热用户供应热能的方式。目前已成为现代化城镇的重要基础设施之一，是城镇公共事业的重要组成部分。那么，集中供热起源于何时呢？

根据史料考古记载，在中国汉代就已经有集中供热系统，通常是在火炉的上方建一个供睡眠用的火炕。那个时期的陶制居室模型反映了这种建筑方法。

在欧洲，古希腊已经有了集中供热系统，在公元前1世纪的罗马则达到了一个较高的发展水平。罗马人的供热系统是用几根柱子支撑着的火炕，在系统的中央部位点一个火炉，所产生的热量被导入地板下方的供热通道。炕式装置可以为家庭、公共浴池、公用建筑供热。

据说，炕式装置是大约公元前100年由一位名叫凯伊乌斯·色吉乌斯·奥勒塔的农民发明的。他在养殖牡蛎的时候，把鱼和牡蛎放在一个大水槽中保温，水槽建在立柱上，在水槽下面为水槽供热。根据这个原理，人们把这种供热系统用到了家庭供暖上。

随着罗马帝国的日益衰落，集中供热技术被废弃，直到 19 世纪才在欧洲重新兴起。当时燃煤锅炉和蒸汽系统已经问世。19 世纪 30 年代，开始使用管道热水供应系统。

椅子：身居高位者的宝座

椅子的历史由来已久。在开罗国家博物馆的一间大厅里，陈设着图坦卡蒙法老的宝座。宝座是用雪松制成的，外镶嵌着一层黄金，靠背上有法老的浮雕像，座位是凹面的，椅腿呈狮爪形，富丽堂皇。

古希腊和古罗马人还制造出了青铜和大理石扶手椅以及角形交叉支脚椅。诸如此类的椅子，随着古希腊、古罗马文明的毁灭，渐渐地都被遗忘了。

在中世纪，欧洲家具生产并没有继承古希腊、古罗马的传统。当时甚至在王宫里，人们也只是坐在制作简易的长凳、条凳、板凳上。到 10—12 世纪盛行罗马式样时期，除了板凳与高靠背扶手椅外，还出现了带镶板的椅子。

但只有国王、公爵、贵族等身居高位的人物才能坐上扶手椅和宝座。封建主的椅子被视为权力的象征，有的人甚至给自己的座椅加锁，为的是使他人不能玷污他们的座位。

锁：从弹簧到弹子

锁早在 3000 多年前就出现在中国的历史舞台上。但那时的锁没有机关，只是做成老虎等凶猛动物的样子，想借此把小偷吓

走，只能说是一种象征性的锁。

据说第一个给锁装上机关的人是鲁班。从出土文物及史料所反映的情况看，古代的锁是靠两片板状弹簧的弹力工作。直到现在，这种弹簧仍在使用。

在国外，古希腊人曾发明了一种极为可靠的锁，但因钥匙较大，要扛在肩上，所以并未推广使用。古代印度人则制成了另一种鸟形的"迷锁"，钥匙孔藏在可以抖动的翅膀里。现代锁的兴起，始于18世纪英国人发明的"焊钓锁"。我们如今广泛使用的弹子锁，是美国人小尼鲁斯·耶鲁于1860年发明的。

钥匙：埃及人的发明

钥匙的发明比锁要晚些，世界上最早使用钥匙的是古埃及人。他们的锁是把一个木制门闩插入一个槽中，槽沟顶部有一个木制栓。门闩插入槽沟后，木制栓便会插入门闩的孔。这样一来，门闩便很牢固，必须用钥匙才能打开。

由于埃及人的锁只能用在有门闩的那一面，开关门都十分麻烦，于是，希腊人在此基础上，又研究出一种可以从另一面打开的锁。希腊人所制的钥匙，是一根类似于农夫用的小镰刀样的弯木棒。另有一种钥匙长达3尺，必须扛在肩上才能搬动，相当沉重。

古代最精巧的锁匠非罗马人莫属，他们对制造钥匙的标准相当有研究，很早就已经懂得把钥匙末端的钉子切割成各种不同的形状。

手表：女性的饰物

目前关于手表的最早记录是拿破仑之妻、皇后 J. 约瑟芬在 1806 年为王妃特制的一块手表，这是一块注重装饰、被制成手镯状的手表。当时，男人世界里用来象征身份、地位的是怀表，手表则被视作女性的饰物。

从 1885 年开始，德国海军向瑞士的钟表商定制了大量的手表，手表的实用性逐渐获得世人的肯定，并且逐渐普及开来。

另外还有一种说法是这样的：

第一次世界大战期间，一位军官为了看表方便，把表绑扎固定在手腕上，举起手腕便可看清时间，这样可以很方便地掌握时间。

1918 年，瑞士的一位钟表匠扎纳·沙奴，听了那个把表绑在手腕上的故事，从中受到启发。经过仔细的研究，他开始制造一种体积较小的表，并在表的两边设计有针孔，安装皮表带或金属表带，使表固定在手腕上。这样，手表就诞生了。

眼镜：显示身份的贵重之物

现如今眼镜已不是什么稀罕之物，那么眼镜起源于何时呢？

眼镜的原理是透镜，最早的透镜是在伊拉克的尼尼微遗址发现的。它是用水晶石制作的，直径 1.5 英寸，焦距 4.5 英寸。由此可以知道古巴比伦人已经发现某些透明宝石具有放大的作用。但是，可以肯定他们和古希伯来人以及古埃及人都不知道如何使用眼镜。

眼镜可能是在 13 世纪末期在中国和欧洲同时出现的。马

可·波罗大约在 1260 年记载："中国的老年人看小字时戴着眼镜。"14 世纪曾有记载说，中国的一个绅士用一匹马换了一副眼镜。

中国古老的眼镜镜片很大，呈椭圆形，通常用水晶石、石英、黄玉或紫晶制成，镜片镶嵌在乌龟壳做的镜框里。

由于眼镜框是用象征神圣的动物——乌龟的壳做的，镜片是宝石做的，所以眼镜被视作贵重物品。最初人们配戴眼镜是为了表示吉祥或者表示身份高贵，而不是为了改善视力。

眼镜在 13 世纪由两位意大利医生传入欧洲，直到 14 世纪中叶才被广泛使用。当初欧洲人也把眼镜看作区分人们身份高低的装饰品。

欧洲早期的眼镜是由各种宝石做的单一放大镜，使用时拿在手里，就像现在人们读书时用的放大镜。16 世纪初，供近视眼用的凹透镜才问世。

电风扇：舒乐的发明

机械风扇的雏形起源于 1830 年。美国人詹姆斯·拜伦从钟表的结构中受到启示，发明了一种可以固定在天花板上、用发条驱动的机械风扇。这种风扇转动扇叶带来的徐徐凉风使人感到欣喜，但它得爬上梯子去上发条，这就是机械风扇的起源。

1872 年，法国人约瑟夫研制出一种靠发条涡轮启动、用齿轮链条装置传动的机械风扇。这种风扇比拜伦发明的机械风扇更加精致，使用也很方便。

1880 年，美国发明家舒乐第一次将叶片直接装在电动机上，这就是世界上最早的电风扇。

沙发：源于贵族的半身不遂

"沙发"是英文 sofa 的译音，指一种内有弹簧衬垫的靠椅。这种家具据说是印度人发明的。

说起沙发的发明，还有着一段典故。从前印度有个贵族，因脑血栓导致半身不遂。一个木匠独出心裁，在木架椅上钉上布料，内以棉花之类做软垫，使病人坐卧得非常舒服。久而久之，这种舒服耐用的沙发就风行全世界。

沙发出现在中国还是 20 世纪初的事情。当时，上海最早出现了这种沙发。20 世纪 20 年代初，广州也有人仿制。当时上海制造的沙发专供汽车、轮船做坐垫用，广州制造的沙发却是供家庭使用的。中华人民共和国成立后，随着现代工业的蓬勃发展，沙发的花样日益增多，并成为寻常百姓之家的普通家具。

伞：能移动的房顶

伞据传是鲁班的妻子云氏发明的。

最早称伞为"盖"。《孔子家语》中说："孔子之郯，遭程子于途，倾盖而语。"

唐朝李延寿写的《南史》和《北史》才正式为伞定名。古时的伞，是达官显贵的装饰品和士大夫权势的标志。帝王将相出巡时，长柄扇、"万民伞"左拥右簇，乘坐的车舆上张着伞，表示"荫庇百姓"。官位、职务不同，"罗伞"的大小、颜色都存在着严

此图反映的是清代人做伞的一系列工艺。

格的区分，这一惯例一直传到明朝。

纸伞是汉朝以后出现的，唐朝时传入日本，16 世纪才传入欧洲。

1957 年，北京师范大学老焱若教授设计出折叠伞，并与北京一家机械加工厂中孚工厂达成协议，由该厂承制并销售。折叠伞因其携带方便而深受广大群众欢迎，没过多久，便在全国各地流行开来。

镜子：女娲打磨的黑曜石

据传说，女娲补天时得到一种黑曜石，经打磨而成为石镜，这便是最早的镜子。从石镜到第二代的金属镜，前后历时 3000 多年。

1956 年 12 月，日本洲冈山市的一个古墓里发现 13 面中国古代铜镜，估计有 1800 多年的历史。这些古镜呈圆形，有花纹，都是用青铜制成的。由此可以推测，隋唐时期中国就已经有了金属镜子。史书有载，唐太宗有赞魏徵语，意思是说铜镜可以正衣冠，而魏徵可以正言行之句，同样证明了当时金属镜子的存在。

古时候，除了用青铜制造的镜子以外，还有用银子制造的银镜和用钢制造的钢镜。但是，这些金属镜子一受潮就会发生化学反应，效果变得极差。人们为了防止镜子的表面同空气和水分接触，人们就用玻璃作为原料，于是便有了现在的镜子。

香水：匈牙利之水

在古埃及、印度及中国的古老文献中都对香水的由来有所记载。公元前 2000 年，西亚的亚述人最先掌握了用草药制造香脂的原始技术；在古埃及和中国，人们也早已学会用芳香扑鼻的香料来实现对美的追求。古罗马人喜欢在身体各个地方都涂上有香味的液体，古希腊妇女在宗教仪式上也要喷洒香水。13 世纪英国伊丽莎白女王时期，一瓶添加乙醇的"匈牙利之水"正式成为香水。

15 世纪以后，意大利人对香水十分钟爱，并使用了浓烈的动物脂香味，这种用法很快流行到英、法等国。到了 1709 年，意大利的约翰·玛利亚·法丽纳在德国科隆用紫苏花油、摩香草、迷迭香、豆蔻、薰衣草、酒精和柠檬汁配制成了一种奇香无比的液体，即著名的"科隆水"。而后，追求时尚的法国人对香水表

现出了异乎寻常的热情。法王路易十四嗜香水成癖，他甚至号召妇女们每天用不同的香水。香水成为上流名媛不可或缺的时尚用品。

19世纪下半叶起，人们以挥发性溶剂取代了早期的蒸馏法，尤其是人工合成香料在法国的诞生，打破了天然香型的局限性，由此加速了香水工业的发展。

牙膏：鸡初鸣，咸盥漱

牙膏起源于中国。早在公元前3000年，中国就已有了保护牙齿、清洁口腔的记载。《礼记》上就有"鸡初鸣，咸盥漱"的记载。中国最早使用的漱口剂有酒、醋、盐水、茶及温水等。酒、醋、盐水等有解毒杀菌的作用，茶中含有氟和维生素，可以防蛀，保持口腔清洁。

五代时期出现了复方配制的洁牙剂，以后又逐渐发展到采用香药去秽。就是在牙齿清洁剂中加入清热解毒的中药，如金银花、野菊花、蒲公英、藿香、佩兰等，不仅能保持口腔清洁，还有治疗口腔疾病的作用。

2000多年前，古罗马人用含有碳酸钙的浮石粉刷牙。19世纪中叶，在当时的市场上，普遍出现了以白垩土为主体的牙粉。19世纪末，市场上出现了管装牙膏。这种牙膏使用方便，但不爽口。第二次世界大战结束后，牙膏厂商制成用碳酸氢钙代替白垩土，以十二烷基硫酸钠取代肥皂的牙膏，在味道、香气两方面取得了比较令人满意的效果。

后来，牙膏不断得到更新，功效越来越齐全，能去除牙垢，达到清洁口腔和防治多种牙病的目的。

牙刷：2000 年前已有雏形

在中国史籍上有关牙刷的记载已有 2000 多年。在汉朝，将杨柳枝一端咬软或打扁制成的刷子，可以说是中国最早的牙刷。到了后周末年，中国出现了用马尾制成的植毛牙刷。1953 年，中国考古工作者在内蒙古喀喇沁旗大营子村发掘出两把象牙柄马尾牙刷，其形状、大小及植毛方式与现代牙刷极为相似。经鉴定，这是 959 年辽国驸马卫国王的殉葬品，是中国发现最早的并保存完好的牙刷。

元朝时，中国人用牙刷刷牙的习惯已逐渐养成，并开始普及。"早晚刷牙"的口号也是在那时提出的。文人郭钰当时写有一首咏牙刷的诗："南州牙刷寄来日，去垢涤烦一金值。"到了明朝，中国牙刷日益多样化，刷牙习惯更加普及了。这时欧洲才有人发明牙刷，要比中国晚 700 多年。

肥皂：源于厨师的大意

肥皂的历史可追溯到 5000 多年前的埃及。一位厨师在为国王办宴席时，不慎失手将一盆油翻泼到炭灰里。慌忙中，他赶紧用手将混有油脂的炭灰捧出去扔掉。当他回来洗手时，却意外发现手洗得比往日要干净得多。这时，他就好奇地又抓了一些扔掉的炭灰，让其他厨师来洗手，发现确实洗得干净很多，众人惊叹

不已。后来此事传到了国王那里，就吩咐照样仿制。于是，人类最早的"肥皂"就在这次偶然失手的启发下诞生了。

70 年，罗马学者普林尼第一个用羊油和草木灰制成块状的肥皂，后来，这一制造肥皂的方法在欧洲各地传开。到 19 世纪后半叶，英国女王伊丽莎白一世还专门下令，在希里斯吐勒建造一座用煮化的羊脂混以面碱和垩土来制造肥皂的工厂。

直到 1791 年，法国化学家卢布兰采用电解法从食盐中获得氢氧化钠后，才真正制造出以油脂和氢氧化钠为原料的肥皂，并沿用至今。

剪刀："U"字形的"交刀"

剪刀是人们日常生活中离不开的用品，它的形成和完善经历了 2000 多年的历史。

在公元前 3 世纪，埃及人已经开始用青铜制造剪刀了。在孔翁坡神殿的墙上刻有剪刀和一些医学用具。考古学家认为交叉形的剪刀在 1 世纪出现。

在古代，剪刀又称"交刀"。因为它中间没有轴眼，没有支轴，只是将一根铁条的两端锤打成薄刀状，剪刀的支点在最后部，像个"U"字形。人们使用时依靠熟铁的弹性，一按一张。现在纺织女工和织地毯的工人用的剪刀，还保留着这种样子。考古工作者在河南洛阳西汉古墓中发现的剪刀，也是这个样子。

那么剪刀究竟什么时候改制成现在这个式样呢？在洛阳北宋熙宁五年（1072 年）的古墓中，曾挖掘出一些历史文物，其中就有类似现在的剪刀，在刀与把的中间，打了轴眼，装上支轴，将支点移在刀和把之间。这种剪刀利用了杠杆原理，使用起来既方便又省劲。

清朝的张思家采用优质钢材，把好钢镶嵌在剪刀刃口锻打，首创了"剪刀镶钢"工艺，使剪刀质量得到进一步提高。张思家的儿子张小泉又不断革新改进，使剪刀式样、品种、规格、锋利度更上一层楼。现如今，以"张小泉"为商标的剪刀风行海内外，极受欢迎。

筷子：汉代的发明

中国人就餐时习惯用筷子夹取食物，如同西方人用餐时惯用刀叉一样，因此，筷子是我们中华民族古老文明的象征之一。

据说，在距今两三千年的周、秦时代，人们吃饭时是用手抓送食物入口的。到了汉朝，人们才开始使用筷子。当时，人们称筷子为"箸"，因"箸"与"住"同音，"住"有停住的意思，而民间忌讳"住"字，因此，反其意而称"箸"为"快"。又考虑到箸多用竹制成，人们便在"快"字上加一个"竹"字头，于是"筷"字便诞生了。

高压锅："帕平锅"

300 多年以前，法国青年医生帕平因故被迫逃往国外。他沿着阿尔卑斯山艰难跋涉，打算去瑞士避难。帕平一路上风餐露宿，以土豆果腹，用山泉水解渴。

有一天，帕平走到一座山峰附近，他觉得饿了，于是埋锅造饭，又煮起土豆来。水滚开了几次，土豆依然不熟。为了填饱肚子，他只得将没熟的土豆硬吃下去。这件事给他留下了极深的印象。

几年后，帕平的生活有了转机，他来到英国一家科研单位工作。阿尔卑斯山上的往事，他仍记忆犹新。他找来了许多参考书，查算了山的高度。有一连串的问题在帕平脑子里翻腾：物理学上的什么定律能够解释这个现象？水的沸点与大气压有什么关系？随后，他又设想：如果用人工的办法让气压加大，水的沸点就会高于 100℃，煮东西所花的时间或许会更少。可是，如何才能增加气压？

帕平自己动手做了一个密闭容器，他要利用加热的方法，不断增加容器内的水蒸气，并令它们不散失，这样一来，容器内的气压增大，水的沸点也越来越高。然而，当他目不转睛盯着加热容器的时候，容器内却发出咚咚的声响。帕平吓了一跳，只好暂停试验。

两年后，帕平按自己的新想法绘制了一张密闭锅图纸，请技师帮着做。另外，帕平又在锅体和锅盖之间加了一个橡皮垫，锅盖上方还钻了一个孔，由此，解决了锅边漏气和锅内发声的问题。帕平把土豆放入锅内，点火，冒气，10 多分钟之后，土豆就煮烂了。然而，他仍不满足，煮鸡行不行？煮排骨行不行？

1681 年，帕平造出了世界上第一个压力锅——当时叫作"帕平锅"。他邀请英国皇家学会的会员们来参加午餐会，实际上是对压力锅进行"鉴定"。帕平当着众多科学家的面，把几只活蹦乱跳的鸡宰了，塞进压力锅里，然后架到火炉上。那些满腹经纶的专家一杯茶还没有喝完，一盘盘热气腾腾、香味扑鼻的清蒸鸡已经摆在他们的桌上了。在座的科学家们立刻被帕平折服了。从此，帕平和高压锅一起，名扬四方。

铅笔：能写字的石墨

俗话说：好记性不如烂笔头。那么铅笔起源于哪里呢？

1564 年，在英国的一个叫巴罗代尔的地方，人们发现了一种黑色的矿物——石墨。由于石墨能像铅一样在纸上留下痕迹，这痕迹比铅的痕迹要黑得多，因此，人们称石墨为"黑铅"。

那时巴罗代尔一带的牧羊人常用石墨在羊身上画上记号。受此启发，人们又将石墨块切成小条，用于写字绘画。不久，英王乔治二世索性将巴罗代尔石墨矿收为皇室所有，把它定为皇家的专用品。用石墨条写字既会弄脏手，又容易折断。1761 年，德国化学家法伯首先解决了这个问题。他用水冲洗石墨，使石墨变成石墨粉，然后同硫黄、锑、松香混合，再将这种混合物制成条，这比纯石墨条的韧性大得多，也不大容易弄脏手。这就是最早的铅笔。

直到 18 世纪末，世界上只有英、德两国能够生产这种铅笔。拿破仑发动了对邻国的战争后，英、德两国切断了对法国的铅笔供应。因此，拿破仑命令法国的化学家孔德在自己的国土上找到石墨矿，然后造出铅笔。但法国的石墨矿质量差，且储量少，孔

德便在石墨中掺入黏土，放入窑里烧烤，制成了当时世界上既好又耐用的铅笔芯。在石墨中掺入的黏土比例不同，生产出的铅笔芯的硬度也就不同，颜色深浅也不同。这就是今天我们看到铅笔上标有的 H（硬性铅笔）、B（软性铅笔）、HB（软硬适中的铅笔）的由来。

给铅笔套上木杆外套的任务是美国的工匠门罗来完成的。他先造出了一种能切出木条的机械，然后在木条上刻上细槽，将铅笔芯放入槽内，再将两条木条对好、黏合，笔芯被紧紧地嵌在中间，这就是我们今天使用的铅笔。

煤气：煤制气体燃料

煤气又叫"瓦斯"，这是译自外文的称呼。

煤气是土名，这是因为早期的气体燃料是用煤制成的。煤气在国外最早用于点灯照明，这是 19 世纪初在伦敦街道上出现的新鲜事。到 19 世纪末，由于电力在照明上的广泛应用，煤气才开始了向工业供应热能和向家庭供应燃料的生涯。

煤气主要有三大类：人工煤气、液化石油气和天然气。《后汉书·郡国志》记载："火井欲出其火，先以家火投之，须臾隆隆如雷声，灿然通天，光耀十里，以竹筒盛之，按其光而无炭也。取井水还，煮井水，一斛水得四五斗盐。"这里叙述的是在 2000 多年前的西汉时代，四川邛崃地区利用天然气煮盐的情景。3000 多年前，《周易》载"泽中有火""上火下泽"，这是最早的煤气记载。足见我们的祖先在那时就发现了天然气，而且对天然气的利用也是最早的。

电视：天涯变咫尺

  电视是集体创造的结晶。如旋转盘机械扫描像素的传送电信号方法，是德国科学家保罗·尼普科夫于 1884 年设计成功的。阴极射线管和电子扫描的电视显像管，是德国科学家布劳恩 1897 年发明的。被世人称为"电视之父"的英国科学家约翰·洛吉·贝尔德集全世界之大成，集中进行了电视研究，直到荧光屏上出现图像。

  1906 年，苏格兰青年贝尔德建立了一个简陋的实验室，立志要制造一台电视。经过十多年的艰苦努力，1925 年，他终于

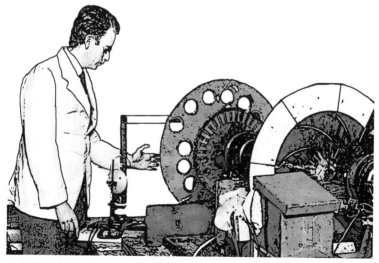

贝尔德正在调整早期的电视接收装置。在图中央位置就是尼普科夫盘，随着圆盘转动，圆盘上螺旋形的一系列孔能有效地扫描图像。

利用旧无线电器材、旧糖盒、自行车灯透镜和旧电线等废旧材料，造出了世界上最原始的电视摄影机和接收机。在试验中，荧光屏上显示了图像。1926年1月27日，贝尔德在英国伦敦皇家学会向40名科学家表演了他的发明。他在一间屋内放电视，科学家们在另一间屋内观看，荧光屏上出现一个人在抽烟和说话的画面。这次表演后来被国际公认为第一次公开播放电视的日子。

最初的电视发射距离只有3米，图像也模糊不清。因为缺少资金，贝尔德亲自拜访了一位当地的店铺老板，并与他商定，每天在店铺里放电视以吸引顾客，老板则每星期付给他酬金25英镑。贝尔德把所得的钱全部用于购买材料、改进设备，继续进行电视的研究和试验。1929年，他的研究取得了重大进展。他在伦敦用无线电波把电视图像送到纽约，纽约人在荧光屏上看到了伦敦。当时，这一新闻曾轰动整个世界。从此以后，电视很快在世界各国发展起来。

冰箱：冷却效应的实际应用

在英国工作的美国人雅可比·帕金斯的一个发现导致了冰箱的发明。1834年，他发现当某些液体蒸发时，会有一种冷却效应。帕金斯雇用了一群技工来制造一个可证实这个想法的工作模型。果然，这个装置在某个晚上真的产生了一些冰。技工们兴奋地奔向帕金斯的住房，向他传达这一结果。

已经步入晚年的帕金斯并没有在市场上出售自己的发明物，出售发明物的人是生活在澳大利亚的一个苏格兰印刷工——约翰·哈里森。

哈里森很可能是在并不了解帕金斯成果的情况下发现了冷却效应。他用醚来清洗金属印刷铅字，某一天注意到了物质的冷却效应。到 1862 年，他的第一批冰箱就上市了。哈里森还在维多利亚州本狄哥一家啤酒厂里设置了第一个制冷车间。

1879 年，德国工程师卡尔·冯·林德制造出了第一台家用冰箱。但在 20 世纪 20 年代电动冰箱发明出来以前，冰箱并没有在家庭中普及。

洗衣机：从手动到电动

从古到今，洗衣服都是一项难于逃避的家务劳动，对于许多人而言，它并不像田园诗描绘的那样充满乐趣，手搓、棒击、冲刷、甩打……这些不断重复的简单的体力劳动，留给人的感受常常是——辛苦劳累。

1867 年，世界上出现了解第一台洗衣机。虽然是十分粗糙的手动装置，却说明"手洗时代"受到了前所未有的挑战。

1874 年，美国人比尔·布莱克斯顿发明了木制洗衣机。其主体为一个木桶，桶中心装有 6 个拨爪。摇动手柄使拨爪转动，拖着衣服在木桶皂液中游动，在水流冲刷下达到洗涤的目的。

1880 年，蒸汽洗衣机问世，大大提高了洗衣效能。

到了 1920 年，美国的玛依塔格公司研制成功第一个铸铝筒体洗衣机。

20 世纪 30 年代中期，美国本德克斯航空公司的一家分公司

研制出第一台自动洗衣机。机器的洗涤、漂清和甩干都在一个机构里完成，并且有以自动定时器控制的不同洗涤循环，使用起来十分方便，深受家庭主妇欢迎。它已经同现代的洗衣机很接近了。

随着工业化的加速，世界各国也加快了洗衣机研制的步伐。首先由英国研制并推出了一种喷流式洗衣机，它是靠筒体一侧的运转波轮产生的强烈涡流，使衣物和洗涤液一起在筒内不断翻滚，洗净衣物。1955 年，在引进英国喷流式洗衣机的基础之上，日本研制出独具风格并流行至今的波轮式洗衣机。

暖气：地下火炉

在原始社会时期，人类就已经懂得利用火和太阳的热能来取暖御寒，加热食物。根据现在掌握的资料，人类能够较合理地利用热能取暖是古罗马时期的事。古罗马的公共浴室和富人的房子都装有地下火炉，这就是地面暖气的雏形。18 世纪末期，英国发明家詹姆斯·瓦特在他的伯明翰市郊的工厂安装了第一套水蒸气取暖设备。

1851 年，在英国定居的迈耶·阿姆谢尔·德·罗思柴尔德男爵在他的别墅安装了暖气和现代化自来水管道系统。1899 年，美国出现了组合式散热器。1900 年，法国的夏佩公司也开始采用这种暖气散热器，并在外观和应用上更加成熟，成为空调时代来临之前的主要取暖工具。

空调：最早出现于总统的病房

空调是由美国工程师多西发明的。

1881 年 7 月，美国总统加菲尔德在华盛顿车站遭到枪击，人们把他送进医院实施抢救。手术后，加菲尔德需要在医院休养一段时间。可是，病房里温度很高，让他得不到正常的休息。

有关部门把解决这个难题的任务交给了一个叫多西的矿山工程师。多西根据空气膨胀吸热的原理，在医院里装了一台空气压缩机，使病房的温度从 30℃下降到 25℃以下。这就是世界上第一台空调。

1911 年，美国人威利斯·开利获得了发明空调的专利。他从 1902 年开始，一直在纽约市布鲁克林区一家印刷厂研究空气湿度的调节。1904 年，他设计出带有至今仍在使用的喷水过滤装置的空调。1911 年，他绘制出供设计空调设备时计算使用的空气温度曲线图。

1926 年，美国人舒茨和谢尔曼开始研制自主式家用空调设备。1931 年，申请了窗式空调专利。

电池：青蛙腿的启示

1780 年的一天，意大利解剖学家伽伐尼在做青蛙解剖时，两手分别拿着不同的金属器械，无意中同时碰在青蛙的大腿上，青蛙腿部的肌肉立刻抽搐了一下，仿佛受到电流的刺激，而只用一种金属器械去触动青蛙，却并无此种反应。伽伐尼认为，出现

这种现象是因为动物躯体内部产生的一种电，他称之为"生物电"。伽伐尼于 1791 年将此实验结果写成论文，公布于学术界。

伽伐尼的发现引起了物理学家们的极大兴趣，他们竞相重复伽伐尼的实验，试图找到一种产生电流的方法。1799 年，意大利物理学家伏特把一块锌板和一块银板浸在盐水里，发现连接两块金属的导线中有电流通过。于是，他就把许多锌片与银片之间垫上浸透盐水的绒布或纸片，平叠起来，用手触摸两端时，会感到强烈的电流刺激。伏特用这种方法成功地制成了世界上第一个电池——"伏特电堆"。最原始的电池就这样产生了。

电灯：爱迪生最著名的发明

灯是人类征服黑夜的一大发明。19 世纪前，人们用油灯、蜡烛等来照明，这虽已冲破黑夜，但仍未能把人类从黑夜的限制中彻底解放出来。只有电灯发明出来以后，才使世界大放光明，那么电灯是怎么来的呢？

1876 年 10 月 19 日，美国发明家爱迪生将一节碳化的棉纱线置于抽成真空的玻璃管里，接通电源后足足燃烧了 45 小时，并发出耀眼的光芒，这就是世界上第一只电灯泡。

1880 年，爱迪生在纽约的大街

爱迪生发明的电灯泡

上安装了第一盏电灯。1881 年 10 月 15 日，巴黎剧院使用了白炽电灯。1882 年，美国各地建成 150 多座小电站，向工厂、机关和居民提供照明用电。

1906 年，人们开始用钨丝充作灯丝，这大大提高了电灯的亮度和寿命。1913 年，出现钨丝氮气灯泡；1918 年，又用氩气代替氮气。从 1934 年起，灯泡中的普通钨丝改为旋形钨丝，这就是目前普遍使用的白炽灯泡。

日光灯：水银灯的改进

美国科学家爱迪生发明白炽灯后，得到了广泛的应用。"白炽灯靠电流加热，使热能转换为光能，这太浪费电能了，能不能开辟一条电能利用的新途径呢？"美国科学家赫维特产生了新的设想。

1902 年，赫维特发明了水银灯。可是水银灯有很多缺点：不但辐射出大量紫外线，危害人体，而且光线太亮、太刺眼。所以，它得不到广泛的应用。

许多科学家都注意到了水银灯，想用某个方法将它加以改进。在研究过程中，科学家们达成如下共识：只要在水银灯管内壁涂上荧光物质，那么，当水银灯辐射的紫外线照到荧光物质上时，大量有害的紫外线就会被激发变成可见光。但是，由于水银灯的启动装置不好，所以科学家们在实际操作过程中屡屡失败。

1938 年，美国通用电子公司研究人员伊曼突破了启动装置

的设计与制作大关，制作了与水银灯截然不同的荧光灯。

荧光灯比白炽灯更亮，电能利用率高，而且省电。因此，它一诞生很快进入了普通百姓的家庭。由于荧光灯的成分类似于日光，所以人们也管它叫"日光灯"。

吸尘器：折叠风箱的改进

早在英国的维多利亚女王时代，就出现了一种运用折叠风箱（俗称"皮老虎"）的原理来吸尘的机器。它由两个人操作，风箱将机内空气吸出以后，形成相对真空，软管吸嘴就将地面灰尘吸进风箱。然而，这种机器有较大的弊病，一旦重复操作，往往又会重新吹出灰尘来，弄得乌烟瘴气，效果不大理想。

1901年，一种号称经过改进后的"新产品"——列车车厢清洁机在伦敦的圣潘克拉斯车站进行操作表演。它虽然能吸一些灰尘，但更多的时候是适得其反，鼓起滚滚灰尘，几乎把围观者吓跑。

此时，一个名叫休伯特·布思的旁观者，却从表演中受到启发。他连忙跑回家里，趴在地板上，用手帕蒙住嘴巴，向着地面使劲地吸着。当家人以为他精神失常时，他却喜出望外地宣布大功告成。布思得出了结论：对灰尘宜"吸"不宜"吹"；滤布可以把灰尘阻隔，又能使空气通过。

然而，布思发明的第一台吸尘机体积太大，噪声难以消除，被称为"吵死人的怪魔"，多次受到警察们的干涉。1905年，布思发明了用电动泵产生吸力的真空吸尘机，世界上第一台吸尘器终于问世。

打火机：燧石点火枪衍生而来

为了克服火柴易断易受潮的缺点，人们设计制造了一种更新的取火工具——打火机。最原始的打火机是从燧石点火枪衍生出来的。1823 年，德国化学家德贝莱发明了世界上第一台打火机。原理是利用锌和硫酸发生化学反应生成氢气，氢气喷到铂棉上自动起火。由于这种打火机缺点很多，未能得到推广使用。后来我们使用的打火机，是利用打火石与转轮的摩擦而产生火花，点燃汽油灯芯而着火的，使用起来十分方便，很受人们的青睐。现代的电子打火机，以石油液化气取代汽油作为燃料，用电子陶瓷取代火石作为引燃物，用起来方便快捷。

照相机：达盖尔的发明

照相机亦称摄影机，由镜头、暗箱、快门以及测距、取景、测光等装置构成，是用以拍摄照片的器械。照相机源于欧洲。18 世纪，法国有一种行业，在画人像前点一支蜡烛，背后墙上放一张白纸，画家用铅笔把烛光投射到纸上的人影勾画出轮廓，再用铅笔涂实而成一张"照片"。1820 年，一位名叫维丘德的英国人，把硝酸银涂在纸片上，利用硝酸银感光作用制成了印相纸，在阳光下可把人的影子照下来，但印相纸一见光就会失去效果。1839 年，法国人达盖尔开始从事照相技术研究。一次，他无意中把银匙放在曾用碘处理过的金属板上。过了一阵，他发现银匙的影子印到了金属板上。他又专门磨制了金属板并在上面涂碘，用镜头

进行拍摄，果然拍下了影子。达盖尔总是把曝光的底片放到箱子里。一天，他到药器箱中找药品，发现曝过光的底片竟然影像清楚。他断定箱子中的某种药品具有显影作用。经过仔细的研究和分析，发现是水银蒸发造成底片显像。恰在此时，一个名叫哈谢尔夫的人发现了定影作用。随后，达盖尔以自己发明的底片和显影技术，结合哈谢尔夫发明的定影技术和维丘德发明的印相纸，制造出了世界上第一台照相机。

遥控器：从"懒骨头"到红外遥控

　　电视机刚发明出来的时候，人们开关电视机或者选择频道，都依靠手动的方式，十分不方便。美国一家电子公司的阿尔德勒博士为解决开关电视机和选择频道不便的问题，发明了一种远距离有线"遥控装置"，并称之为"懒骨头"。但他后来发现，有线遥控也不是很方便。于是他利用自己丰富的知识，尝试研制以光来操控电视机的遥控器。后来，阿尔德勒又相继推出了用无线电遥控和依靠声音来遥控的遥控器。遥控器问世后，受到人们的热烈欢迎。1956 年，阿尔德勒经过多次实验，选定了超声波作为遥控媒介，制成了超声波遥控器，解决了遥控器易受干扰的问题。20世纪 80 年代后，随着集成电路技术和红外线技术的发展，一种新型的红外线遥控器诞生了。红外线遥控器基本不受外界的任何干扰，遥控范围又局限在一间屋子里，所以受到人们的广泛欢迎。

服装饮食

旗袍：满族的民族服装

　　旗袍在中国服装史上有着独特而浓郁的民族风味，始于清代。清兵入关后，原来设立的红、蓝、黄、白四正旗，又增添了镶黄、镶红、镶蓝、镶白四种，以此来区分、统御所属军民，称为"八旗"。八旗所属臣民的妇女习惯穿长袍，当时只是筒子，是满族妇女的民族服装，旗袍之名由此而得。后来妇女们缀以绣花，领巾、袖口镶花边，右开大襟，两侧开衩。据说这样便于骑马和上山下河劳动。

中山装：因孙中山而流行

　　中山装是中国现代服装中的一个大类品种。其上衣的左右上下各有一个带盖子和扣子的口袋，下身是西裤，它是在辛亥革命这一社会剧变中诞生的，以伟大的革命先行者孙中山做临时大总统时穿用而流行于世，故称中山装。在1929年制定国民党宪法时，曾规定一定等级的文官宣誓就职时一律穿中山装，以表示遵奉先生之法。

　　据说孙中山先生于1902年到越南河内筹组兴中会时，偶入广东人黄隆生开设的洋服店，为了节省开支，并能体现中国国情，而授意黄隆生设计一种美观、简易而又实用的中国服装。黄隆生参考了西欧和日本服装式样，并结合当时南洋华侨中流行的"企领"文装上衣和学生装而设计缝制成后来的"中山装"。

西装：原始衣着的完美组合

　　西装最早起源于欧洲，它是欧洲人穿的传统服装。西装的上衣原是渔民的穿着，由于他们终年在海上谋生，穿敞领少扣的衣服在海上捕鱼更加方便；燕尾服也是西装的一款，原是中世纪欧洲车夫的装束，为了骑马方便，就在上装的后面开了一条衩；西装硬领是由古代军人防护咽喉中箭的甲胄演变而来的；领带据说是古代住在深山老林里的日耳曼人为了防止披在身上的御寒兽皮掉下来，就用草绳扎在脖子上，这是最早的领带；西装衣袖沿上

这是早期的西装样式。早期西装种类较复杂，不仅分不同场合，还分不同时间，如晨服、午间服、下午服、晚服等。

的三颗纽扣，传说与拿破仑有关；西装裤原是西欧水手服的样式，它便于水手将裤腿挌起来干活。后来随着社会的发展，这些原始的衣着逐渐演变成现在的西装。

中国第一套国产西装诞生于清末，是"红帮裁缝"为知名民主革命家徐锡麟制作的。

徐锡麟于 1903 年在日本大阪结识了在日本学习西装工艺的宁波裁缝王睿谟。

第二年，徐锡麟回国，在上海王睿谟开设的王荣泰西服店定制西服。王睿谟花了三天三夜时间，全部用手工一针一线缝制出中国第一套国产西装。虽然在当时，其工艺未必比得上西方国家的制作水平，但已充分显示出"红帮裁缝"高超的工艺，令"红帮裁缝"成为中国西装跻身于世界民族之林的先行者。

和服：大和民族的服装

和服是日本的民族服装，极富日本传统文化特色，千百年来与日本人的生活息息相关。直到现在，逢年过节或在婚礼、葬礼、毕业典礼及庆祝会等隆重场合，和服仍是日本人的首选。日本人口中 90% 以上都属于"大和"民族，故取其名。

和服的起源可追溯到 3 世纪左右。据《魏志·倭人传》中记载："用布一幅，中穿一洞，头贯其中，无须量体裁衣。"这就是和服的雏形。大和时代，倭王曾三次派遣使节前往中国，带回大批汉织、吴织以及擅长纺织、缝纫技术的工匠，而东渡扶桑的中国移民中也大多是文人和手工艺者，他们将中国的服饰风格传入日本。

718 年，日本遣唐使团来到中国，唐王热情地接见了他们，并赠予大量朝服。这批服饰光鲜亮丽，在日本大受欢迎，当时日本朝中的文武百官均羡慕不已。次年，天皇下令，日本举国上下全穿模仿隋唐式样的服装。

到了 14 世纪的室町时代，带有唐装特色的服装逐渐演变并最终定型，在其后 600 多年中再没有较大的变动。至于腰包则是日本妇女受到基督教传教士穿长袍系腰带的影响而创造出来的，起初腰包在前面，后来移到了后面。在 1868 年明治维新以前，日本人都穿和服，但在明治维新之后，上层社会中的男士开始流行穿西服，也就是俗称的"洋服"。

迷你裙：保守的英国人的创举

每当夏天，"迷你裙"就会风靡大江南北。"迷你裙"是怎么来的呢？

"迷你裙"的创始人是一位英国人，名叫玛莉·昆特，而英国人的服装一向被视为保守、古板、怪异的。

"迷你裙"的出现，有它的历史条件。早在 18 世纪，欧洲的妇女们都是戴着饰物繁多的大帽子，穿着花边堆叠、绉裥累累的长衣裙去打高尔夫球和网球。1910 年，有一位英国妇女大胆地穿上了男西装式的女上衣及平跟鞋出现在球场上，成了轰动一时的创举。正在此时，玛莉·昆特设计的"迷你裙"在英国问世了。她把当时只求简便而忽视女性魅力的呆板服装彻底改观，获得极

大的成功。此后，不论在网球场上还是在大街小巷，到处可以看见轻松活泼、俏丽潇洒的"迷你裙"。法国女郎纷纷仿效，这种既轻便、舒适，又具女性美的短裙，迅速在世界传播开了。

牛仔裤：西部牛仔的最爱

深受年轻人喜爱的牛仔裤，起源于美国。

美国历史上的牛仔堪称"马背英雄"，他们是美国在向西部开拓过程中一支富有冒险精神和吃苦耐劳精神的尖兵。19 世纪50 年代末，有一个普鲁士裔美国人叫利维·施特劳斯的淘金者来到旧金山。他曾经是个布商，看到淘金工穿着的棉布裤极易磨破，便用厚实的帆布裁做低腰、直筒、臀围紧小的裤子出售，大受淘金工的欢迎，由此成为牛仔们的服饰。

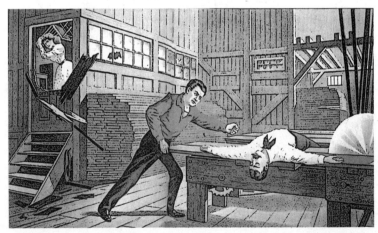

"再穿也穿不坏"的牛仔裤迅速成为建筑工人、电影明星、农民和艺术家共同的宠儿。这是一幅早期的牛仔裤广告。一位受害者被绑在木架上，高速旋转的锯轮正在逼近，即便如此，身穿牛仔裤的演员也毫无惧色。

泳装：从有伤风化到普遍接受

在游泳馆游泳，是不可能不穿泳装的。然而有谁知道，第一个穿泳装的人竟然被认为触犯法律而被定罪。

1907 年，澳大利亚女游泳员安妮特·凯勒曼在波士顿海滩上第一次穿上了泳装。由于她穿的泳装裸露肩膀、大腿和手臂，被法庭控告犯了公众场合猥亵暴露罪。

到了 20 世纪中叶，不少作家在《伦敦时报》发表文章，畅谈游泳和泳装的问题。后来游泳作为一项体育项目日益兴起，游泳俱乐部也很快遍及整个英国，泳装才渐渐被人们接受。

领带：源于骑兵的围巾

领带起源于古代居住在深山老林里的日耳曼人。他们披着兽皮取暖御寒，为了不使兽皮掉下来，便用草绳扎在脖子上。

17 世纪中叶，欧洲真正出现了"领带"。法国军队中一支罗地亚骑兵凯旋，他们身着威武的制服，脖领上系着一条围巾，颜色各式各样，骑在马上显得十分精神、威风。巴黎一些爱赶时髦的子弟看了倍感兴趣，竞相仿效，也在自己的衣领上系上一条围巾。第二天，有位大臣上朝，在脖领上系了一条白色围巾，还在前面打了一个漂亮的领结。路易十四国王见了大加赞赏，当众宣布以领结为高贵的标志，并下令上流人士都要如此打扮。

这样，系领带、打领结的习惯便流传下来了。

腰带：服装的饰物

中国早期的服装多不用纽扣，只在衣襟处缝上几根小带，用以系结，这种小带的名称叫"衿"。为了不使衣服散开，人们又在腰部系上一根大带，这种大带就叫腰带，它与今天人们用来系束裤裙的带子名称虽同，但作用并不一样。

古人对腰带十分重视，不论穿着官服、便服，腰间都要束上一带。天长日久，腰带便成了服装中必不可少的一种饰物，尤其在礼见时，更是缺它不可。

古代腰带名目繁多，形制也十分复杂。但总的来看，可分成两类，一类以皮革为之，古称"鞶革"，或称"鞶带"；一类以丝帛制成，古称"大带"，或称"丝绦"。也有将这两种腰带统称为大带的。汉、隋时出现了蝴蝶结，唐代有了玉带。大画家周昉的仕女图上的仕女常系着一条腰带，在腰间缠绕数圈，并在前面打个结，生动地再现了当时女性的束腰之美。

拉链：可移动的扣子

1893 年，一个叫贾德森的美国工程师研制了一个"滑动锁紧装置"，并获得了专利，这是拉链的雏形。这项装置的出现，曾对在高筒靴上使用的扣纽扣钩造成了影响。但这一发明并没有很快流行起来，主要原因是这种早期的锁紧装置质量不过关，容易在不恰当的时间和地点松开，使人难堪。

1913 年，瑞典人桑德巴克改进了这种粗糙的锁紧装置，使其变成了一种可靠的商品。他采用的办法是把金属锁齿附在一个灵活的轴上。这种拉链的工作原理是：每一个齿都是一个小型的钩，能与挨着而相对的另一条带子上的一个小齿下面的孔眼匹配。这种拉链很牢固，只有滑动器滑动使齿张开时才能拉开。

拉链最先用于军装。第一次世界大战中，美国军队首次订购了大批的拉链给士兵做服装。拉链在民间的推广则比较晚，直到1930年才被妇女们接受，用来代替服装的纽扣。

1926年，一位叫弗朗科的小说家在推广拉链样品的一次工商界的午餐会上说："一拉，它就开了！再一拉，它就关了！""拉链"这个词由此得名。

如今，拉链的品种不断增多，其应用也不仅限于日用品，进入科研、医疗、军事诸多领域，还被人们誉为20世纪科技界的十大发明之一。

耳环：耳饰的演变

在中国古代，早在50万年前周口店的北京猿人已经有了用石头、兽牙或贝壳制成的耳饰。古代把耳饰叫作"珥""瑱""珰"。在《左传》中也提到用一条五彩的带子横在冕上，两端下垂，紧系黄线，线上悬着玉"瑱"，用来塞耳。在汉代的出土文物中，发现不少石制的臼形耳珰，也有一些是用玉、水晶、玛瑙制成的。

在东方，男女均有戴耳环者；在西方（包括古代以色列和埃及）通常耳环是女性专用的饰物。希腊和罗马人，只限于女性戴

耳环；男性戴耳环者，在古典文学中，常称之为纯东方（即中东）的特色。

戒指：嫔妃记事的标志

戒指也叫指环，一般是用金、银或其他贵重材料制成，戴在手指上。

据说，戒指起源于古时的中国宫廷。女性戴戒指是用以记事，"戒"指一种"禁戒""戒止"的标志。当时皇帝有三宫、六院、七十二嫔妃，在后宫被皇帝看上者，宦官就记下她陪伴君王的日期，并在她右手上戴一枚银戒指作为记号。当后妃妊娠，告知宦官，就给戴一枚金戒指在左手上，以示戒身。

在古希腊，人们把戒指作为装饰品。在古罗马，戒指是社会地位的重要象征。罗马共和国初期，只有身居高位的人才能佩戴金戒指。到公元前3世纪，戴戒指的特权扩大到骑士阶层。罗马帝国时期，除奴隶外都可以戴金戒指。罗马天主教会授予教皇的戒指形体巨大，甚至可用作印章。

皮鞋：从兽皮包脚到底帮区分

在原始社会，我们的祖先将兽皮包在脚上，然后用骨针穿皮线缝扎。这就是皮鞋的雏形。但这种"原始皮鞋"还不是真正的皮鞋，没有鞋底与鞋帮之分。

世界上第一双真正的皮鞋，产生于中国的战国时期。中国军事家孙膑因被庞涓所害，膝盖受到髌刑，变成残废。为此，孙膑在原始皮鞋的基础上，将较硬的皮革裁成底和帮两部分，缝成高筒皮靴。孙膑穿上它，依靠靴底和靴帮的支撑力，乘车指挥作战，战胜强敌。后来，一些制鞋匠将孙膑的画像挂在家中，以纪念这一发明。

关于皮鞋还有另外一个传说。

很久很久以前，人类还赤着脚走路。有一位阿拉伯的国王到某个偏远的乡间旅行，因为路面崎岖不平，有很多碎石头，刺得他的脚又痛又麻。回到王宫后，他下了一道命令，要将国内所有道路都铺上一层牛皮，他认为这样做，不只是为了自己，还可造福他的人民，让大家走路时都能不再受刺痛之苦。

但即使杀尽国内所有的牛，也筹措不到足够的皮革，虽然根本做不到，甚至还相当愚蠢，但因为是国王的命令，大家也只能摇头叹息。

一位聪明的仆人大胆地向国王提议："国王！为什么您要劳师动众，牺牲那么多头牛，花费那么多金钱呢？您为何不用两片牛皮包住您的脚呢？"国王听了很惊讶但也马上领悟，于是立刻收回成命，采纳了这个建议。据说这就是皮鞋的由来。

高跟鞋：防止妻子外出

15世纪时，一个威尼斯商人担心他不在家的时候，漂亮的妻子会到处乱跑，招蜂引蝶。于是，他给妻子定做了一双后跟很高的鞋，以为这样一来，妻子就难于在外行走了。可是，他妻子穿上这双鞋后，不仅没有感到有什么不舒服，反而觉得十分好玩，

高跟鞋

并决意穿上这双鞋四处游玩。行人见了都觉得她的鞋太美了，于是争相效仿，"高跟鞋"很快就流行开了。

旱冰鞋：冰河解冻的威胁

　　旱冰鞋的起源很具有趣味性。据说早在 1100 年，猎人们为了在冬天也能打猎，将骨头装在长皮鞋底下，算是旱冰鞋的最早模式。

　　在 18 世纪，一位住在荷兰的男子滑冰运动员经常在结冰的路面上溜冰。当冰开始融化时，冰面就支撑不住溜冰人的重量。他想解决这个问题，就将四个木轴安装在一双旧皮鞋上，试着在地面上滑行，没想到竟然成功了。他制作的鞋，就是世界上第一双旱冰鞋。

　　1706 年，比利时一位名叫约瑟夫·默林的技工制造了一双旱冰鞋。由于没有刹车装置，这种鞋使用起来很不方便。1815年，法国人加尔森制造了一种轮式旱冰鞋。1819年，法国人首次出售木制、金属制和象牙制旱冰鞋。

1863年，美国人詹姆斯·普利姆普顿设计出一种新式旱冰鞋。这种旱冰鞋是在每只鞋底上镶四把小冰刀，在冰上滑行。如果冰雪开始融化，鞋底就换上镶有活动底座的两对小轮，以利于在坚实的地面上滑行。

现在人们所见的四轮花样旱冰鞋是用皮革制成，高腰、硬帮、高跟、硬底。男式的为黑色，女式的为白色。鞋底托用金属制成，镶有四个小滑轮，前面有制动器，可用以调节与地面距离的高度，前后小轮均可左右扭转。轮与托是用胶垫连接，并用螺钉固定在滑轮上。

元宵：团团圆圆

元宵，又叫"汤圆""水圆""汤团"等。宋人陈元靓写的《岁时广记》称它为"元子"；《乾淳岁时记》称它为"乳糖元子"；《大明一统赋》称它为"糖元"；《武林旧事》称它为"团子"。尽管各地元宵样式繁多，风味各异，但都有团圆的寓意，深受人们的喜爱。

元宵始于宋朝，那时民间流行着一种元宵节吃的新奇食品，其做法是用各种果饵做馅，外面用糯米粉搓成球，煮熟后吃起来香甜可口，饶有风味。因为这种糯米球煮在锅里又浮又沉，所以元宵最早又叫"浮元子"。

　　1912年，袁世凯篡夺革命成果，他一心想当皇帝，又恐遭到人民反对，终日忐忑不安。由于"元"和"袁"、"宵"和"消"同音，"袁消"有"袁世凯被消灭"之嫌，所以，在1913年元宵节前，袁世凯下令将元宵改称为"汤圆"。袁世凯垮台后，大部分地区又恢复了元宵的名称。

饺子："娇耳"的改进

　　饺子史称"娇耳"，据说是由中国"医圣"张仲景发明的。

　　东汉末年，各地灾害严重，很多人身患疾病。张仲景在长沙为官时，常为百姓除疾医病。有一年当地瘟疫盛行，他在衙门口架起大锅，舍药救人，深得长沙人民的爱戴。张仲景告老还乡后，经过家乡白河岸边时，见很多穷人饥寒交迫，耳朵都冻烂了，心里十分难过，决心救治他们。张仲景回到家，尽管求医的人很多，但他仍惦记着那些冻烂耳朵的穷百姓。他仿照在长沙的办法，叫弟子在南阳东关的一块空地上搭起医棚，架起大锅，在冬至那天向穷人舍药治伤。

　　此药方叫"祛寒娇耳汤"，即将羊肉、辣椒和一些祛寒药材入锅煮熬，煮好后再把这些东西捞出来切碎，用面皮包成耳朵状的"娇耳"，下锅煮熟后分给乞药的病人食用。每人两只娇耳，一碗汤。人们喝下祛寒汤后浑身发热，血液通畅，两耳变暖。食用数日后，病人的烂耳朵就好了。

　　张仲景舍药一直持续到大年三十。大年初一，人们庆祝新年，也庆祝烂耳康复，就仿照娇耳的样子做过年的食物。人们称这种食物为"娇耳""饺子"或"扁食"，在冬至和大年初一吃，以纪念张仲景舍药医人的善举。

月饼：纪念闻仲的"太师饼"

月饼，又称胡饼、宫饼、小饼、月团、团圆饼等，是古代中秋祭拜月神的供品，在中国有着悠久的历史。

据史料记载，早在商周时期，江浙一带就有一种纪念太师闻仲的边薄心厚的"太师饼"，此乃中国月饼的"始祖"。汉代张骞从西域引进芝麻、胡桃，丰富了月饼的馅料，继而出现了以胡桃仁为馅的圆形饼，名曰"胡饼"。唐代，民间已有从事生产的饼师，京城长安也开始出现糕饼铺。据说，有一年中秋之夜，唐玄宗和杨贵妃赏月吃胡饼时，唐玄宗嫌"胡饼"之名不雅，杨贵妃见皓月当空，十分陶醉，脱口而出"月饼"。从此，"月饼"的名称便流传开来。

油条：油炸桧

南宋年间，岳飞被卖国宰相秦桧和他的老婆王氏害死了的消息传开后，百姓们个个不服气，酒楼茶馆、街头巷尾都在讨论这件事。

那时，在众安桥河下，有两个吃食摊：一家卖芝麻葱烧饼，老板叫王二；一家卖油炸糯米团，老板叫李四。这一天，两人议论起此事，很是激愤，就做了两个面人扔到油锅里，表示对秦桧夫妻的愤恨，并称这是"油炸桧"。

老百姓当初吃"油炸桧"是为了解恨，但一尝味道不错，价钱也便宜，于是逐渐成为家喻户晓的食品了。

豆腐：炼丹不成的副产品

豆腐被誉为"国菜"。说起豆腐的起源，明李诩《戒庵老人漫笔》及清初《天禄识余》曾记载，豆腐为汉淮南王刘安所造，名曰"黎祁"，亦称"犁祁"。宋代大诗人陆游在《山庵》中有"诗压犁祁软胜酥"的诗句。

淮南王刘安系汉高祖的孙子，所谓"一人得道，鸡犬升天"就是他的逸事。此人不问政事，好修炼，企求长生不老，招来一批术士，以黄豆为原料欲炼仙丹，不料炼丹不成，反得豆腐。因此，后人便将豆腐的发明权挂到他的身上了。

四菜一汤：朱元璋的规矩

四菜一汤相传为明太祖朱元璋首倡。

1368 年，朱元璋当上皇帝后遇上天灾，各地粮食歉收，百姓生活十分困苦，可一些达官贵人却穷奢极欲，过着花天酒地的生活。出身贫苦、讨过饭的朱元璋对此非常恼火，决心予以整治。一天，适逢皇后的生日庆典，朱元璋趁众位大臣前来贺寿之机，有意摆出粗菜淡饭宴客，以此警醒文武百官。当十多桌席位的人坐齐以后，朱元璋便令宫女上菜。第一道菜是炒萝卜，萝卜，百味药也，民谚有"萝卜上市，药铺关门"之说。第二道菜是炒韭菜，韭菜生命力旺盛，四季常青，象征国家长治久安。再则是两大碗青菜，以此寓意为官清廉，两袖清风。最后一道极普通的葱花豆腐汤。宴后朱元璋当众宣布："今后众卿请客，最多只能'四菜一汤'，这次皇后的寿席就是榜样。谁若违犯，严惩不贷。"从此，"四菜一汤"的规矩便从宫内传到民间。

面条：起源于汉代

中国的面条起源于汉代。那时面食统称为饼，因面条要在汤中煮熟，所以又叫汤饼。早期的面条有片状和条状两种。到了魏晋南北朝时，面条的种类渐渐增多，著名的有《齐民要术》中收录的"水引""馎饦"。"水引"是将筷子般粗的面条压成"韭叶"形状；"馎饦"则是极薄的"滑美殊常"的面片。

隋唐及五代时期，面条的品种更多。有一种叫"冷淘"的过水凉面，风味独特，"诗圣"杜甫十分欣赏，称其"经齿冷于雪"。

面条是中国人民的主食之一。

还有一种劲道十足的面条，有"湿面条可以系鞋带"的说法，被人称为"健康七妙"之一。

盐：煮海水而成

盐是人们日常生活中不可缺少的调味品之一，它的由来可追溯至神农氏与黄帝之间。《世本》记："黄帝时，诸侯有夙沙氏，始以海水煮乳，煎成盐。其色有青、黄、白、黑、紫五样。"有关夙沙氏，汉宋衷有注，但《世本》散佚，后人引则各异。宋《路史》引宋衷注为："夙沙氏，炎帝之诸侯。"《太平御览》引宋衷注为："宿沙卫，齐灵公臣。齐滨海，故卫为渔盐之利。"宿（夙）沙是传说中人，但说明中国最早的盐是用海水煮出来的。"盐"古字像是在器皿中煮卤，天生者卤，煮成者盐。

味精：日本人的发明

日本东京大学有一位教授名叫池田菊苗，是一位化学家。1908年盛夏的一个晚上，池田回到家里，与妻子一道用餐。忽然，他停止了进餐，将目光停在了黄瓜汤上。"今天这碗汤怎么这样鲜！汤里除了海带和黄瓜，没有别的东西了吗？"池田问妻子。"是呀！"妻子回答。"这海带里面一定有什么奥妙！"池田自言自语地说道。

从这天起，池田在东京大学的化学实验室里仔细地研究海带的化学成分。半年以后，他从海带里提取出一种叫谷氨酸钠的物质，正是谷氨酸钠大大提高了菜肴的鲜味。于是，池田用谷氨酸钠制成了一种鲜味剂,给它取名为"味之素"。

20 世纪初,味之素的广告在中国随处可见。有一个叫吴蕴初的工程师对这种能产生鲜味的粉末十分感兴趣,于是买了一瓶回去研究。

经过化验,他得出粉末的主要成分是谷氨酸钠,于是决定造出中国的味之素来。他反复试验,一年之后,终于提炼出 10 克白粉似的结晶来,品尝后觉得味道与味之素一样鲜。吴蕴初想:最香的香水叫香精,最甜的味道称糖精,那么,最鲜的东西,不妨取名为"味精"。就这样,便有了"味精"一词。

酱油:汉代之前已出现

酱油是把豆、麦煮熟,使其发酵然后加盐而酿制成的液体调味品。

中国历史上最早使用"酱油"名称是在宋朝,林洪著《山家清供》中有"韭叶嫩者,用姜丝、酱油、滴醋拌食"的记述。在距今 2000 多年前的西汉时,中国就已经比较普遍地酿制和食用酱油了,那时候世界上其他国家还没有酱油。但考虑到酱油和酱的制造工艺是极其相近的,而中国在周朝时就已发明了酱,所以酱油的发明也应远在汉代之前。酱存放时间久了,其表面会出现一层汁。人们品尝这种酱汁后,发现它的味道很好。由此便改进了制酱工艺,特意酿制酱汁,这就是最早的酱油的诞生过程。

755 年后,酱油生产技术随鉴真大师传至日本,后又相继传入朝鲜、越南、泰国、马来西亚、菲律宾等国。

醋：二十一日酉时

醋的历史由来已久。传说在古代的中兴国，即今山西省运城市，有个叫杜康的人发明了酒，并把酿酒的技术传授给了他的儿子黑塔。后来，黑塔带领族群移居现江苏省镇江，把酿酒技术也带到了那里。酿酒中，他们觉得把酿酒后的酒糟扔掉很可惜，就存放起来，浸泡于缸里。到了二十一日的酉时，黑塔揭起缸盖，一股从来没有闻过的香气扑鼻而来。黑塔忍不住尝了一口，酸甜兼备，味道很美，便储藏起来作为"调味浆"。这种调味浆叫什么名字呢？黑塔把"二十一日"加"酉"字来命名这种酸甜的液体叫"醋"。据说，直到现在，镇江恒顺酱醋厂酿制一批醋的期限仍是 21 天。

北京烤鸭：源于南宋"炙鸭"

关于烤鸭的形成，可追溯至南北朝时期，当时的《食珍录》中即有"炙鸭"字样出现。南宋时，"炙鸭"已为临安（杭州）"市食"中的名品。

后来，据《元史》记载，元破临安后，元将伯颜曾将临安城里的百工技艺带入大都（北京），烤鸭技术也随之传到北京，烤鸭便成为元朝宫廷御膳奇珍之一。随后，烤鸭成为明、清宫廷的美味。明代时，烤鸭还是宫中元宵佳节必不可少的佳肴。据说清代乾隆皇帝以及慈禧太后，都特别爱吃烤鸭。从此，便将其定名为"北京烤鸭"。后来，随着社会的发展，北京烤鸭逐渐由皇宫传至民间。

松花蛋：掉进桑树灰的鸭蛋

松花蛋不仅味道鲜美，而且有一定的药用价值。王士雄《随息居饮食谱》中说："皮蛋，味辛、涩、甘、咸，能泻热、醒酒、去大肠火，治泻痢，能散能敛。"中医认为松花蛋性凉，可治眼疼、牙疼、高血压、耳鸣眩晕等疾病。

松花蛋，俗称"皮蛋"，又称"松花皮蛋"，有400多年的历史，起源于中国南方。关于它的起源，有个有趣的传说。

话说江南有个江河交叉、湖塘密集的三江口，在河埠头住有夫妻二人，男人姓厉。夫妻俩都年过半百，靠摆茶摊过日子，来喝茶的都是一些穷苦的渔夫。可是这年雨大，江河湖泊一片汪洋。打鱼的少了，老两口度日更加艰难。

有一个养鸭老汉将一对母鸭送给他们，他们就靠这对鸭子维持生活。鸭子一天下两个蛋，非常准时。可是好景不长，鸭蛋竟然拾不到了，夫妻俩十分烦闷。

十几天后，他们收拾茶具，还像往常一样，把剩茶倒入屋外的桑树灰堆里。忽然看见桑树灰里露出了圆滚滚的东西来，拾起一看，正是他们要找的鸭蛋。原来鸭子把蛋下到桑树灰里了。

可是这蛋在桑树灰里埋了这么些天，又天天浇剩茶叶，是否已经坏了呢？他们磕开一个蛋，只见蛋清已经变成黄褐色，像水晶一样，蛋黄也变成绿莹莹的。一尝，这蛋有一种特别的香味，这就是松花蛋。

涮羊肉：蒙古族的发明

据说，涮羊肉起源于元代。700多年前，元世祖忽必烈率领军队作战的途中，想吃草原美味——清炖羊肉，不料敌情突发。厨师灵机一动将羊肉切成薄片，下锅烫熟就捞了出来，放了点调料就送上去了。忽必烈饥不择食，吃罢迎敌并大获全胜，后命令厨师如法炮制，并建议增添调料，大臣们吃后啧啧称赞。后来忽必烈赐名为涮羊肉，并流传下来。涮羊肉原本是宫廷佳肴，不是普通百姓能吃到的。直到清光绪年间，北京"东来顺"羊肉馆的掌柜买通了太监，偷出了涮羊肉的作料配方，才使涮羊肉渐渐进入寻常百姓的餐桌上。

糖炒栗子：凝聚着统一祖国的热望

糖炒栗子是京津一带别具风味的名品，也是具有悠久历史的美味。

南宋时，陆游的《老学庵笔记》中有这样一个动人的故事。他说："故都（指北宋的汴京，即今开封）李和炒菜，名闻四方，他人百计效之，终不可及。"接着写道："绍兴中，陈福公及钱上阁，出使虏庭，至燕山，忽有两人持炒栗各十裹来献……自赞曰：'李和儿也。'挥涕而去。"据此可以推知，汴京的炒菜专家李和在外族入侵时家业破落，他的儿子带着炒栗子的绝技流落燕山，以献给故国使者的栗子，表达自己对统一祖国的热望。

四喜丸子：四喜临门

据传，四喜丸子创制于唐朝年间。有一年朝廷开科考试，各地学子纷纷涌至京城，其中就有张九龄。发榜当日，衣着寒酸的张九龄居然中得头榜，人们深感意外。皇帝因赏识其有才智，便将他招为驸马。当时正值张九龄家乡遭水灾，父母背井离乡，杳无音讯。举行婚礼那天，张九龄正巧得知父母的下落，便派人接至京城。喜上加喜，张九龄高兴之余，便叫厨师烹制一道吉祥的菜肴，以示庆贺。菜端上来一看，是四个炸透蒸熟并浇以汤汁的大丸子。张九龄询问其意，聪明的厨师答道："此菜为'四圆'。一喜，老爷头榜题名；二喜，成家完婚；三喜，做了乘龙快婿；四喜，合家团圆。"张九龄听后开怀大笑，连连称许，又说道："'四圆'不如'四喜'响亮好听，干脆叫它'四喜丸'吧。"自此以后，逢有结婚等重大喜庆之事，宴席上必备此菜。

麻婆豆腐：麻婆的拿手菜

麻婆豆腐是一道用豆腐为主料制作而成的四川名菜。

相传在清朝同治年间，在四川成都北门外的郊区有个叫万福桥的集市，客商云集。附近有一个叫陈盛德的与他的妻子在这个集市以卖便饭和茶水为生，因他妻子的脸上星星点点有几颗麻子，人们便习惯地称她"麻婆"。麻婆会做一手好菜，特别是她做的豆腐，远近闻名。

后来，她在这个集市附近专门开了家豆腐店。那里时常有不

少挑油工路经此地，便在此用餐。麻婆就用他们油篓中的剩油炒制牛肉粘子（牛肉末），并与豆腐、豆豉茸、豆瓣酱、干辣椒面合烹，然后撒下些花椒面，味道特别鲜美，十分受人欢迎。后来，人们索性称之为"麻婆豆腐"。

水煮鱼：渔民因陋就简的创造

"水煮鱼"是川菜中的一道名菜，关于它的由来主要有两种说法。

一说水煮鱼是由辛勤的渔民创造出来的。居住在洞庭湖边的人们都知道，一到冬天，很多渔民都要入湖打鱼，要在船上吃午饭。当时的条件很差，小小的渔船上，只能放少量的餐具和调料，因此鱼就变成了唯一的主菜。

还有一种说法是水煮鱼起源于重庆渝北地区，距今只有三十几年的历史。这道菜的创始人出生于川菜世家，并且在 1983 年重庆地区的一次厨艺大赛中以一道水煮肉片技压群雄，夺得大奖。某日，他的一位挚友来他家祝贺他获奖。这个朋友自小生活在嘉陵江边，每次来都会拎上几条活蹦乱跳的鱼，这次当然也不例外。师傅想让他的朋友来分享一下他的得奖菜品，可是他的朋友不吃大肉，这可让他犯愁了。正在这时，朋友带来的鲜鱼令他眼前一亮，于是他萌生了"水煮鱼"的点子。第一盆"水煮鱼"就这样诞生了！令人惊喜的是，鲜美的鱼肉加上川味的麻辣，令这道菜口味独特，分外鲜美。后来，"水煮鱼"渐渐成为一道家喻户晓的美味佳肴。

叫花鸡：叫花子的发明

相传在明末清初时期，江苏常熟的虞山一带有个叫花子，平时到处行乞。一位好心肠的老太太送给他一只老母鸡，他高兴得手舞足蹈。但他是个叫花子，除了手中的破碗，别无所有，怎样才能把这只鸡做熟呢？他想了好久，也没有想出个好办法来。突然，他灵机一动，计上心来。于是他就近找了一户人家，向主人借了把刀，将鸡宰杀，除去内脏，到山上挖了些黄泥涂于鸡的表面，取来枯树枝叶点起火，将包好的鸡放在火堆中焖烧。待泥烧干，他估计鸡也熟了，就用棍子敲去泥壳，鸡毛也随泥脱落，顿时香气四溢。

叫花子十分惊喜，遂抱起鸡狼吞虎咽地吃起来。正当叫花子吃得起劲时，大诗人钱谦益散步路过此处，闻到鸡的香味，并老远看到叫花子吃鸡的情景，便差人前往打听叫花子是如何做出这样美味的鸡的。下人打听了一番，并取了一小块鸡肉给钱谦益，他品尝后，觉得味道确实很不平常。回到家中，他令家厨按叫花子所说的方法制作，并在鸡肚子里加进肉丁、火腿、虾仁及香料等各种调味品，用荷叶包着，涂上黄泥，在火中烘烤，并取名"叫花鸡"。

自助餐：海盗的发明

自助餐起源于8—11世纪北欧的斯堪的纳维亚半岛。

当时，海盗们每次抢来财物，就由海盗首领出面，大宴群

盗，庆祝胜利，但他们却不熟悉也不习惯吃西餐的烦冗礼仪。他们灵机一动，发明了自己到餐台上自选、自取食品及饮料的吃法。

以后的饭馆经营者将这种吃饭方式予以规范化，并丰富了吃食的内容，就演变成今日的自助餐。直到现在，很多西方自助餐厅还冠以"海盗餐厅"的响亮名字。

面包：源于古埃及

发酵面包的发源地是古埃及，其制作方法一直保密。据说当初埃及人把面粉用水和盐混合在一起做面团，并不是发酵面包。直到有一次，有个人将和好的面团放在太阳下忘了拿回来。当他回去取时，面团已经发起来了。从那时起，人们由此受到启发便在炉子上烘烤出松软的面包。

第一批公共面包师产生于古罗马。到 19 世纪，人们发明了可大大减轻面包师劳动量的特别烤炉。

英国猪油点心面包水果味浓郁，非常美味。

比萨饼：中国葱油馅饼的改进版

比萨源于意大利的 PIZZA，根据字典的解释，是混合不同香料、番茄及芝士烘焙而成。比萨的起源说法不一。

一说早在 997 年，古罗马帝国一位女王来到那波里，当地人为了表示欢迎，将掺有番茄酱和菠菜的面团，置于火上烘焙至金黄，味道甚美，就有了比萨。

另一说比萨并非始于意大利，而是源于中国：当年意大利旅行家马可·波罗在中国旅行时对一种北方流行的葱油馅饼十分中意，回到意大利后他一直想再次品尝。某天，他与朋友在家中聚会。马可·波罗将其中一位来自那不勒斯的厨师叫到身边，"如此这般"地描绘起中国北方的葱油馅饼来。那位厨师立刻按马可·波罗所描绘的方法制作起来，但忙了半天，却无法将馅料放入面团中，马可·波罗便提议将馅料放在面饼上吃。这位厨师回到那不勒斯后又做了几次，并配上那不勒斯的乳酪和佐料，大受食客欢迎，从此"比萨"流传开来。

巧克力：可可粉与砂糖的结合

巧克力又叫朱古力，它是由可可制成的。可可最早产于美洲的尼加拉瓜，后来传入墨西哥。墨西哥阿兹特克人将可可豆碾碎煮成汁，待它冷却后加入各种香料，再用胡椒调味后饮用。墨西哥语中称之为"巧克拉尔"，意为"苦水"。可可树在墨西哥语中为"可可阿杜尔"，意为"神赐之物"。阿兹特克人认为，饮用这

种用神赐之物制成的"苦水",会使人身体健壮,远离灾病。

西班牙的一些探险家由于讨厌胡椒味,就在煮"苦水"时,将可可豆粉与砂糖各放一半,制成一种新饮料,并称之为"巧克拉特",在英语中又变为"巧克力突"。我们使用的"巧克力"三字,就是从英文音译过来的。

冰激凌:由中国传到欧洲

早在 3000 多年前,聪明的中国人就已经利用天然冰在夏天消暑。周朝的时候,朝廷里有专门负责取冰、用冰的官员——"凌人"。

唐朝时,京城长安出现了专门靠冰发财的商人。一本叫《酉阳杂俎》的书里,详细记载了当时制造冷饮的方法。元世祖忽必烈时开始了冰激凌的生产。为了保守制作工艺的秘密,王室以外的人禁止制造冰激凌。马可·波罗千方百计得到了制作方法,并将它带回意大利,随后传到英、法等国。14 世纪初期,欧洲也出现了冰激凌。

名牌名胜

同仁堂：康熙赐名

同仁堂是中药行业著名的老字号。同仁堂中药铺的创始人乐显扬（字尊育），是浙江绍兴人，明朝末年来京行医，住在大栅栏的一个客栈里。清康熙八年（1669年）改串铃行医（走街串巷看点小病）为坐商兼行医，并将所住客栈取名为同仁堂，此为同仁堂之始。

传说同仁堂的名字和康熙有关。

康熙皇帝得了一种怪病，宫中御医把所有的名贵药材都用遍了，就是不见病情好转，他一怒之下停止了用药。

这天，康熙独自出宫微服夜游，来到一条街上，发现有一个小药铺。此时，已是夜阑人静，小药铺里却灯火通明，还听到那里传来琅琅的读书声。康熙心想，自古道：小药铺内有人参。我何不来这里看看？于是，康熙便上前敲门。

进屋后，康熙说明来意。郎中说："好，你脱去上衣，让我看一看。"康熙脱去上衣，郎中只看了一眼便说："你平日吃得太好了，火气上攻，因此起了红点子，以致发痒。"

康熙问："此病能根治吗？"郎中很肯定地说："不难。只要用些药就会好的。"他顺手抱起木架子上的一个罐子，铺开一个包袱，把罐子里的药全部倒出来，足有七八斤重，说："这是大黄，你拿回家去，用这八斤大黄，煮水百斤，放入缸内，等水温适中，便入缸洗浴，少则三次，多则五次，即可痊愈。"

康熙回到宫中，按郎中所嘱，如法洗浴。果然，他下到浴缸中，就顿时觉得浑身清爽、舒服。连洗三遍之后，竟然全身不痒，身上的红点也没有了。

康熙十分高兴，第四天又微服来到小药铺。一打听原来郎中名叫赵桂堂。于是康熙想荐他进宫担任御医，但是赵桂堂行医为普惠天下百姓，不想进宫，只想建一个药堂。

康熙一听毫不犹豫地说："若真要建药堂，就叫同仁堂吧，你看这个名字怎样？"说着从桌子上拿起笔来，顺手写了一张字条，又盖上印章，然后说："赵兄，明天你到内务府衙门去一趟，那儿有我的一位朋友，说不定真能管事。"说完，告辞而去。

第二天，赵桂堂忍不住好奇地拿着字条找到内务府衙门，果真拿到了不少银子，而且知道了陌生人就是当朝的皇帝。就这样，"同仁堂"建起来了。

自雍正元年（1723年）同仁堂正式供奉清皇宫御药房用药，历经八代皇帝，长达188年，这就造就了同仁堂人在制药过程中兢兢业业、精益求精的严细精神，其产品以"配方独特、选料上乘、工艺精湛、疗效显著"而享誉海内外。

全聚德：颠倒字号转风水

"全聚德"烤鸭店创建于清朝同治三年（1864年），创办人杨全仁在北京以经营生鸡生鸭为生。1864年，杨全仁买下了前门大街一家濒临倒闭的"德聚全"干鲜果铺，开始经营烤鸭。开业前，一位风水先生围着新店转了两圈后站定说："这是块风水宝

地，前程不可限量，只是此店以前甚为倒运，要想冲其晦气，除非将'德聚全'的旧字号倒过来，称作'全聚德'，新字号才能上坦途。"

杨全仁一听正合心意，一来自己名字中占有一个"全"字，二来"聚德"意为聚拢德行，可以标榜店铺做买卖讲德行。于是请当时的书法家钱子龙书写了牌匾，闻名中外的老字号"全聚德"就这样诞生了。

稻香村：有诗意的食品糕点铺

"稻香村"原是长江中下游地区食品店常见的字号，《清裨类钞》有云："……稻香村所鬻，为糕饵及蜜饯花果盐渍园蔬食物，盛于苏。"为何食品店要取名"稻香村"，说法不一。一说缘于诗词，例如"一畦春韭熟，十里稻花香""稻花香里说丰年，听取蛙声一片""新城粳稻，五里闻香"。将"稻香"二字用作食品糕点铺的铺名，形色味兼具，的确妙得很。

另一种说法则颇有些神话的味道。相传数百年前，江浙一带有一家卖熟食的小店，生意清淡。一天晚上，店里忽然来了一个讨饭的瘸子。老板见他残疾可怜，就送了些东西给他吃；又见天色已晚，便在店内一个角落里铺上稻草，留他住宿。

第二天，瘸子不辞而别，老板便把他睡过的稻草拿去烧火，没想到煮出的肉香味扑鼻。于是他大肆宣扬，说瘸子是"八仙"之一的铁拐李下凡，还将店名改为"稻香村"。从此，他的生意逐渐兴旺，其字号也被人争相使用。

六必居：严格遵守六条标准

"六必居"是北京著名的老字号之一，明朝嘉靖九年（1530年）开业。"六必居"起初只是卖酒，因为在酿酒时必须具备"黍稻必齐，曲蘖必实，湛之必洁，陶瓷必良，火齐必得，水泉必香"六条标准，故名"六必居"。

据说"六必居"三个大字，是明朝宰相严嵩的手迹。当时严嵩的家人常来此买酒，时间长了，六必居店主与这个家人混熟了，便请他代求严嵩题块匾。家人怕严嵩不写，便求严嵩夫人帮忙。夫人也怕被拒绝，就天天在严嵩面前反复练写"六必居"三个字。

一天，严嵩回家见夫人又在那里书写"六必居"三字，字写得歪歪扭扭，一气之下便拿起笔来，浓墨写下"六必居"三个字。严嵩的那位家人将它送到六必居，店家如获至宝，立即制成匾挂在店中。后来，六必居增添了酱菜作坊，并逐渐转为以经营酱菜为主的酱园。如今，它积几百年之经验，以独特的方法腌制酱菜，光泽出众，清脆适口，味鲜香甜，使得这一老字号闻名中外。

王致和：无奈中的创举

相传清朝康熙八年（1669年），由安徽来京赶考的王致和榜上无名，无奈只得在京暂谋生计。王致和幼年曾学过做豆腐，于是便以做豆腐维持生计。有时卖剩下的豆腐很快发霉，无法食用，但又不甘扔掉。王致和就将这些豆腐切成小块，稍加晾晒，放在缸里用盐腌了起来。有一天，王致和突然想起那些腌制的豆腐，

赶忙打开缸盖，豆腐已呈青灰色，用口尝试，觉得臭味之中却蕴藏着一股浓郁的香气，送给邻里品尝，都称赞不已。

后来，王致和弃学经商，加工起臭豆腐，逐渐摸索出一套臭豆腐的生产工艺，生产规模不断扩大，质量更好，名声更响。

荣宝斋：以文会友，荣名为宝

荣宝斋是中国北京地区的一家闻名于海内外的专门经营书画的老字号店铺，已经有 300 多年的历史。

相传在清代初期，一位姓张的人家在北京西琉璃厂附近开设了一家店铺，取名"松竹斋"，专门刻印一些宫廷官员和士林需要的小型印刷品。后来因为店主人经营不善，营业亏损，在清朝光绪二十年（1894 年）时，店主人将店更名为"荣宝斋"，取"以文会友，荣名为宝"之意。店主用其字，取其意，表达了一种期望自己的店铺能够从此兴旺发达的祝愿。果然事遂人愿，荣宝斋日渐一日扬名于外，并且博得了儒士墨客的垂爱。

瑞蚨祥：财源滚滚来

瑞蚨祥是一家专营绸布、皮货等高档商品的老字号，创办于清朝光绪年间。瑞蚨祥创始人叫孟鸿升，是孟子的后裔，济南府章丘县（今章丘区）旧军镇人。他以经营土布开始，后来经营规模逐渐扩大，增加了绫罗绸缎、皮货等高档商品。"瑞蚨祥"的名称据说是引用了"青蚨还钱"这一典故。"蚨"是远古时期的一种神虫，一母一子，孩子出门时，母亲将血抹在孩子身上，不管它飞到哪里都能飞回家，飞回母亲的怀抱。青蚨代表古代的铜钱。当年的老板为店取名瑞蚨祥，就是希望借祥瑞的吉祥意味，加上能带来金钱的青蚨，瑞蚨祥能财源滚滚。中华人民共和国成立后，天安门广场升起的第一面五星红旗的面料就是瑞蚨祥提供的。

星巴克：爱喝咖啡的大副

对于爱喝咖啡的人来说，星巴克是一个耳熟能详的名字，它得名于19世纪美国文坛杰出大师赫尔曼·梅尔维尔的小说《大白鲸》中的人物名称，书中爱喝咖啡的大副就叫星巴克。星巴克1917年诞生于美国西雅图，现已成为世界一流的精制咖啡的零售商、烘烤商及一流品牌的拥有者。

肯德基：来自肯塔基州的炸鸡

肯德基是世界最大的炸鸡快餐连锁企业，肯德基的标记KFC是英文Kentucky Fried Chicken（肯塔基州炸鸡）的缩写。

1930年，肯德基的创始人哈兰·山德士在家乡美国肯塔基州开了一家餐厅。在此期间，山德士潜心研究炸鸡的新方法，终于成功地发明了由11种香料和特有烹调技术合成的秘方，其独特的口味深受顾客的欢迎，餐厅生意日趋兴隆。肯塔基州为了表彰他为家乡做出的贡献，授予他"山德士上校"的荣誉称号。山德士上校一身西装、满头白发及山羊胡子的形象，已成为肯德基国际品牌的象征。

麦当劳：麦当劳兄弟的特许加盟快餐店

1937 年，麦当劳兄弟麦克·麦当劳和戴克·麦当劳在加利福尼亚州一条国道旁开了一家很普通的小吃店。当时正赶上美国开始进入汽车时代，店里的生意很好。经过 10 年的经营，他们决定引进自助服务和快速提供食品的方式，以特许加盟的方式进行推广。

尽管兄弟俩非常热心于这一模式的推广，却不热衷于加盟制度的管理和完善。真正使麦当劳在市场上快速发展起来的是麦当劳的一个加盟商——雷·克罗克先生。1961 年，克罗克买入麦当劳商标权，开始全力投入麦当劳特许加盟发展模式的研究和开发。

麦当劳快餐店一角

索尼：由拉丁字演化而来

索尼被誉为"日本在全球创立的价值最高的品牌"。

日本索尼公司最初的全名为"东京通信工业株式会社"（1958年正式改名索尼公司）。其创始人盛田昭夫在去美国视察时，发现根本没有人知道他们的产品怎么发音。为此，盛田昭夫考虑，应该想出一个独特的品牌名称，让别人一眼就认出他们的产品。

盛田昭夫和他的同事经过研究后，认为新名字必须让全世界每个人都能认出来，让使用不同语言的人都能读出来。有一天，他们翻到一个拉丁词语 Sonus，意为"声音"，听起来很有音感，刚好同该公司从事的行业关系密切，于是他们开始在这个字上打转。这个拉丁词语相关的其他词语，无论 Sonny 或者 Sunny，都有乐观、光明、积极的含义，这点非常符合他们的自我形象。美中不足的是，Sonny 读起来与日本字"输钱"谐音，有些"触霉头"。后来盛田昭夫灵机一动，去掉一个"n"，拼成"Sony"。这就是索尼的由来。

诺基亚：从纸浆厂到通信巨头

诺基亚的历史可以追溯到 1865 年。当时，芬兰籍采矿工程师弗雷德里克·艾德斯坦在芬兰西南部坦佩雷市坦默科斯基河沿岸设立了一座纸浆厂，后来发展成为全球移动通信领导厂商之一。诺基亚（Nokia）一词源自古芬兰词 nois——一种栖息在诺基亚河（Nokia River）两岸类似远古貂鼠的小型黑貂。作为地名，诺

基亚的原意仅指诺基亚领地。诺基亚公司于 1865 年成立之后，当地人开始用诺基亚来指称当时正欣欣向荣的整个工业区，诺基亚公司也因此得名。

柯达：伊斯曼独创的单词

伊斯曼柯达公司（Kodak），简称柯达公司，是世界上最大的影像产品及相关服务的生产商和供应商。

1888 年，"柯达"这个名字首先在美国工商管理部门进行了注册登记。从此，"柯达"这个商标就一直印在伊斯曼柯达公司的产品上，不但成为法定的，而且成为具有声望的商标。

美国伊斯曼公司的创造者乔治·伊斯曼当年曾经说："我喜欢 K 这个字母，它表示一种事物突出的部分或尖端。我用 5 个字母组成一个词，前后都有 K，中间任选其他 3 个字母，最后拼成 Kodak。"他认为，"Kodak"字母少，不易拼错，具有生气和个性等特点。

佳能：黎明的女神

佳能是全球领先的生产影像与信息产品的综合集团。佳能公司的创始人是位医学博士，取此名的灵感出自他抬头眺望天空。佳能原有一个十分英语化的名字 KWANON，意为一位仁慈佛教女神的名，公司以此命名其第一架 35 毫米测距式相机。

大约在 1936 年，公司用汉莎·佳能为品牌的相机正式上市了。从此，佳能成为举世闻名的相机品牌和公司的象征。目前使用的 EOS 不仅仅表示电子光学系统英文首字母的缩写，也是一位在希腊被称作黎明的女神。

阿迪达斯：创始人姓名词头合并而成

阿迪达斯（Adidas）是创始人阿迪·达斯勒（Adi Dassler）的姓名词头合并而成。阿迪·达斯勒本人不但是一位技术高超的制鞋家，同时也是一位喜好运动的运动员，他的梦想就是"为运动员设计制作出最合适的运动鞋"。在这个理念的指导下，他于1920 年设计出第一双运动鞋。由于他不断研发，使他所设计的运动鞋获得许多顶尖选手的喜爱，不仅在奥运会上大放异彩，并从此在运动场上树立了金牌口碑。在各界的肯定下，阿迪·达斯勒于 1948 年创立了阿迪达斯品牌，并将他多年来制鞋经验中利用鞋侧三条线能使运动鞋更契合运动员脚型的发现融入设计的新鞋中。于是，阿迪达斯品牌第一双有三条线造型的运动鞋便在1949 年呈现在世人面前。

迪士尼：漫画家与老鼠的奇遇

100 年前，在美国堪萨斯城一间破烂不堪的车库里，一个青年人正在画板上描绘着他漫画家的梦。一只老鼠常爬到桌子上偷食面包屑，他没有赶它走或置它于死地，而是和老鼠成了朋友。正是这个奇遇，日后带给这个青年人灵感，使他创造出给全世界都带来欢乐的米老鼠形象。

不久，这个青年人离开堪萨斯城来到洛杉矶，以自己的名字——

沃尔特·迪士尼创办了沃尔特·迪士尼公司，米老鼠成为公司特有的象征和吉祥物，"迪士尼"也因此成了世界著名的品牌。

劳力士：伸开五指的手掌

劳力士公司的前身是 W&D 公司。德国人汉斯·威尔斯多夫与英国人戴维斯于 1905 年在伦敦合伙经营了一个出售钟表的公司。威尔斯多夫以其敏锐的目光发现手表将不可避免地成为计时产品的主流。1908 年，威尔斯多夫在瑞士的拉夏德芬注册了"劳力士"商标，"W&D"由此改为"劳力士"。劳力士表最初的标志为一只伸开五指的手掌，它表示该品牌的手表完全是靠手工精雕细刻的；以后才逐渐演变为皇冠的注册商标，以示其在手表领域中的霸主地位。1919 年，劳力士公司从英国迁到世界钟表中心瑞士日内瓦。

迪奥："上帝"和"金子"的组合

迪奥一直是华丽女装的代名词。大 V 领的卡马莱晚礼裙，多层次兼可自由搭配的皮草等，均出自天才设计大师迪奥之手，而做工更以精细见长。

迪奥的名字"Dior"在法语中是"上帝"和"金子"的组合。以他的名字命名的品牌 Christian Dior（简称 CD），自 1947 年创始以来，一直是华丽与高雅的代名词。无论时装、化妆品或是其他产品，CD 在时尚殿堂一直雄踞顶端。

兰蔻：源于兰可思幕城堡

兰蔻（LANCOME）于 1935 年诞生于法国，它的创始人阿曼达·珀蒂让凭借着对香水的天才敏感嗅觉和执着不懈的冒险精神，以及他立志让法国品牌在当时已被美国品牌垄断的全球化妆品市场占领一席要位的抱负，为世界化妆品历史写下美的一页。

兰蔻之名源于法国中部卢瓦卡河畔的兰可思幕城堡（LANCOSME）。由于兰可思幕城堡的周围种植了许多玫瑰，于是玫瑰花成为兰蔻品牌的象征。

吉列剃须刀：吉列的创造性成果

吉列剃须刀是现在著名的品牌，是由美国人吉列发明的。

1895 年的一天，吉列在理发店刮胡须时被刮出了血。"要是有一种安全剃须刀就好了。"吉列以从商者特有的敏感意识到，如果发明一种新式的安全剃须刀，肯定有销路。

回到家后，吉利便一头钻进了试验室。在朋友们的帮助下，经过千百次试验，吉列终于制成了一种"T"字形的剃须刀。这种剃须刀的刀刃很薄、很锋利，但在

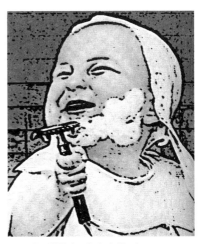

早期吉列剃须刀广告宣传画

刮胡须时，它能随着接触面变换角度，因而不会伤人。1901年，吉列为自己发明的安全剃须刀申请了专利，同时开了世界上第一家经营这种剃须刀的公司。

紫禁城：最高级别的禁区

故宫为何称为"紫禁城"呢？这与中国古代天文地理以及帝王的封建迷信密切相关。

紫禁城的"紫"指紫微垣。中国古代天文学家将天上的恒星分为三垣、二十八宿和其他星座。三垣指太微垣、紫微垣、天市垣。紫微垣在三垣之中央，因此代称皇帝。又因皇帝宫殿是封建社会中最高级别的"禁区"，紫禁城的"禁"字正是强调了皇宫的这种无上尊严。古时认为"玉皇"是居住在天宫之内的，天宫谓之紫宫；而封建皇帝自诩是"天子"，其住所即相当于天上的"紫宫"（亦称紫微宫）。封建社会时，皇帝居住的宫殿戒备森严，严禁庶民百姓靠近，故称之为"禁城"。

另外，紫禁城之称古已有之，唐代开元年间，右丞王维在《敕赐百官樱桃》诗中曾说："芙蓉阙下会千官，紫禁朱樱出上阑。"可见唐代已把皇宫称为"紫禁"了。

天安门：受命于天，安邦治民

天安门，位于北京的市中心，南有天安门广场，北有明清两代的紫禁城，是中华人民共和国的象征。

天安门是明清两代皇城的正门，建于明永乐十五年（1417

年），原为三层楼式木牌坊，叫承天门，取"承天启运，受命于天"之意，明末被焚。清顺治八年（1651年）重修改称天安门，取"受命于天"和"安邦治民"的含义。

天安门造型威严庄重，气势宏大，是中国古代城门中最杰出的代表作。城楼通高37.4米，殿内面积1710平方米，殿宽九楹（62.77米）、进深五楹（27.25米），寓意皇帝的"九五至尊"。殿为木结构，双檐歇山式屋顶，上覆盖黄琉璃瓦，殿内外有直径2米的巨柱60根，内嵌象征皇权的各种彩绘。整个城楼建于巨大条石砌成的须弥座式城台上，红墙、黄瓦、五个拱形券门，金碧辉煌，蔚为壮观。城楼前后各有一对用汉白玉雕成的蟠龙八角柱华表，龙盘柱上如环绕于云海之中。门前护城河称金水河，河上建有汉白玉金水桥七座，中间五座正对五个券门，中间一座最大名御路桥，只有皇帝可以通行；左右四座叫"王公桥"，是王公大臣走的；最外侧两座最小叫"品级桥"，是三品以上官员的通道。天安门前金水桥南北各设汉白玉石狮一对，其雕刻精美，造型生动，威武异常。

云冈石窟：悬崖上的艺术宝库

云冈石窟在我国山西省大同市城西16千米的武州山南麓，是北魏时期开凿的。石窟依山而建，东南绵延约1千米，现有主要洞窟53个，小神龛1100多个，造像5.1万余具，分作东、西、中三大区。石窟的建造贯穿整个北魏时期。

云冈石窟的艺术成就很高，它与敦煌石窟、龙门石窟一并成

云冈石窟的大型菩提石雕像，约 489 年由僧侣雕刻而成，高达 50 米。

为中国石窟艺术的代表。

　　云冈石窟所雕凿的成千上万尊佛像变化万千，神态各异，有的高大魁伟，有的相貌庄严，有的体态安详。在第 19 窟里，有一尊佛像高达 16.8 米，其左右二佛分处二耳洞；第 20 窟里的一尊大佛高达 13.7 米，面部丰满，两肩宽厚，造型雄伟，是云冈石窟的代表作品。

　　石窟周围的壁上还刻画了浮雕，顶部有姿态优美的天女，凌空飞舞。许多中外游客都在这些精美的艺术品前驻足流连，为这些宏伟精美的石雕而倾倒，赞叹不已。

避暑山庄：承德的皇家行宫

避暑山庄又叫承德离宫，或称热河行宫，在河北承德市区北部。山庄四周群山环抱，地势高峻，气候宜人，是清代皇帝夏日避暑和处理政务的场所，故名"避暑山庄"。始建于清康熙四十二年（1703年），乾隆五十五年（1790年）竣工，建筑物达110余处，总面积564万平方米，为北京颐和园的两倍，是中国现存占地最大的古代帝王宫苑。

它背山面湖，山峦起伏，草木蓊郁，宫殿亭榭掩映，湖沼洲岛错落，风光旖旎，景色秀丽。它集中了中国南北方建筑布局的特点，综合了中国各地建筑艺术的风格。山庄建筑分宫殿区和苑景区两大部分，苑景区又分湖区、平原、山峦三个景区。康熙以四字题名的36景和乾隆以三字题名的36景散布其中，各景随四时变化，取山、水、林、泉等自然景观命名。山峦区的雄浑山川，优美俏秀的寺、庙、斋、轩，别具一格，使山庄成为中国各地胜迹的缩影，与山庄外围巍峨雄伟、具有民族特色的外八庙构成辽阔的文物风景区。

圆明园：圆而入神，明而普照

圆明园是中国明清两代的皇家园林，它不仅是中华的千古名园，还是人类的艺术瑰宝。但是，随着1860年英法联军大举侵华，它在入侵者所放的大火中，整整烧了三天三夜以致化为灰烬。

圆明园由圆明、万春、长春三园组成。三园中以圆明园为最大，又以水景为主，水面曲折萦绕与陆地勾连交错，婉转曲折之间布满亭台楼阁。

这三园之中又各有景点。如圆明园内有勤政殿、上下天光、月地云居、方壶胜境等48处景；长春园也有西洋楼、万花库、方外观、海晏堂等30处景。

圆明园的建筑融合古今中外的建筑风格，使其每一处建筑都纤美精致。园中既有中国的传统建筑，也有糅合西方建筑风格的建筑，如中西结合式建筑群西洋楼，上为中国琉璃瓦屋顶，中有西洋巴洛克式骨架，下有罗马式汉白玉雕刻，在中外建筑史上别具一格。

圆明园里还珍藏着许多奇珍异宝、金银玉器、名人字画、孤本秘籍。据当年英国的一名随军记者撰写的通讯记载：英法联军闯入圆明园后，被这富丽堂皇、充满奇珍异宝的皇家园林惊呆了。谁也不知道该拿什么东西：为了拿金子，而把银子丢了；为了拿镶有珠玉的钟表和宝石，又把金子丢了；无价的瓷器和珐琅器，因为太大不能运走，竟被打碎。一个名叫赫里斯的英国军官，抢到一个镂金花盆，盆里栽着一棵黄金树，树上挂着以红玉为核的蓝宝石果子。他将这个金花盆和其他宝物装了7大筐，据为己有。回到英国以后，这个强盗凭着夺来的宝物成为一个大富豪。

岳阳楼：鲁班赐模型

岳阳楼耸立于湖南岳阳西门城头，东倚巴陵山，西临洞庭湖，气势雄伟，是中国古代四大名楼之一。北宋范仲淹"先天下之忧而忧，后天下之乐而乐"的千古名句更让人留恋。岳阳楼历史悠久，远在东汉末期，东吴大将鲁肃即在此建阅军楼；唐开元四年（716年），扩建为楼阁；宋庆历五年（1045年），重修岳阳楼，成为现在的规模。

关于岳阳楼还有个传说。

唐朝开元四年，岳州有个姓张的太守在巡视时，来到三国时吴国大将鲁肃在洞庭湖练水兵时修建的阅军楼。遥望无边无际的洞庭湖，真是湖光山色，美不胜收。于是就发榜招聘工匠，修一座高楼。一天，一个叫李鲁班的青年木工，自称无论什么亭阁楼台，都能设计得尽善尽美。太守命他当工程总管，限他一个月画出一座三层、四角、五梯、六门、飞檐、斗拱、盔顶的楼阁。

然而两个月过去了，李鲁班什么也画不出来。太守大怒，让他三天内必须交出图纸，否则就要处置他。李鲁班吓得一个人坐在洞庭湖边哭起来了。这时有个白发工匠给了他一些木方，这些木方形状各异，大小不一，上面还各有编号，装满一大袋。

当李鲁班将木方按照序号摆好后，竟然是一座美轮美奂、符合太守要求的楼阁模型。太守看到模型非常高兴，问李鲁班是怎么想到的，李鲁班说出了经过。

这时有人上报，说有一白发老人在湖边用石头砌成拱洞，又在上面砌房子。张太守听了，连忙领着手下赶去，可是老人又不见了，只见石头砌成的拱洞上，立着一座壮观的楼阁。"此真神人也，看来用拱门做楼基真是气势非凡。"地上留下一把尺，上面刻字——鲁班尺。

后来工匠们按照白发老人的设计盖成楼阁，以西城门拱洞做楼基，因为该楼位于天岳山之阳，故称"岳阳楼"，而三层飞檐拱则命名"鲁班门"。

黄鹤楼：天高不算高，人心比天高

"昔人已乘黄鹤去，此地空余黄鹤楼。黄鹤一去不复返，白云千载空悠悠。"几句唐诗让人对黄鹤楼浮想联翩。黄鹤楼始建于223年，是中国历史上有名的古建筑，素有"天下绝景"的美称。

传说在长江边上的龟山半山上住着一位卖茶的，他虽然清贫，但是人却很好。有一天来了一个老叫花子。这时过了吃饭时间，只有剩菜剩饭了。主人很不想给他这些，跟他说下次早点来吧。第二天老人又来了，然而这次来早了，饭菜还没好，主人让老人等等，等好了给老人满满盛了一碗。第三天老人又来了，主人还是很热情地好好接待了。老人走到茶社前面的空白屏风前举起拐杖画了一只黄鹤，黄鹤活了，在墙上翩翩起舞，并昂首唳鸣。从此茶社生意兴旺。主人逐渐有了些积蓄，便将茶社改成了酒楼。

一日老人又来了，问主人还有什么不足的地方。主人说酒太少。老人说你就卖井水吧，主人一尝果然是好酒。于是酒楼的生意日益红火，主人变成了富甲一方的大富豪。老人又问主人还有何不足，主人说糟糠太少。老人听了一言不发，驾鹤而去，只在墙上留下了四句话：天高不算高，人心比天高；白水当酒卖，还说猪无糟。此时主人方悟，变卖了家产在长江边造了一座高塔，取名迎鹤楼，表明自己的悔悟。后来这个楼就更名成了黄鹤楼。

凡尔赛宫：路易十四的奢华王宫

　　凡尔赛宫是法国封建时代帝王的行宫，极为华丽典雅，被称为"举世无双的宫殿"，位于巴黎市西南凡尔赛城。

　　凡尔赛宫源于 17 世纪 60 年代。路易十四上台后，好大喜功，崇尚奢华。1661 年 7 月，他得知财政总监富凯新建了一所漂亮官邸时，便前往参观。富凯认为这是一个讨好皇帝的好机会，于是他在官邸陈列了数不尽的金银珠宝，准备了豪华的晚会。可是路易十四不能容忍富凯府邸的豪华富丽超过王宫，何况这府邸又是在国家财政紧张的时候建成的。路易十四以"贪赃枉法、营私舞弊"的罪名下令逮捕富凯，查抄了他的全部家当（后富凯死于狱中）。

　　接着，路易十四派人抄去了富凯官邸的全部图纸，调走了勒伏、勒亨、勒诺特尔等为富凯府邸设计的大师，于 1661—1681 年，在原来路易十四打猎之地，模仿富凯官邸的样式，建造了规模更大、更豪华的凡尔赛宫。1682 年 5 月 6 日，凡尔赛宫正式成为法国王室住宅和政府所在地。

巴黎圣母院："巨石交响乐"

　　巴黎圣母院坐落于巴黎市中心塞纳河中的西堤岛上，始建于 1163 年，是巴黎大主教莫里斯·德·苏利决定兴建的。整座教堂在 1345 年才全部建成，历时 180 多年。

　　巴黎圣母院是一座石头建筑，在世界建筑史上被誉为一部由巨大的石头组成的交响乐。它同时也是一座典型的哥特式教堂，

是欧洲建筑史上一个划时代的标志。圣母院风格独特、结构严谨，看上去十分雄伟庄严。它被壁柱纵向分隔为三大块；三条装饰带又将它横向划分为三部分，其中，最下面有三个内凹的门洞。门洞上方是所谓的"国王廊"，上有分别代表以色列和犹太国历代国王的28尊雕塑。"长廊"上面为中央部分，两侧为两个巨大的石质中棂窗子，中间有一个玫瑰花形的大圆窗，其直径约10米，建于1220—1225年。中央供奉着圣母圣婴，两边立着天使的塑像，两侧立的是亚当和夏娃的塑像。教堂内部极为朴素，几乎没有什么装饰。大厅可容纳9000人，其中1500人可坐在讲台上。厅内的大管风琴也很有名，共有6000根音管，音色浑厚响亮，特别适合奏圣歌和悲壮的乐曲。曾经有许多重大的典礼在这里举行，例如宣读1945年第二次世界大战胜利的赞美诗，又如1970年法国总统戴高乐将军的葬礼等。

巴黎圣母院不仅因其建筑有名，而且也因雨果的小说而闻名中外。几个世纪以来，巴黎圣母院一直是法国宗教、政治和民众生活中重大事件和举行典礼仪式的重要场所。在法国人心目中，巴黎圣母院十分亲切。每逢星期日，成千上万的人来到这里做弥撒、听音乐。教堂里演奏的著名作曲家的作品和庄重的宗教音乐，不知吸引了多少游人和宗教信徒。

比萨斜塔：倾斜之塔

意大利比萨的大理石塔，是向一边倾斜的奇特的塔。伽利略曾在此塔做实验发现了自由落体定律，使此塔闻名世界。比萨斜塔于 1174 年 8 月 9 日开始兴建，开始建造时本是笔直向上的，但造到第三层时，结构发生倾斜。主要原因是建筑师对地质结构不太了解，土层强度很差，而用大理石砌筑的塔身又重又高，加上基础仅 3 米深，故造成了塔的不均衡下沉，工程因此而被停止。

直到 170 年后，工程才继续进行。为防止倾斜，尽量设法将塔的重心转移。但由于塔身底部三层倾斜已成事实，故全塔建成后，塔顶中心还是偏离了垂直中心线 2.1 米。而且随着时间的推移，该塔的倾斜程度不断增大，到 1990 年倾斜度达 4.8 米，而且倾斜度还以每年 0.125 厘米的速度继续增加。